中国大型邮轮自主设计研究丛书

大型邮轮公共空间的信息设计方法研究

潘长学　陈　刚　总主编
席　涛　著

RESEARCH ON INFORMATION DESIGN METHODS FOR LARGE CRUISE SHIP PUBLIC SPACES

武汉理工大学出版社
Wuhan University of Technology Press

图书在版编目（CIP）数据

大型邮轮公共空间的信息设计方法研究／席涛著 . — 武汉：武汉理工大学出版社，2024.3
ISBN 978-7-5629-6962-4

Ⅰ . ①大… Ⅱ . ①席… Ⅲ . ①旅游船－船舶设计－研究 Ⅳ . ① U674.110.2

中国国家版本馆 CIP 数据核字（2023）第 251304 号

项目负责人：杨　涛
责 任 编 辑：陈海军
责 任 校 对：张莉娟
装 帧 设 计：张　禹
版 面 设 计：武汉正风天下文化发展有限公司
出 版 发 行：武汉理工大学出版社
社　　　　址：武汉市洪山区珞狮路 122 号
邮　　　　编：430070
网　　　　址：http://www.wutp.com.cn
经　　　　销：各地新华书店
印　　　　刷：湖北金港彩印有限公司
开　　　　本：889mm×1194mm　1/16
印　　　　张：15
字　　　　数：322 千字
版　　　　次：2024 年 3 月第 1 版
印　　　　次：2024 年 3 月第 1 次印刷
定　　　　价：149.00 元（精装）

总主编介绍

丛书总主编：潘长学

潘长学，1988 年毕业于中央工艺美术学院（现清华大学美术学院），现任武汉理工大学人文学部学科首席教授、学部主任、博士生导师，艺术与设计学院学术委员会主任，全国设计专业学位研究生教育指导委员会委员，教育部设计学本科教学指导委员会委员，教育部普通高等学校艺术类专业考试招生指导委员会委员，中国高等教育学会设计教育专业委员会常务理事，教育部主管的国内外公开发行的期刊《设计艺术研究》主编；兼任湖北省美术家协会副主席，湖北省美学学会副会长，中国机械工程学会工业设计分委会副主任；国家一流专业建设负责人，国家人才培养试验区负责人，国家教学成果奖获得者，国家新文科改革项目负责人。

其主要研究现代设计系统集成理论与设计方法，长期从事设计教育、设计管理、设计理论和设计实践工作。近五年来，其推动设计学科与交通船舶、建筑材料等学科交叉融合，探讨跨行业、跨学科的设计创新人才培养新模式，为我国船舶、汽车等行业领域培养了一大批设计教育与设计领军人才，完成国家及省部级研究项目 20 余项，发表专业重要论文 50 余篇。

大型邮轮是移动的"海上梦幻城市"，具有天然的国际性、开放性和世界文化连通性，同时具有极高的经济合作、人文交流等多重价值。发展大型邮轮事业契合 21 世纪海上丝绸之路建设，由我国自主设计与建造的大型邮轮将成为航行在海上丝绸之路的国家名片，甚至成为我国"一带一路"建设的标志性工程。

2018 年潘长学研究团队主持工信部重大专项"大型邮轮美学设计技术研究"，课题主持单位武汉理工大学协同上海外高桥造船有限公司、中船邮轮科技发展有限公司、中国船舶工业集团公司第七〇八研究所、广船国际有限公司、烟台中集来福士海洋工程有限公司、清华大学、哈尔滨工程大学和上海交通大学 8 家参研单位和 26 家协同单位，努力拼搏，攻坚克难，圆满地完成了"大型邮轮美学设计技术研究"课题，通过学习、消化、吸收，掌握了大型邮轮美学设计的主题设计方法，完成了大型邮轮主题设计、建造的数字工程系统，中国文化与中国游客的消费理论，邮轮美学设计的技术工具，中国邮轮供应链与数据库建设等研究任务。

课题团队围绕邮轮外观设计技术研究、邮轮内装主题设计技术研究、邮轮家具设施和内装景观配置研究以及"中国风"在邮轮外观与内装中的应用等重大任务，完成了大量的主题设计方案、工程设计图纸、关键美学工艺建造基础数据库、邮轮各专项研究报告、设计指南，并发表了近百篇研究论文，获得了一大批专利和著作权，所积累的研究成果为我国掌握大型邮轮美学设计与建造关键技术并逐步实现国产化自主设计建造打下了坚实的基础。

丛书总主编：陈　刚

陈刚，工学博士，研究员级高级工程师，上海外高桥造船有限公司总经理，国产首制大型邮轮总设计师，长期从事船舶与海洋工程关键技术研究和装备研制，是我国船舶与海洋工程领域新一代领军人才。作为国产首制大型邮轮总设计师，他带领团队突破了大型邮轮设计建造关键设计和管理技术，建立了大型邮轮的设计建造技术体系，形成了大型邮轮设计和复杂工程管理能力，推动了大型邮轮数字化设计建造，使我国初步形成大型邮轮自主研制科技创新体系，实现了"零"的突破。他主持了我国首座深水半潜式钻井平台"海洋石油981"的设计建造，实现了我国海洋油气资源勘探开发的跨越式发展。

他先后主持国家和上海市海洋工程装备及高技术船舶专项30余项，主持制定国际、国家标准4项，发表高质量论文50余篇，受理发明专利72项；获国家科技进步特等奖（单位）、二等奖各1项，上海市科技进步一等奖1项、二等奖2项，辛一心船舶与海洋工程科技创新突出贡献奖；入选国家"万人计划"，享受国务院特殊津贴，获科技部中青年科技创新领军人才、上海市领军人才、上海市五一劳动奖章、船舶设计大师等荣誉。

总 序

邮轮和游艇产业是当今世界经济发展中最具活力的产业之一。邮轮旅游以其独特的魅力成为全球游客最喜爱的体验活动之一。大型邮轮作为中国海上旅游的新兴产品，是推动我国海洋经济发展的重要内容。2018 年，交通运输部和国家发展改革委等十部委联合发布了《关于促进我国邮轮经济发展的若干意见》（以下简称《意见》），《意见》指出，到 2035 年，邮轮旅客年运输量将达 1400 万人次，国家将大力推动邮轮自主性发展。大型邮轮作为重大海洋装备，在进行本土化建造和商业化运营之后，将满足旅游市场的发展需求，推动旅游经济快速增长。中国作为世界上拥有丰富人文资源和水体资源的国家，发展邮轮旅游具有巨大的潜力和美好的前景，对提高中国人民的幸福指数，促进我国船舶制造业的转型升级，构建我国邮轮自主建造产业链以及形成自主的邮轮品牌都有极其重要的意义。

大型邮轮是巨型、复杂的系统工程，反映了一个国家的装备系统建造能力和综合科技水平。全力推进大型邮轮设计建造是中国船舶工业转型升级、提升"中国制造"在全球影响力的标志性工程。《中国制造 2025》把海洋工程装备及高技术船舶作为十大重点发展的领域之一，这就从国家战略层面为推动大型邮轮产业化发展，引导中国船舶工业通过学习、消化、吸收来掌握邮轮设计建造技术，以及邮轮国产化发展提供了坚实的支持。

2016 年，国家以政、产、学、研协同的方式推动中国邮轮产业的自主设计与自主建造工作。上海外高桥造船有限公司、招商局、广船国际先后以多种合作形式建造了从 5 万吨到 13 万吨的大型邮轮、中型邮轮、豪华客滚船、科考船，在学中干、干中学，已开始积累经验。国产第一艘 13.55 万吨的大型邮轮已下水，广船国际成为国际客滚船订单最多的船厂之一，邮轮内装的国产化已达到 90%。2022 年 8 月，第二艘国产大型邮轮在上海外高桥造船有限公司正式开工建造，标志着中国船舶领域已初步掌握大型邮轮设计建造的核心技术，自此迈入了"双轮"建造时代，国产大型邮轮批量化、系列化建造能力得到显著提升。

　　但是，中国邮轮和游艇产业的自主美学设计与建造工程还有很多问题需要我们攻克，需要开放式的、持续性的学习与自主、独立、创新的奋斗过程。邮轮是一个复杂的系统工程，邮轮的游客服务涵盖了文化、商业、饮食、娱乐、艺术等领域。邮轮内装受到较复杂因素和安全规范的约束。我国邮轮产业需要构建自主、完整、科学的工程配套体系与管理体系。邮轮是高附加值的产品，邮轮美学设计是游客邮轮体验与认知的重要内容，无论是商业要求还是产业品牌要求，传统的船舶设计建造业态都需要大的突破与重组。邮轮美学设计包含主题创意、空间功能与服务设计、空间美学与艺术造型设计、新材料与新工艺等，同时要与防火、安全、模块化建造等众多工程相配合与适应。构建一套科学、系统的邮轮美学设计管理标准是当前推动我国邮轮和游艇产业快速发展的重要命题，并将推动众多相关制造产业链快速发展。

　　邮轮和游艇产业的发展需要一大批人才，推动设计美学与船舶工程的学科交叉，培养复合型、创新型的优秀邮轮和游艇设计人才已成为中国邮轮和游艇产业发展的重要课题。

　　我们要从文化、艺术、技术、体验、消费、工程等多个方面来探讨邮轮和游艇的设计创新。设计人才应该具备多元化的素质和综合能力，能够将不同的元素融合在一起，创造出符合市场需求和人们期望的产品。但如今，中国邮轮市场运营的邮轮都来自西方，其内部空间组织系统是依据西方人的审美、行为进行设计的，与中国游客在文化观念、消费认知、行为习惯上存在巨大的文化差异与价值隔阂。西方邮轮满足不了中国游客的体验需求，因为西方邮轮缺乏中国的文化情境与空间场域，设计者也没有考虑中国人特有的生活方式，以及当下面向老龄化人群的社会关怀与健康养生体验需求。因此，我们需要在文化解析的基础上，研究中国消费文化，通过多学科交叉的研究方法，提升中国邮轮自主设计能力，洞察中国游客消费行为与邮轮空间及其结构的关系，提出中国大型邮轮的设计研究范式。

我们要推进中国邮轮和游艇产业的绿色建造，实现可持续发展。绿色建造不仅可以减少对环境的影响，还可以提高邮轮和游艇的能源利用效率，以降低成本。设计人才应该具备绿色建造的基本概念和认知，能够将环保理念融入设计中，并与制造和配套企业合作，推动中国邮轮和游艇产业的绿色发展。

为了实现以上目标，需要建立全球邮轮和游艇学习与产业协作共享平台，搭建设计产业协作平台，推动中国邮轮和游艇设计教育与产业协同发展。武汉理工大学可以成为中国邮轮和游艇产业设计创新人才培养的重要平台。国内外的邮轮和游艇设计教育院校、设计机构、制造和配套企业的专家和学者应该共同探讨如何更好地推动中国邮轮和游艇产业的发展，通过交流经验和分享设计成果，推动中国邮轮和游艇产业的创新发展。同时，需要加强邮轮和游艇产业与其他相关产业的合作，推动资源共享和协同发展。邮轮和游艇产业涉及诸多领域，如旅游业、航运业、建筑业等。与这些产业的合作可以促进技术和经验的交流，推动产业链的协同发展，为中国邮轮和游艇产业提供更多的支持和保障。

邮轮和游艇产业的可持续发展需要政府的政策支持。政府应该为邮轮和游艇产业制定更加完善的产业政策和相关法规，同时加强对海上交通安全法、国际海洋法等法律法规的学习和理解，加大对邮轮和游艇产业的资金投入和税收优惠力度，为中国邮轮和游艇产业提供更好的发展环境和条件。

中国作为世界上拥有丰富人文资源和水体资源的国家，极有潜力成为未来世界邮轮和游艇产业发展的领军者。邮轮和游艇产业的设计创新人才培养、绿色建造、产业协同发展以及政府政策支持都是实现中国邮轮和游艇产业可持续发展的关键因素。我们相信，在各方共同努力下，中国邮轮和游艇产业的未来将会更加光明和美好。

2021 年，在邮轮产业大发展的背景下，武汉理工大学、清华大学、中船邮轮科技发展有限公司、上海外高桥造船有限公司等发起国际邮轮和游艇设计教育与产业协作平台高峰论坛，在这次论坛上，来自中国、意大利、美国、德国、日本等国的学者、造船专家、运营专家共同就大型邮轮设计、建造、产业发展等问题进行探讨。同时，面向未来中国邮轮和游艇产业的需求，他们还探讨了邮轮和游艇设计创新人才培养方法和知识体系，为培养专门人才，推动中国邮轮和游艇产业可持续发展打下了良好的基础。

本次论坛得到了中船邮轮科技发展有限公司、上海外高桥造船有限公司的大力支持，在此一并表示感谢。

2023 年 9 月 20 日

前 言

　　近代以来，人类与复合空间信息的关系越来越复杂，邮轮旅游成为人们向往的美好生活方式之一，大型邮轮产业作为"海上移动城镇"，是一项工业数字化和集约化的巨大系统工程。近几年，邮轮复合空间的信息问题也显著突出，如邮轮旅游信息膨胀、商业行为模糊、文化传播迟缓及高密度的经济化服务问题等，因此亟须建设高品质的公共信息服务管理系统，以应对问题，赋能未来。大型邮轮的信息与交互设计是集设计学各门类的综合系统设计。由于邮轮空间尺寸的限制、空间游动性的特点、游客心态及信息诉求的变化，在邮轮这一特殊空间中的人们获取信息的方式更加依赖公共空间的信息设计系统，认知的方式更是表现为情感反应，信息呈现的方式强调约束性、系统性设计，而人工智能的信息与交互设计能应对核心问题——游客情感问题，可对空间信息问题进行有效的检测、识别和评价。本书的创新之处是解决邮轮公共空间的自动识别系统、信息导视系统、智能服务管理系统的信息网络性能、安全、可用性等问题。

　　邮轮公共空间信息设计研究是基于设计学与认知心理学的情感识别、人工智能的机器识别相交叉的创新设计研究，旨在梳理邮轮公共空间的信息位置、内容、呈现方式等复杂空间信息问题，提出基于认知理论的信息设计系统性研究方法，建立基于情感识别的设计评价体系。

　　本书通过信息挖掘、语义信息分析，来梳理信息映射关系，获得视觉隐喻符号，测量用户界面设计元素的可用性特征；运用认知理论对信息感性语义进行情感识别，获得游客满意度和信息设计服务质量标准；基于游客行为认知的感性语义和情感体验理论，构建游客行为动线模型，获得游客行为运动轨迹、寻路模式，计算和求证采集数据的客观性、有效性和普适性；构建情绪体验模型，获得情感识别测量指标，相关研究表明，情绪体验和反应是判断信息设计元素可达性的标准，游客对信息设计的学习效率、可读性、记忆性、视觉隐喻与游客情绪呈正相关性；构建公共空间层次分析模型，获得不同层次游客的认知需求；构建移动空间信息服务系统模型，获得智能平台信息服务系统架构；构建信息标识设计的可用性评价体系模型，获得公共空间信息设计的评价指标，即效率、易学性、可记忆性、容错性和用户满意度；最后解决公共空间复杂系统的逻辑关系问题。

本书基于识别、映射、模型研究，通过信息功能设计、游客行为动线设计，获得以用户体验为中心的服务标准、客流信息的功能划分；通过标识系统的约束性设计，制定了通用性、有序性、安全性、系统性的美学设计标准；通过信息服务平台设计，获得游客信息服务旅程图、设计流程图、公共空间信息社交平台、信息服务蓝图、信息服务平台原型图，最后完成信息交互平台的高保真图设计；应用信息技术的学科交叉手段和模型建构，引入光流跟踪算法、角点检测算法、SPSS 因子分析法、KJ 法、数性分析法、FAHP 模糊层次的定量分析技术，求证信息系统设计的空间耦合性，并应用脑电 EEG、眼动技术同步检测邮轮系统设计可用性评价，获得以用户体验为中心的生理信号指标来综合评价服务平台的有效性、可达性，以及游客满意度标准；验证信息交互界面设计的客观性、真实性、精准性，解决智能服务管理的可行性问题以及信息导视的可读性问题。

本书运用定性与定量相结合的科学方法和算法来创新信息系统设计方法，解决邮轮空间信息效率、约束性设计规范和信息集成问题。研究表明：信息设计方法的核心理念是"有序性"研究；游客的正向情绪反应对复杂空间信息设计起到积极作用；注视时长、眨眼间隔数值、脑电神经信号的生理信号检测可以有效评价信息设计方法的可用性和满意度指标，即注视时长与空间信息设计的满意度呈正相关性，眨眼间隔数值与满意度呈负相关性；脑电神经信号显著反映出游客对可用性的正向积极情绪。

席涛

2023 年 12 月

目 录

001-032 **第一章 绪论**

002 第一节 课题研究背景
003 一、研究的必要性分析
004 二、研究的价值分析

005 第二节 国内外研究现状述评
005 一、国内外研究现状综述
013 二、国内外研究现状评价

016 第三节 邮轮公共空间信息设计的知识界定
016 一、信息设计
021 二、大型邮轮
026 三、公共空间
028 四、邮轮公共空间的信息设计

030 第四节 课题研究目标、方法和创新点
030 一、研究目标
030 二、研究方法与技术路线
032 三、主要创新点

033-055 **第二章 邮轮公共空间的信息采集方法**

034 第一节 邮轮公共空间的信息要素
034 一、公共空间的信息功能分类
035 二、公共空间的用户信息提取
041 三、公共空间环境要素的表达

041 第二节 语义信息分析
041 一、语义与感性语义的特征
042 二、语义信息的采集
045 三、感性语义的试验优选

049　第三节　信息映射

049　一、感性语义映射

054　二、情绪反应信息映射

055　第四节　本章小结

056-085　**第三章　公共空间游客信息的情感识别**

057　第一节　情感识别的必要性分析

057　一、邮轮的空间局限性

058　二、情感的社会功能

058　三、群体与群体关系

059　四、情感对认知识别的影响

060　第二节　游客的情绪与情感

060　一、情感哲学

061　二、游客情绪对信息设计的影响

063　三、游客情绪的测量

066　四、情感测量的指标

067　第三节　情感的生理信号识别

069　一、游客身体信号的情感特征提取

075　二、游客行为的情感特征提取

076　三、情感的神经活动识别

078　第四节　情感的心理反应测试

078　一、自我报告法

080　二、非言辞式自我报告法

085　第五节　本章小结

086-112　**第四章　基于情感识别的邮轮信息模型建构方法**

087　第一节　游客行为动线模型

087　一、基于光流法的行为动线模型建构

091　二、模型验证与应用试验

097　三、基于游客行为特征的空间行为流线选择

100　第二节　基于行为动线的情绪模型

100　一、情绪模型的建构依据

101　二、游客情绪模型原理

102　第三节　情感识别的邮轮公共空间体验模型

102　一、空间体验原理

102　二、邮轮公共空间体验模型建立

104　第四节　移动空间的信息服务系统设计模型

104　一、移动空间的智能信息服务流程设计及接触点分析

105　二、移动信息服务系统建立

107　第五节　邮轮服务系统的信息标识设计可用性评价模型

108　一、邮轮信息标识设计评价建模方法

111　二、邮轮标识系统的可用性评价体系模型建立

111　第六节　本章小结

113-139　**第五章　基于系统模型的信息设计方法**

114　第一节　公共空间的信息功能设计

114　一、信息功能设计的原则

115　二、信息功能设计的架构

116　三、感性语义的功能设计

120　四、游客情绪的信息体验设计

121　第二节　公共空间的游客行为动线设计

121　一、游客购物中心空间活动动线设计

122　二、邮轮甲板的游客行为动线设计

124　第三节　公共信息标识系统的约束性设计

124　一、标识设计的标准化

127　二、标识的约束性设计需求解析

127　三、标识的约束性设计方法

130　第四节　公共空间的智能信息服务平台设计

130　一、邮轮游客旅程图设计

132　二、信息设计策略拟定

135　三、邮轮公共空间服务平台信息交互设计

139　第五节　本章小结

140-179　**第六章　邮轮公共空间信息设计的评价方法**

141　第一节　可用性评价概述

141　一、可用性评价的重要意义

141　二、可用性评价的常用方法

144 第二节 复杂空间的可达性评价

144 一、复杂空间可达性因子分析

145 二、游客相关特征分析

148 三、复杂空间可达性试验

152 第三节 FAHP 模糊层次定量分析

152 一、FAHP 模糊层次的多准则决策方法

153 二、信息标识设计的可用性评价

158 第四节 公共空间信息服务平台设计的满意度评估

158 一、可用性功能标准的建立

159 二、游客满意度评价结论

172 三、脑电生理指标的用户满意度验证

178 第五节 本章小结

180-182 **第七章 结论**

181 第一节 研究结论

182 第二节 研究启示

183-193 **参考文献**

194-196 **附录 A**

197-199 **附录 B**

200-201 **附录 C**

202-203 **附录 D**

204-204 **附录 E**

205-205 **附录 F**

206-208 **附录 G**

209-212 **附录 H**

213-216 **附录 I**

217-220 **附录 J**

221-226 **附录 K**

绪论

第一节　课题研究背景

　　信息时代的开启者是美国宾夕法尼亚大学的莫尔电机学院于 1946 年 2 月 14 日发明的名为"埃尔阿克"的现代电子计算机。[①]先进技术和超级计算机将庞大数据信息转化为具体的"洞察",帮助人们做出正确的行为决策。自此以后,信息技术与制造业深度融合,影响着产业变革,形成新的生产方式、产业形态、商业模式和经济增长点。新时代的科学技术推动世界的基础建设向"智慧"的方向前进。随着互联网的高速发展,有 20 亿人和无数事件以不同的方式连入网络,产生海量信息,给人们带来信息超载的忧虑,因此信息设计向着更透彻的感应和度量、更全面的互联互通、更深入的智能洞察方向发展。让社会组织、管理和人民生活信息化和智能化,已成为中国现代化伟大战略任务之一。以智能化产品为导向的设计制造趋势明显,各种创新的感应科技被应用到现代邮轮设计当中,使现代邮轮工业向数据化、集成化方向发展。

　　大型邮轮是船舶工业设计建造难度最大的船型之一,近几年,邮轮旅游业步履维艰。人类需要信息化设计、数字化建设来应对问题和赋能未来。邮轮市场在欧洲蓬勃发展,正在向亚洲和太平洋地区蔓延、发展。[②]邮轮旅游成为我国的一个新兴旅游产业,将是未来中国居家旅行的首选方式。随着我国综合实力和人民生活水平的不断提升,中国邮轮市场规模呈现每年稳健增长的良好趋势,从 2008 年的 28 艘次增长到 2015 年的 539 艘次,我国出境游客由 2006 年的 40 万人次增长到 2017 年的 495.4 万人次(数据来源:比达咨询 BDR 数据中心),银发族休闲旅行越来越多、年轻人的邮轮体验热情高涨、家庭亲子游市场潜力巨大。2018 年,中国共接待邮轮 969 艘次,已成为全球第二大邮轮客源国。工信部等联合发布的《关于促进我国邮轮经济发展的若干意见》中提出,到 2035 年,中国邮轮旅客年运输量将达 1400 万人次,中国将成为世界上最大的邮轮旅游市场之一。[③]

　　自 2006 年起中国开始发展邮轮产业,现阶段已进入邮轮设计阶段,但邮轮设计与制造的自主创新能力还非常欠缺,承载西方人生活方式的内装设计风格迅速蔓延,其单一的风格无法满足中国人多元化的审美需求,地域与文化的传承和发展受到了阻碍,也催生了我国船舶设计盲目接受外来文化的现象。从目前的情况来看,我国的邮轮产业发展还不健全,邮轮自主研发与设计还处在摸索阶段,没有形成中

① 赵毅平,赵华.关于信息时代设计的思考——尹定邦教授访谈 [J]. 装饰,2019(5): 22.
② 陈波.豪华邮轮设计流行趋势 [J]. 中国船舶,2011 (3): 54-58.
③ 陈波,凯灵船厂.豪华邮轮设计流行趋势 [J]. 中国船检,2011(3): 54-58,123.

国独特的风格。未来中国邮轮发展任重而道远，邮轮美学技术设计必将走上具有中国特色的道路；邮轮旅行由航线和码头组成，港口的功能、邮轮的功能和游客的认知直接影响邮轮旅游的质量；同时，在邮轮认知体验与设计研究方面，中国还与国外存在很大差距。

一、研究的必要性分析

（一）空间大、功能多、游客密度大的特点

邮轮大型化发展成为现代邮轮的主流，船上的餐饮及娱乐设施俱全，符合年轻家庭的度假需求；另外，奢华型发展，邮轮的设施豪华，空间大、人性化体验式的服务，能满足高端游客的需求。大型邮轮拥有2000多间客舱，可容纳3000~5000位游客，邮轮功能设施也越来越高科技，功能划分越来越细微。特定的邮轮视觉环境和运动特性决定了邮轮信息设计从用户体验、认知、内装布局设计、服务设计、设备设施、走廊、标识物、汇集点等方面都与传统陆地存在很大的区别，现代大型邮轮公共空间的功能越来越彰显多模态特征。本书通过信息分析、设计来提升大型邮轮的精细化、智能化服务水准。

（二）语言与交流问题

国际邮轮行业市场垄断性强，因此，在信息和语言交流方面未形成国际化标准，导致社交媒体与用户体验交流问题。国外信息设计研究已处于衰老期，而且邮轮工业垄断性强，新的技术和理念很难广泛传播；在通用空间标识、空间导视系统、照明、娱乐空间、商务空间及非公共空间方面的设计趋于陈旧，加上相对滞后的城际交通发展网络，无法适应现代游客需求。[①]在当今时代，互联网与智能移动终端的普及、国际化语言信息系统的增强，给予了邮轮运营商越来越多的机会，通过国际化信息平台设计可以提高客户忠诚度。

（三）安全管理与服务体验问题

游客在邮轮旅行过程中遇到问题时表现出的困惑和无助甚至恐惧的情绪，主要是因为缺乏信息指导以及与服务员有沟通障碍，从而导致问题无法得到有效解决。随着中国邮轮旅游的游客数量日益增加，原有的服务系统滞后，缺少系统设计和服务体验，造成旅游秩序混乱，船舱信息混乱，影响游客旅行质量，并造成安全隐患。这些都需要建立一个完善的互动、沟通和信息传播系统和机制，去协调矛盾，提高旅行质量。大型邮轮服务管理和设计主要关注员工和游客之间的高效互动。服务的质量不仅停留在前台的服务，还体现在后台互联网驱动的游客自助服务应用程序和其他自动化服务，需要对服务设计和服务质量进行新的思考，将包含后台和前台的整个服务网络视为"服务系统"。在服务设计中采用新的概念和方法，以识别后台信息和流程如何改善前台体验。中国邮轮信息管理服务系统的发散、碎片化带来服务体验的多样性矛盾。[②]

① 席涛 . 大型邮轮公共空间的信息设计方法研究 [J]. 南京艺术学院学报，2019(4)：197-199.
② 顾一中 . 游艇邮轮学 [M]. 武汉：华中科技大学出版社，2015：7-12.

（四）网络传播性能问题

大型邮轮的公共空间存在复杂性的信息忧虑问题。处于信息时代的今天，邮轮旅行已成为一种时尚，高速、海量的信息传播已成为日益个性化、多样化的游客旅行需求，但邮轮还没有彰显出其特有的文化和技术。邮轮的信息传播研究长期以来是个弱点，因此信息传播变得越来越复杂，视觉问题也亟须解决，传统的信息传播范式已无法满足现代游客的需求，而信息设计研究仍然存在很多误区和偏见。本书着重考察邮轮用户对视觉呈现的需求与功能映射关系，研究以往视觉呈现技术和人机交互的经验中衍生出的心智模型对邮轮信息设计的影响，研究视觉感知经验和心智模型如何应用于信息设计实践；形成现代邮轮信息可视化设计的策略规划，将图式化的信息传播方式引入邮轮的信息设计中，使游客端口需求向体验式、沉浸式发展。②

（五）新技术的交叉和迭代需要

大型邮轮要求设计研究者们对多元化服务和最新的技术进行可持续设计研究。信息设计研究已进入人工智能领域，随着邮轮工业的飞速发展，邮轮产业正从硬实力向软实力转型，数字化信息技术应用已成为邮轮发展的必然趋势，数字邮轮尝试装配集成微芯片用于智能服务；电子设备通过 SVIA 卫星在海上进行完全通信。通过分析文献资料，目前国际上针对大型邮轮的信息设计的学术研究仍然很少，本书将为该领域的理论研究提供依据。信息设计技术迅速迭代，信息设计研究越来越趋向微观、交叉领域的研究，大型邮轮公共空间是信息设计研究的崭新领域，本书致力于探索一种为现代邮轮创新设计提供艺术创造力与科学支撑的崭新的交叉研究方法，具有较强的理论创新性，为信息设计、技术研究开拓了新的领域。

（六）政策与决策的需要

大型邮轮是船舶工业设计建造难度最大的船型之一，由于亚洲邮轮经济发展迅猛，国际邮轮市场重心东移，中国将成为最大的客源市场。国家工信部正大力推进邮轮产业发展，急需新兴的前沿性学术研究来引领中国现代化智慧交通工具的蓬勃发展，本书在我国现代邮轮设计自主创新研发的情感品质与整体研发实力的提升等方面具有较好的实用价值。

本书以国家重大专项（高技术船舶科研项目"大型邮轮设计技术研究"）的"大型邮轮美学设计技术研究"为研究背景，基于我国第一艘大型邮轮工程项目设计工作的实施，系统分析、比较国外邮轮空间的信息设计等方面的系统设计方法，研究人机交互经验和图形识别的认知需求。

二、研究的价值分析

（一）理论价值

探索一种学科交叉研究的新思路、新视角与新方法，即对大规模信息资源的视觉呈现，以大型邮轮的公共空间为新视角，基于认知科学理论的新思路、多学科交

① 方思敏. 豪华邮轮，中国制造——意大利船级社（RINA）中国区总经理曹之腾先生谈豪华邮轮在中国 [J]. 船舶工程，2016，38(5)：93-96.

叉研究的新方法进行创新基础理论研究，促进设计学与认知心理学、计算机科学、统计学等学科之间交叉研究和健康发展，使科学与艺术相融合的信息处理研究方法成为可能。

（二）应用价值

在技术维度上，本书顺应并满足数字化时代大型邮轮转型重叠语境下信息呈现模式的变革需求，强调运用认知理论的心智模式进行信息构架，运用生理信号试验法进行信息加工，运用用户研究改良信息可视化结构，通过交互手段、数字图像和虚拟现实技术大大提高认知及数据信息呈现的效率。

在社会维度上，本书有助于推进中国现代邮轮信息化发展的创新理念建设，即解决我国邮轮信息可视化的有效传播问题，提高我国邮轮科学研究水平和成果转化能力，解决多种社会信息忧虑、视觉污染、信息爆炸等问题，使现代邮轮空间沿着智能化和人性化方向健康前进。

在经济维度上，本书的研究路径是数据—信息—知识—决策。可视化的经济分析、市场分析和商务智能促进船商对经济和市场进行精准高效的判断，进一步繁荣与发展现代邮轮的市场经济。

第二节　国内外研究现状述评

国际上信息设计的研究方法主要体现在基于认知理论的情感识别，因此其与情感识别呈现很强的相关性；公共空间与信息设计的可达性研究是学术界研究的重点，信息设计的可达性与公共空间呈正相关性。

一、国内外研究现状综述

（一）关于信息设计研究特性

国外方面，第一，偏重科学技术角度的情报学研究。信息可视化是近年美国情报学研究的热门与趋势，并且已形成一个与科学可视化共存的研究领域。随着计算机图形、图像以及 CAD、CAE 技术的发展，以图式对信息数据进行分析评估已有较多研究。此领域应用广泛，近十年在国外相当活跃，并已出版多种著作。

第二，开始重构信息可视化理论，构建设计学与认知科学、人工智能交叉研究的理论和方法体系。信息交互设计在信息内容、交互方式和用户感知方面都发生了本质的改变。首先，基于移动终端平台的信息设计，如信息结构、组织分类、视觉元素和媒体形式等会给用户带来更强烈的视觉感知和信息记忆，并在激发用户情感的同时，通过"理性思考机制"调整用户的行动选择。其次，移动终端平台的交互设计所形成的即时反馈机制对用户产生更显著的劝服效果。如向用户提供信息资源的同时，即可展示信息行为的后果，并提供可改变的替代方案，这些都会对用户的行为改变带来一定的驱动作用。不仅如此，如何将信息交互设计转变为一种对社会发展具有积极意义的策略服务和行动方案得到了学者们的普遍关注。

日本率先将感性工学理论运用于现代设计；北欧国家逐步将科技研究重心转向"以人为本"；2009 年，北京国际设计大会主题为"信"，即为信息而设计，象征"信息"的沟通与"信念"的传递，以谋求透明与互信的对话；2017 年，设计管理国际学术大会主张各学科之间应有效互动和互相传播；荷兰爱因霍芬科技大学工业设计系提出"社会化媒体时代的交互设计与服务设计研究"；英、日等国家开始贯彻以用户为中心的信息可视化设计研究方法。

第三，迥异其趣的信息研究设计原则。德国注重精确性原则，以科隆波恩机场信息导向系统设计研究为典范；英国旨在"进行有效能信息传递"，以伦敦地铁图设计为典范；芬兰提倡生态性原则；美国侧重智能性原则；日本注重人性化、情感化原则。

科学网核心数据库在 1985 年至 2018 年间返回 635 份出版物，其中关键词为"信息设计"。我们通过分析作者的关键词呈现情况，由 VOSviewer 生成关键词词频分析网络地图，如图 1-1 所示。重要的关键词用较大的字体显示，而关键词的颜色由其所属的群集决定。关键词之间的连接线行表示关键词之间最强的共存链接。"信息设计"是网络地图的中心，因为它相当于搜索键。"信息设计""设计""信息可视化"和"界面设计"都是重点研究词频。研究表明，在信息设计方面对信息可视化、使用者界面设计的研究频率较高，同时可用性研究较多，说明信息设计与界面设计研究存在很强的相关性。此外，在加拿大阿尔伯塔大学图书馆检索信息设计研究著作（外语）有 6129 部，最早可以追溯到 1642 年英格兰和威尔士的议会宣言的核心内容，信息设计研究早期有一半左右的研究著作来自英国。[1]

20 世纪 70 年代以来欧美发达国家进入信息设计发展的飞跃期，2000 年至 2015 年则进入鼎盛时期。从发展期到鼎盛期，美国在信息技术、信息管理系统、系统设计、信息储存和信息处理、人机交互、计算机科学、大数据设计、计算机辅

① PONTIS, SHEILA. Making Sense of Field Research: A Practical Guide for Information Designers[M]. London: Routledge, 2018: 214-218.

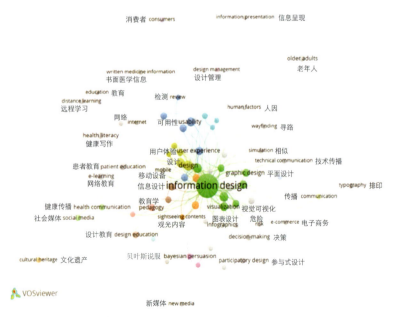

图 1-1   关键词词频分析的网络地图（自绘）

助设计、人工智能等领域的研究占主要优势，如图 1-2 所示。根据数据统计，在信息设计前沿研究领域共集中了 40 项研究主题：计算机辅助教学、计算机安全、应用软件、计算机与文明、数据挖掘、信息技术传播、计算机虚拟仿真、建筑信息建模、图书馆、会议论文与报告、计算机游戏、信息素养、计算机网络、计算机构建、地理信息设计系统、数据保护、计算机图形、视觉传达、图形艺术、教学系统、用户界面、用户体验设计、数据库管理、人工智能、信息可视化、网站、商业信息管理系统、系统设计、信息储存和信息处理、人机交互、计算机科学、大数据设计、计算机辅助设计等，如图 1-3（a）所示。从时间轴分析，2014 年是欧美信息设

图 1-2　英文信息设计著作数据统计分析
数据来源：https://www.library.ualberta.ca/

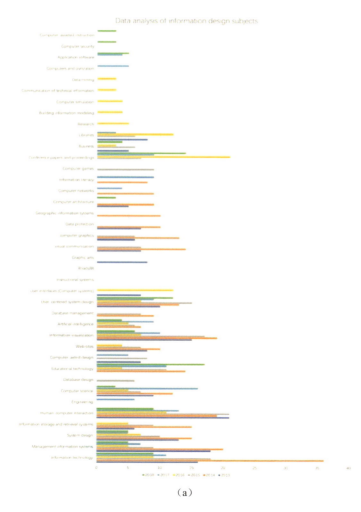

（a）

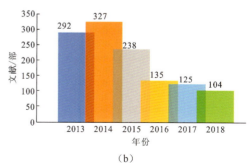

（b）

图 1-3　英文信息设计著作文献统计分析（自绘）
数据来源：https://www.library.ualberta.ca/

计研究最活跃的时期，有 327 部研究著作；2015 年至 2018 年呈递减趋势，如图 1-3（b）所示。分析表明，信息设计研究领域从集中在传统研究主题走向微观研究，如计算机辅助教学、信息安全、应用软件开发、大数据挖掘、信息技术传播、计算机游戏、计算机图形、视觉传达等领域；欧美近 5 年的信息设计研究主要集中在信息技术、信息管理系统、人机交互、信息可视化、用户中心系统设计、用户界面等领域；被调研分析的 6149 部著作中，6077 部为英语，另外，法语 35 部、德语 24 部、西班牙语 5 部、意大利语 4 部、日语 3 部、俄语 1 部，没有中文著作。调研分析表明，信息设计研究涉及的领域有技术、自然科学、社会科学、教育、医学、目录学、图书馆学、信息资源、艺术、语言文学、地理、人类学、娱乐、哲学、心理学、宗教等。

（二）认知心理学理论的情感模型

（1）在研究领域上，主要在心理学界，认知心理学研究有助于信息加工设计。

（2）在研究范围上，主要集中在美国，并向北欧蔓延。

（3）在研究内容上，强调对信息的破译、编码和整合，重视内部心理活动之间的相互联系。

（4）在研究方法上，强调运用计算机模拟的方法进行综合性研究并注重与人工智能结合。2017 年国际脑信息学大会强调以"从信息学视角探索脑与心智"为主题，从计算、认知、生理、仿真、物理、生态和社会等脑信息学视角解读大脑，并关注与脑智能、脑健康、精神健康及福祉有关的主题。近几年该领域在我国逐渐发展起来。检索结果表明，在生理信号识别与人的情感方面，2015—2019 年国际研究领域共有 500 条研究成果，其中国际发明专利 70 项、专著 60 部、论文 370 篇，如图 1-4 所示。研究情感识别的成果有 112 项，其余分别是识别、模块、脑电信号、人类情感、使用者、生理反应、情感分类、心率变异、情感状态、消极情绪、支持

图 1-4　英文学术研究词频关联性检索
　　　数据来源：VOSviewer

向量机、多模态生理信号、外周生理信号等方面的研究。在情感的生理信号方面，中文研究成果从 2003 年到 2019 年共有 175 条，主要有博士学位论文 120 篇和期刊论文 50 篇，其他 5 篇。中国在人的情感化研究领域仍处于起步阶段，其研究主要活跃在近几年的博士学位论文中，实际的社会影响力仍然不够大，研究的词频相关性主要有情感状态、特征选择、分类器、多模态、面部表情、支持向量机、情感计算、脑电信号、神经网络、状态识别等，如图 1-5 所示。

2001 年，美国现代心理学家罗伯特·普拉契克（Robert Plutchik）提出"情感轮模型"（Wheel of Emotions），如图 1-6 所示。其主要包括 8 种情感：喜悦（joy）、信任（trust）、恐惧（fear）、惊讶（surprise）、悲伤（sadness）、厌恶（disgust）、愤怒（anger）和期待（anticipation），其中一些情绪两两组合还能形成其他情绪，喜爱（love）由喜悦与信任构成，悲伤与厌恶则形成懊悔（remorse），如图 1-7 所示。

根据检索，2015—2019 年，国际上信息设计与情感研究的成果共 485 项。

① HAAG A，GORONZY S，SCHAICH P . Emotion Recognition Using Biosensors：First Steps towards an Automatic System[J]. Springer，2004：36-48.

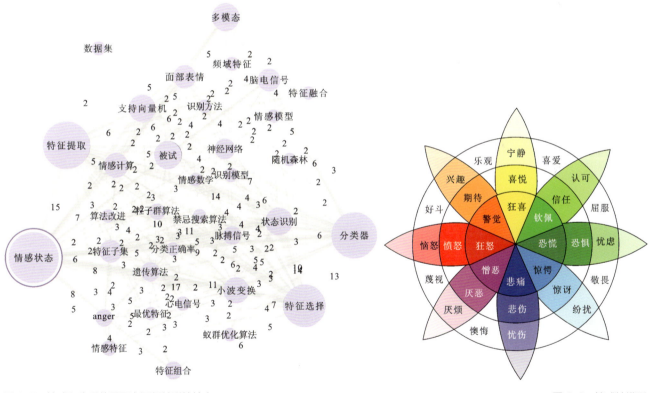

图 1-5　情感和生理信号研究词频关联性检索
　　　　数据来源：VOSviewer

图 1-6　情感轮模型

1	埃克曼，弗里森	1971	愤怒	快乐	恐惧	惊讶	厌恶	悲伤		
2	弗里德	1986	欲望	快乐	兴趣	惊讶	惊喜	悲痛		
3	帕洛特	2001	愤怒	恐惧	快乐	喜爱	悲伤	惊讶		
4	普拉契克	2001	认可	愤怒	期待	厌恶	悲伤	快乐	恐惧	惊讶

图 1-7　心理学家在 1971 年至 2001 年间定义的主要情绪[①]

如图 1-8 所示，其中与信息设计关联度最高的是"面部情感""精神分裂症"，
其次是"情感处理""情商"，以及儿童、角色、情感演说、自闭症谱系障碍等方
面的研究；最热门的研究领域是设计学，其次是语义、情感识别、分类法、精神分裂、
方法论、开发、文字等；信息设计在用户情感化研究方面主要集中在生理信号及医
学领域，而研究用户体验应从生理信号入手；中文期刊的相关性研究极少，仍然处
于起步阶段，如表 1-1 所示。

表 1-1　国际上信息设计与情感研究数据分析关键词（大于或等于 5 ）

序号	术语（关键词）	检索词频	关联性
1	设计	35	0.34
2	情感识别	30	0.29
3	分类法	18	0.37
4	精神分裂症	11	2.63
5	语义	11	0.35
6	方法	10	0.29
7	发展	9	0.41
8	文字	9	0.24
9	儿童	8	1.84
10	职能	8	1.46
11	个人	8	0.69
12	面部情感	7	2.62
13	孤独症	7	0.94
14	情感表达	7	0.55
15	情感处理	6	2.21
16	情商	6	2.10
17	网络	6	0.57
18	情感语音	5	1.11
19	影响力	5	0.00

数据来源：VOSviewer。

图 1-8　信息设计与情感研究词频关联性检索
　　　　数据来源：VOSviewer

（三）公共空间信息设计的特征

目前的研究路径主要包括：由传统媒体向新媒体传播研究转型，如网络媒体、5G手机界面研究；重视认知理论研究，如情感化设计研究；开发虚拟空间设计研究；迈向可持续设计研究领域；研究重心由欧美垄断转向亚洲国家，特别是日本、韩国。我国视觉传达设计有了很大发展，形成了含有中国元素的设计风格，由中国制造走向中国设计；但空间美学原理和空间原创性表达有待深入研究，在环境和生态方面的可持续设计应做出更多努力。发展趋势主要表现在：第一，以结构为中心的信息研究范式向动态属性信息设计研究转移的趋势；第二，信息设计技术与分析科学相结合的趋势；第三，以用户为中心的研究趋势；第四，信息技术的艺术化、设计化、文化性趋势。

统计1985—2018年中英文核心期刊关于信息设计研究领域的文献共有157篇，中文核心期刊论文91篇，英文核心期刊论文66篇，其中中文核心期刊2017年的统计总数最多。中文核心期刊中关于邮轮主题内容的文章也是2017年最多，2011年以前的邮轮题材的论文数量为零，公共空间设计题材的论文自2007年以后稳步增长，信息设计的题材自2002年以来起伏比较大，发展缓慢，说明中国信息设计研究仍然处于起步阶段。

科学网核心数据库在1985年至2018年间摘录985份出版物，其中关键词为"公共空间设计"。我们通过分析作者关键词呈现情况，由VOSviewer生成"公共空间设计"关键词相关性的网络地图，如图1-9所示。重要的关键词用较大的

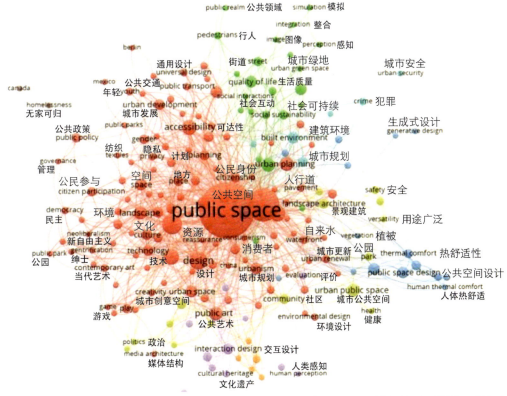

图1-9 "公共空间设计"关键词相关性的网络地图
数据来源：VOSviewer

字体显示，而关键词的颜色由其所属的群集决定。关键词之间的行表示关键词之间最强的共存链接。"公共空间"为中心搜索键，"城市设计""建筑""设计"和"可持续性""可达性"都是重点研究词频。研究证明，在空间设计方面对公共空间、城市设计的研究频率较高；对建筑方面的研究较多。根据文献资料，国际上邮轮研究领域近几年发展很快，中文期刊公共空间设计研究领域活跃度较高，而信息设计领域活跃度不高。

（四）邮轮空间设计研究

国外方面，2018 年欧洲各国造船订单共有 288 艘，主要以邮轮和客滚船为主，总计约 360 万载重吨，其中邮轮占 36.1%，约 104 艘，欧洲船企订单中的邮轮及高端客滚船具有载重相对小，但总吨大的特征，属于高附加值船型，邮轮空间设计以大型、豪华邮轮为主，邮轮空间风格和游客需求也倾向欧洲风格和特性。20世纪初，造船业发达的一些国家主要有意大利、德国、法国、俄罗斯等，其将船舶美学作为一门学科进行研究，许多关于船舶建筑设计、船舶室内装饰方面的专著相继问世。国际上最大的邮轮公司 MSC 地中海邮轮推出智能邮轮计划，其在游客的行为流线分析方面的研究可以显著提高游客的行为舒适度，另外为邮轮的功能布局及舾装设计（或者邮轮设计升级服务）提供参照依据。2017 年 3 月 9 日，在德国柏林 MSC 塑造了未来邮轮发展的智能邮轮的服务设计与体验形象。MSC 具备16000 个网络接入点、700 个数字接入点、358 个信息和交互视屏，2244 个客舱将采用无线视频信息识别技术，3000 多个蓝牙信号获取定位服务，提升游客海上旅行的智能交互体验。

科学网核心数据库在 1985 年至 2018 年间有 580 份出版物，其中关键词为"邮轮"。VOSviewer 生成的邮轮关键词相关性的网络地图如图 1-10 所示。重要的关键字用较大的字体显示，而关键字的颜色由关键字所属的群集决定。关键字之间

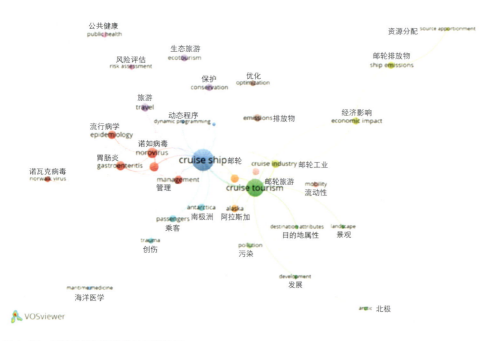

图 1-10　邮轮关键词相关性的网络地图

① 唐纳德·A.诺曼.情感化设计 [M].傅秋芳,译.北京:电子工业出版社,2005:83.

的行表示关键字之间最强的共存链接。"邮轮"是网络地图的中心,因为它相当于搜索键。"邮轮旅游""诺罗病毒""邮轮产业"和"大规模疾病"都是重点研究词频。研究表明对邮轮安全、引发疾病的研究频率较高;此外关于邮轮旅游产业的研究较多。跟邮轮相关的文献数据表明,研究邮轮旅行和邮轮生活健康的文献较多,专门研究信息设计的文献较少。

时任苹果公司先进技术组副总裁的唐纳德·A.诺曼是认知科学学会的创始人,他的代表作《情感化设计》①,基于本能、行为和反思这三个设计维度,提出了情感在设计中的重要地位与作用,将情感效果融入产品的设计中,可解决长期以来设计工作人员困扰的问题——产品的可用性与视觉性之间的矛盾。意大利那不勒斯大学教授弗朗西斯科·帕罗拉在 2018 年的《目的地满意度和邮轮用户行为》的论文中提出邮轮用户对目的地满意度能创造短期和长期潜在消费价值。

国内方面,文献分析发现,目前在中国运营航线的大中小型邮轮绝大部分都是由国外船厂建造的,船只修理和装修层面仍然出现孤立的局面,可借鉴的经验和技术不多。一些专门为酒店装修的设计公司、家具配套公司进行了船舶装修与家具定制的尝试,其设计基本上是按照陆地上的酒店设计为标准,还未掌握适合在邮轮钢结构这一主体环境里(重力平衡与重量的约束条件下)的内装设计方法、工艺以及邮轮内舾装设计理论。2017 年 2 月国内首条"环中国海"邮轮航线在天津国际邮轮母港开通;2017 年 7 月"盛世公主"号专为中国市场量身定制的豪华邮轮,以上海为母港成功开启首个中国航季。

2018 年 8 月,中国大型邮轮创新设计专家论坛于上海举行,着重探讨邮轮创新设计、配套产业链发展问题,强调"豪华邮轮的建造是造船皇冠上的明珠,是技术与美学、现代与高科技的最佳融合,不是简单的交通工具,是高科技和高附加值产品"。邮轮旅游成为人们向往的美好生活方式之一,中国学者研究信息设计的文章有 37 篇,最早的文章可以在 2007 年找到,研究重点是邮轮的管理、乘客、邮轮旅游、模型和暴发事件;而在邮轮设计方面的研究仍然处于起步阶段。

二、 国内外研究现状评价

(一)邮轮设计研究

信息化设计是全球邮轮设计的崭新话题。国外研究方面,第一,西方近代邮轮始于蒸汽机螺旋桨轮船,现代邮轮旅行发展于 19 世纪 60 年代,近十年来邮轮设计研究集中于意大利等北欧国家的游客行为体验研究。第二,关注邮轮文化、安全、舒适度、健康问题。第三,注重信息服务的功能布局及舾装设计。意大利 Alberto Marinò 在 2018 年提出了邮轮结构设计中行业与船级社的互动体验;英国 Peter Quartermaine 在 2006 年研究邮轮信息识别设计与文化;意大利 Francesco Parola 在 2014 年致力于目的地游客满意度和邮轮用户行为的研究;德国 Alexis Papathanassis 在 2016 年提出发展邮轮产业的安全产品设计与人力资本等。国内研究始于宋船和明轮船,1961 年开始的国际班轮航线注重空间美学设计，而邮轮设计与制造的自主创新能力仍欠缺。

　　国际上有关邮轮设计的学术研究从 20 世纪 60 年代开始，中国知网收集全球自 1964 年至今共 934 篇邮轮设计的学术论文，主要集中在欧美地区，如图 1-11 所示。中国邮轮设计在近几年开始发展，如图 1-12 所示。2011 年中国邮轮设计联盟秘书长于建中发表船艇美学与内装设计的文章，2018 年 8 月他在上海主办中国大型邮轮创新设计专家论坛；邮轮美学技术设计的概念为 2017 年武汉理工大学潘长学教授在国家工信部重大专项"邮轮美学技术设计研究"中提出[①]，于 2019 年发表《用户黏度搭建与维护：心流理论视角下大型邮轮导识系统研究》；邵健伟在 2018 年发表《基于游客行为的中国豪华邮轮个性化设计路径》等。武汉理工大学还在基于游客行为的中国豪华邮轮个性化设计路径、当代大型豪华邮轮功能与空间美学趋势研究、船舶设计艺术理论体系研究等方面，奠定了我国邮轮美学设计研究的核心地位。

① 潘长学，张蔚茹，王兴宇．用户黏度搭建与维护：心流理论视角下大型邮轮导识系统研究 [J]. 南京艺术学院学报（美术与设计），2019(1): 61-65.

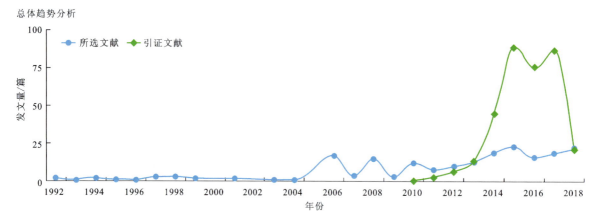

图 1-11 邮轮设计与美学研究数据统计分析
　　来源：https://www.library.ualberta.ca/

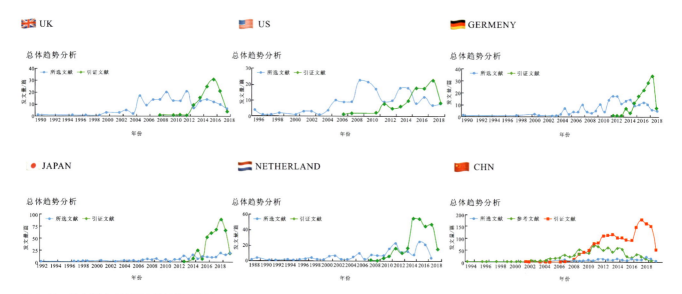

图 1-12　信息设计方法研究数据统计分析
　　数据来源：https://www.library.ualberta.ca/

（二）信息与交互设计的研究

在国外，该领域起步于 20 世纪 80 年代，从 HCI（人机交互）到 HRI（人与机器人交互），关注以用户为中心的接受度和设计方法，以及对生理信号情感识别技术的定量研究和脑信息学的研究。在国内，人工智能技术发展迅猛，注重数据洞察、体验创新，开始关注服务设计领域。根据上文的数据统计，将信息设计研究的代表性观点归纳，如表 1-2 所示。

表 1-2　信息设计研究的代表性观点

研究范畴	时间	国家	代表人物	主要观点
公共空间	1960	美国	凯文·林奇	提出空间导向系统的空间意象和环境可识别性研究
公共空间	1995	日本	户川喜久二	提出测算公共空间中人流疏散的时间模型，人流流线受到信息符号、标志、前导物影响；大多数人流动线习惯逆时针转向
环境	2004	日本	田中直人	标识环境通用设计研究
认知心理学	2005		唐纳德·A.诺曼	情感化设计：情感元素的三种不同层面，包含本能的、行为的和反思的，即产品的外观式样与质感、产品的功能与个人的感受与想法，应遵循不同层面的设计原则
信息与交互	2007	中国	鲁晓波	把握交互设计原则，达到感官、行为层级、反思层级可用性目标及用户体验目标
工业设计工程	2010	丹麦	尼尔森	眼动跟踪网络的可用性研究
计算机工程	2012	加拿大	Foteini Agrafioti	ECG 脑电情绪检测的心电图模型分析
信息与交互	2015	中国	辛向阳	交互设计：从物理逻辑到行为逻辑，交互设计过程中的决策逻辑主要采用行为逻辑
信息与交互	2016	奥地利	Gisela Susanne Bahr, Christian Stary	以经验主义为基础，运用心理学、试验方法论和统计学的精华，逐步将其科学经验与改善社会技术系统、信息交互设计的工程目标结合起来，应用和发展心理学和社会理论，提供一个挑战性的测试领域
心理学	2020	德国	Tanja Heuer	提出 HRI 人与机器人交互研究，关注从用户为中心的接受度和设计方法

（三）公共空间设计研究

该领域注重人流动线和空间的可持续性、识别性研究；重视生态知觉理论、网络空间的研究。1995 年日本户川喜久二研究测算公共空间中人流疏散的时间模型，应用于防灾；美国凯文·林奇（Kevin Lynch）1960 年提出空间导向系统的空间意象和环境可识别性；日本田中直人在 2004 年对标识环境通用设计进行研究；美国 Mark David 在 2018 年致力于空间句法研究等。我国近年来注重美学设计、强调文化渗透，而在复合空间信息管理、设计原创性、环境治理等方面有待深入研究。

（四）总结与问题

第一，信息与交互设计的问题。强调各专业的碎片化研究，忽略整合系统化设计方法；强调美学设计，忽略科学评价体系的建立；强调商业设计，忽略心理学和社会学的研究方法。

第二，邮轮公共空间安全的问题。公共复合空间的空气污染、废物处理风险意识不足；非限定性空间功能布局、标识系统设计混乱；忽略安全防灾设施和防控系统的信息化管理。

第三，邮轮研究的趋势。知识图谱整合的 AI 深度学习创新方法；航行和空间卫生安全；信息化监管；量子技术引导游客情感体验的科学设计；推动安全理念与设计实践双向变革。

第三节   邮轮公共空间信息设计的知识界定

一、信息设计

根据知识图谱的研究，了解信息设计学科主题的网络关系及演进趋势、信息设计研究领域各概念之间的关联性。"设计"是对一个问题的识别和创始者的智力创造[1]，表现在绘图或计划中，包括方案和规范。"信息设计"是对信息内容及其呈现环境的定义、规划和塑造，旨在满足预期接收者的信息需求。

（一）信息设计的谱系演进

谱系研究源于谱系学，分析历史演进和进化论、本体论，客观揭示设计哲学和发展规律，正确界定概念。

（1）原始信息符号

早期人类使用以图形方式记录和呈现信息的技术，标志着人类开始掌握信息并对信息内容进行定义和思考，图像可以说是已知最早的将信息视觉化呈现的尝试：旧石器时代，公元前两三万年前，西班牙的阿尔塔米拉洞穴壁画记录了原始人类熟悉的动物形象，著名的《野牛》表现了原始人类敏锐的观察力和丰富的想象力；约公元前 7000 年至公元前 6000 年中国新石器时代的彩陶符号和古埃及洞穴壁画标志人类原始文明进入象形文字阶段，最古老的书写系统使用图形来编码符号和单词。图像是人类交流的重要技术，但是文字却成了思想大范围分享和传播的更为精确的手段。象形文字是图像演变而来的表意文字，文字让我们能够记录历史，跨越地域

① 王亮，李秀峰. 综合性知识平台中知识地图的构建研究 [J]. 情报科学，2016，34(9): 27-30.

交换信息，为后代传授知识，并且鉴古思今、眺望未来。公元前 5000 年埃及的象形文字、苏美尔文、古印度文、中国的甲骨文都是从图像和纹样中提炼产生的人类最早的象形文字。

（2）早期绘图法

早期的信息可视化产生于旅游、商业、宗教和通信。随着人类从狩猎采集社会进化到农耕社会，并且开始发展更为精良的技术工艺，地图也变得更为复杂。中国具有悠久的绘制地图的传统，可以追溯到商朝后期（公元前 14—公元前 11 世纪），贵族用于占卜记事而在龟甲和兽骨上雕刻文字、符号。华夷图是中国宋代的石刻地图，此图的底本是唐代贾耽于贞元十七年（801 年）完成的《海内华夷图》，如图 1-13 所示。经过宋代的改动、省略和缩绘，图中既保存了一些唐代地名，也有一些改用宋代地名。

中国古代具有大量信息图形传播的历史。1607 年，明代王圻和王思义著《三才图会》，此书共 106 卷，分天文、地理、人物、时令、宫室、器用、身体、衣服、人事、仪制、珍宝、文史、鸟兽、草木等 14 门。《三才图会》有明万历三十七年原刊本存世，所记载的每一件事物，都用图像表意，文字加以说明，图文并茂，是中国古代最齐全的信息图形类书籍。据《拾遗记》中记载，中国古代黄帝时代就能造舟，到了明代我国已是造船强国，四大船型福船、广船、沙船、鸟船，可用于军事，仙船、航船、游山船用于游客，船种齐全，如图 1-14 所示。

约翰·戈斯在《地图绘制史》中讲述了欧洲人所看到的从最早的时代到现代的地图绘制的故事，其中也涉及中国和远东等更遥远地区的地图绘制。从文艺复兴时期到 18 世纪末，信息可视化促使人们从整体性思维出发，在更加广泛多样的领域去设计，如建筑、解剖、视角、比例、技术等，从整体性思考，将人的行为研究置于中心位置。这一思考方向已进入主要研究领域，将科学知识各方面联系了起来。

（3）现代信息图表和符号

18 世纪末，威廉·普莱费尔，用数据可视化在重要的知识领域之间架起了一道桥梁。人们不再需要专门的技能来诠释复杂的数字或统计学信息，这使得数据信

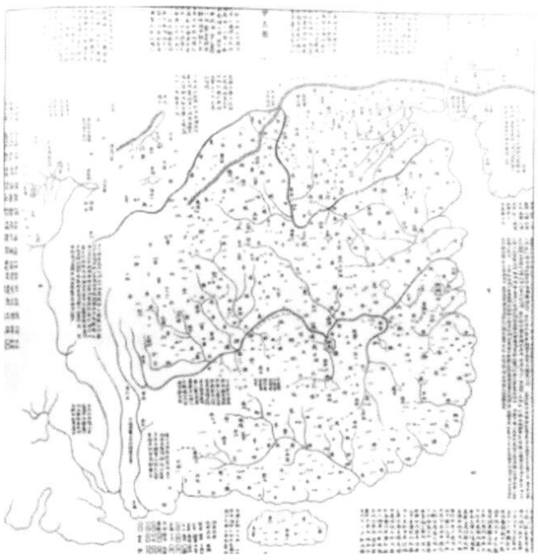

① 王圻，王思义. 三才图会 [M]. 万历刊本，1609: 器用卷.

图 1-13 公元 1036 年的华夷图[1]

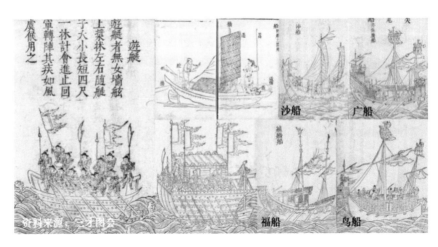

图 1-14 《三才图会》器用卷舟类[1]

息更为普及，同时人们也可以轻松地比较各数据集。他的设计与今天使用的图表非常相似，颜色、编码以及主要和次要部门的网格，显示了随时间变化的数据。最为复杂的图像是文艺复兴时期的寓言和符号，而符号中，最棘手的是炼金术士所做的符号。《艺术与自然的镜子》再现了炼金术的三个过程，其中提及了象征与符号、图形、图画文字、纹章、微观 – 宏观图式、离合诗、地图、罗盘、宇宙图及占星等。

18 世纪中期到 20 世纪初，人类进入了工业时代和电气时代。1837 年美国画家摩尔斯发明了第一台摩尔斯电码电报机，运用点、横线和特殊的间隔来表示数字、字符和符号，通过电报电线输出传播信息。伦敦的地下交通系统地图问世于 1908 年，通过研究使用者行为的心智模型和理解记忆的信息视觉形象，将地图中的线路用色彩和导向设计为可用性和可行性路径以加强使用者的记忆与识别。

（4）用户信息界面与交互设计

用户信息界面是通过图形、图标和可视化指示信号来表示用户可用的信息和行为的界面。那些可用信息是通过直接操作图形元素来执行的，而不是通过文本输入命令。如果没有直观的界面，那么人们将不得不使用复杂的计算机代码来控制那些图形、图标和可视化指示信号。1973 年，施乐公司开发了第一台个人电脑原型施乐奥托，它使用键盘作为输入设备，鼠标作为指向设备，视频屏幕作为界面设备。1981 年，"施乐之星"的推出给人们带来了第一个图形用户界面，图形、图标被用来操作和控制计算机，而不是输入整行的编程代码。"施乐之星"研发到原型阶段之后并没有开发下去，因为人们认为它太贵了，无法销售。

1984 年，苹果公司推出的 Macintosh，界面使用了桌面的信息图标，包括文件、文件夹、废纸篓或垃圾桶，它有重叠的窗口来分隔操作，其还包括键盘和鼠标作为输入设备。由于信息界面被嵌入到操作系统中，所有的应用软件都使用相同的方法来执行任务，这使得学习新的软件变得很容易。1985 年，微软推出了 Windows 操作系统，它使用了与 Macintosh 相同的图标隐喻功能，并成为个人电脑的标准操作系统。

综上所述，根据谱系研究数据关键术语构建本体，基于本体建立标准概念集和知识地图模型，通过知识地图与信息设计对模型进行实证，验证了信息设计概念的客观性，如图 1-15 所示。

（二）《信息设计期刊》

《信息设计期刊》*Information Design Journal*（IDJ）1979 年创办于荷兰阿姆斯特丹的 John Benjamins Publishing Company，是国际同行评议的信息设计专业权威期刊，该期刊填补了信息设计研究与实践之间的空白。信息产品的开发变得越来越复杂，只有具有跨学科能力的设计师才能够实现用户对信息交互的美好愿望。信息的有效性在于其是否在很大程度上扩展一个人的现有信息，使他能够为完成既定任务做出可靠的决定。

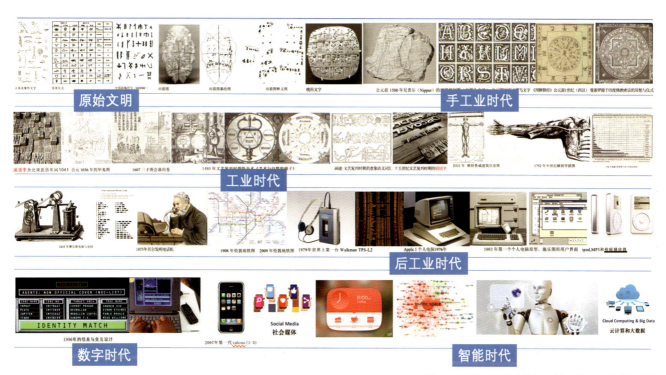

原始文明　手工业时代　工业时代　后工业时代　数字时代　智能时代

图 1-15　信息设计本体知识地图模型构建（自绘）

（三）国际信息设计研究会的成立

1986 年，彼得·辛林格（Peter Simlinger）创立了 Institute of International Information Design（IIID），其是一个非营利的会员组织。多年来，IIID 已经帮助信息设计发展成为一个独立的知识和专业实践领域。西欧信息设计发展简表如表 1-3 所示。

表 1-3　西欧信息设计发展简表[①]

公元前 32000 年	公元前 5000 年	公元 150 年	公元 1066 年	公元 1250 年	公元 1485 年	公元 1637 年
洞穴岩画是最早的信息图形	埃及壁画中的排列计数	托勒密的地图是设计地理信息的工具	刺绣挂毯是连续性电影故事的开始	英国哲学家罗杰·培根创立了测量学	达·芬奇制作图表地图和解剖剖面图	笛卡儿网格是我们今天绘制图表的基础

① ZWAG H J G，BOERSEMA T，HOONHOUT H C M. Visual Information for Everyday Use[M]. London：Taylor&Francis Ltd.，2004.

续表 1-3

公元 1658 年	公元 1786 年	1920—1940 年	1930 年	1976 年	1984 年	
"教育学之父"捷克教育家夸美纽斯设计了西方教育史上第一部儿童教科书和视觉辅助系统程序,人们开始关注信息图表	威廉·普莱费尔发明了条形图、折线图和饼图	社会科学家奥托·纳鲁特和艺术家格德·阿恩茨以图形方式设计统计图表	哈利·贝克的伦敦地铁图几乎是世界上所有交通地图的先驱	雅克·贝尔坦提出图形符号学,运用图形语义提供视觉交流	计算机处理查看大量数据,组合文字和图片可以快速提高工作能力	

（四）社会语境下的信息设计

（1）对信息设计的要求

第一,基于内容,特指为了获得知识做出决定;第二,认知,特定于感知、学习和回忆,希望使用信息;第三,技术,特定于信息系统使信息可用。

（2）信息设计研究的领域

信息设计研究的领域主要包括教育、医疗保健、通信、财务、交通导视、公共交通、包容性信息设计、旅游信息等方面。

（3）信息设计项目流程

第一步:了解给定的主题及其对给定用户的价值。

第二步:了解用户对应用系统功能信息的反应,为了促进信息知识的转移,对某一特定主题的理解偏差往往会损害信息接收者的意识。

第三步:信息设计师准备一份提案,概述要完成的工作、实现的结果、采用的技术和法律标准,以及需要花费的时间和预算。

第四步:评估设计信息的有效性。为了确保与任务相关的知识边缘转移目标的实现,信息设计时应尽量确定信息产品是否产生预期的效果。

第五步:提炼和实施信息。基于测试信息获得的洞察力,设计师应将自己的设计优化为内容,并考虑替代方案,随后,在设计的实施中,根据需求变化随时进行调整和修改。信息设计项目流程如图 1-16 所示。

专业实践

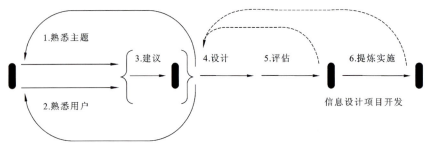

图 1-16　信息设计项目流程

（4）信息设计研究内容

信息设计的研究内容首先是记录信息、传达意义、积累数据、方便查询和发现、支持感知推理加强检测和识别，提供联系实际和理论世界的模式及数据支持。其次，为了使所有用户满意，需要对给定系统的信息进行设想、规划、创建、实施、服务、使用、更新以及最终修改或回收。另外，信息设计广泛地用于描述交际设计实践，其主要目的是告知，告知是广告实践中常用的说服性方法。信息设计可以通过信息系统、寻路系统和统计数据的可视化来加以说明，使用户在没有视觉表示的帮助下很容易推断出来信息。目前，系统的信息图和设计是静态的视觉呈现，随着技术的进步，未来交互和动态视觉信息在呈现方面将有突破性发展。

二、大型邮轮

《韦氏词典》将邮轮释义为：邮轮是停靠在不同港口的大型船，可载客旅游。维基百科认为邮轮是一种用于游客旅行的客船，邮船本身和船上的便利设施是体验的一部分，同时也包括沿途的不同目的地，即停靠港。

（一）邮轮旅游的谱系演进

中国古代的"轮船"历史可以追溯到唐代的明轮船（人力踩踏木轮推进）和宋代的车船。1405 年 7 月 11 日，明代正使郑和率 2.7 万多人，乘"宝船"62 艘，第一次出使西洋。西方近代邮轮的起源大体可追随到 19 世纪初的蒸汽机螺旋桨轮船（沿海航行）、蒸汽机帆船的邮轮（混合动力式）、蒸汽机明轮船的邮轮（运河邮轮）。19 世纪 60 年代，现代邮轮旅行开始。

（1）邮轮旅行萌芽期

最早的远洋班轮航行主要不是乘载游客，而是运载货物。1818 年美国黑球轮船公司成为第一家从美国纽约到英国利物浦的定期服务航运公司。1837 年，英国的铁行公司（P&O），在英国与伊比利亚半岛之间开展海上邮件运输的业务，标志着海上客运兼邮件运输的开始。英国"大西方"轮船公司在这个时期处在主导地位。1840 年塞缪尔·肯纳德在英国创办了"冠达邮轮"公司，其是第一个开通定期横跨大西洋航线的公司，标志着一个新的产业开始了。

（2）邮轮旅行低潮期

第一次世界大战中断了新的邮轮的建造，许多旧的邮轮被用作部队运输工具。德国豪华邮轮在战争结束时作为赔款同时交付英国和美国。1920 年至 1940 年被认为是跨大西洋邮轮最吸引的年份。邮轮迎合富人和名人的需求，使他们在邮轮上享受豪华的设备，对欧洲旅游感兴趣的美国游客取代了移民旅客。广告宣传海洋旅游的时尚，以高雅饮食和船上活动为特色[①]。在第二次世界大战中，邮轮又被改装成运兵船，所有的跨大西洋航行直到战后才停止。然而，航空旅行的发展及 1958 年第一次直飞欧洲的航班标志着远洋班轮横跨大西洋业务结束。邮轮被出售，航线因缺乏业务而取消。

（3）邮轮旅行复兴期

20 世纪 60 年代见证了现代邮轮产业的诞生。邮轮公司专注于加勒比海的度

① 杨建明. 邮轮旅行研究的回顾与前瞻——基于国外英文期刊论文的评述 [J]. 世界地理研究, 2015, 24（1）：130-139.

假旅行，并创造了一个"有趣的邮轮"形象，吸引了许多从未有机会乘坐 20 世纪 30—40 年代的超级班轮的乘客。

（4）邮轮旅行成熟发展期

21 世纪以来，欧美地区的邮轮旅游市场结构已经基本形成。全球规模最大的三家邮轮公司，嘉年华、皇家加勒比及丽星都为邮轮旅游行业奠定了稳固的基础，并在欧美主流消费群体中建立了各自的邮轮网络。在这一时期，邮轮旅游除了吸引更多的传统银发族群游客之外，开始向大众化和年轻化的方向发展，旅游者成为邮轮旅游产品的消费者①。

① 蒋旻昱. 跨文化视角下邮轮中庭空间服务设计研究 [J]. 艺术评论，2017（11）：170-173.

（二）大型邮轮类型界定

邮轮按照注册总吨位（GRT）可以分为微型邮轮（注册总吨位在 1 万吨以下）、小型邮轮（注册总吨位在 10000~20000 吨）、中型邮轮（注册总吨位在 20000~50000 吨）、大型邮轮（注册总吨位在 50000~70000 吨）、巨型邮轮（注册总吨位在 70000 吨位以上）。注册总吨位越大，邮轮空间（容积）越大。

（三）国际邮轮对邮轮等级的分类

（1）豪华型邮轮：顶级豪华邮轮，顶级服务、娱乐设施，容纳游客较少；

（2）高级型邮轮：空间大，超出平均标准的美食、设施、服务；

（3）现代型邮轮：以度假为目标，有多样化的休闲、娱乐设施和项目；

（4）专业型邮轮：特定的旅行目标，如探险考察，吸引有经验的邮轮旅行者；

（5）经济型邮轮：中等规模，翻新设计，性价比高，吸引中老年游客及邮轮旅行经验少的游客。

2013 年世界最佳邮轮评选中，豪华邮轮类的丽星七海公司以推出免费无限次岸上观光、开放式酒吧、餐饮等全包服务而获头等奖；皇家加勒比公司获最佳娱乐奖。根据有关数据分析，游客对邮轮的新颖性、家庭适宜性、航线、冒险、性价比、餐饮、娱乐、客舱舒适度、岸上观光、蜜月旅行、母港等认知情感方面比较注重。世界各类最佳邮轮获奖统计如表 1-4 所示。

表 1-4 世界各类最佳邮轮获奖统计

奖项	船名	奖项	船名
最佳新邮轮	挪威逍遥号 Norwegan Breakaway	最佳套房奖	大洋邮轮公司 Oceania Cruises
最佳船体翻新奖	嘉年华阳光号 Carnival Sunshine	最佳内舱房奖	挪威邮轮公司 Norwegian Cruises
最适宜家庭奖	迪士尼邮轮公司 Disney Cruise Line	最佳标准舱房奖	精致邮轮公司 Celebrity Cruises
最佳航线奖	公主邮轮公司 Princess Cruises	最佳岸上观光奖	迪士尼邮轮公司 Disney Cruise Line
最佳探险活动奖	林德布拉得探险公司 Lindblad Expeditions	最佳蜜月旅行奖	风星邮轮公司 Windstar Cruises
最佳性价比奖	精钻邮轮公司 Azamara Club Cruises	最佳船上酒吧	精致邮轮马提尼酒吧 Martini Bar，Cruises
最佳餐饮奖	大洋邮轮公司 Oceania Cruises	北美最佳母港	温哥华 Vancouver
最佳娱乐奖	皇家加勒比邮轮公司 Royal Caribbean Cruise Line	最佳内河新邮轮	艾美巡游公司首席号 AmaPrima，AmaWaterways
		最佳内河邮轮	维京邮轮 Viking Cruises

（四）邮轮特征画像

（1）大型邮轮成为人们邮轮旅游的主要选择。大型邮轮的载客量在2300~5000人，是邮轮旅游产业的主要方向；大型邮轮拥有类型丰富的客舱，有海景房、阳台房、套房等，可满足不同品位的游客的需求；宽敞明亮、多功能的甲板使游客可以享受灵活多样的公共空间，使游客情绪愉快、舒畅。世界各大邮轮综合数据比较如表1-5所示。

表1-5 世界各大邮轮综合数据比较

邮轮名称	总吨位（万吨）	总宽度（米）	航速（节）	总长度（米）	甲板（层）	空间比	满员载客量（人）	船员数（位）	舱房总数（个）	套房数（个）	海景房数（个）	阳台房（个）	内舱房数（个）
盛世公主号	14.37	38.4	22	330	19	40.37	4180	1350	2094	125	148	—	375
皇家赞礼号	16.8	41	22	348	16		4834	1500	2070	129	142	1434	369
诺唯真喜悦号	16.77	41.5	22.5	334	20	34.24	4428	1651	1925	460	111	1024	330
皇家量子号	16.8	41	22	348	16		4905	1500	2094	125	148	1146	375
云顶梦号	15.13	40	24	335	18	45.13	5000	2016	1674	142	84	1064	402
歌诗达大西洋号	8.56	32	22	292	12	31.94	2680	857	1105	90	167	620	228
歌诗达幸运号	10.3	35.5	22	272	13	29.68	3470	1020	1358	58	321	464	515
处女星号	7.53	32	24	268	13	40.27	3000	1350	935	20	194	352	369
地中海辉煌号	13.8	37	23	333	18	42.15	4363	1370	1637	107	91	1115	283
天海新世纪号	7.15	32	22	246	15	39.4	2114	846	907	75	195	319	318
歌诗达赛琳娜号	11.45	35.5	23	290	14	30.29	3780	1100	1500	70	333	505	592
歌诗达维多利亚号	7.52	32	24	252	14	31.41	2394	790	964	391	242	311	200

数据来源：www.cruisecritic.com

（2）大型邮轮的品牌价值是游客选择的主要依据。大型邮轮的品牌价值主要体现在邮轮的总吨位、总宽度、航速、总长度、甲板数、空间高度、载客量、船员数、舱房数等方面。图1-17至图1-21分别为世界各大邮轮在航速、总长度、甲板、空间比、载客量和船员方面的比较情况。

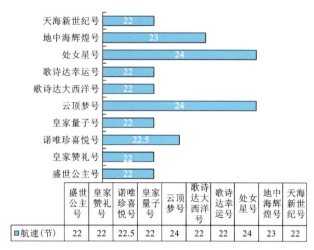

图 1-17   邮轮航速比较

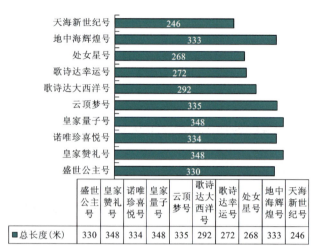

图 1-18   邮轮总长度比较

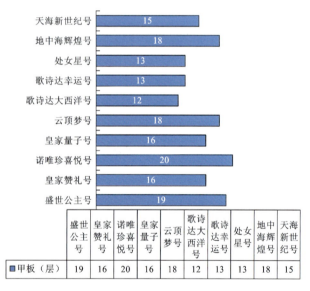

图 1-19   邮轮甲板数比较

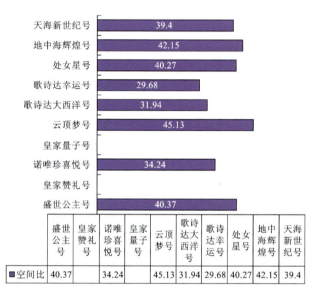

图 1-20   邮轮空间比比较

图 1-21   邮轮载客量和船员人数比较

（3）大型邮轮趋于个性化的品质发展。邮轮个性化特点越来越明显，迪士尼邮轮适合家庭带孩子旅行；皇家加勒比、挪威邮轮适合组团、大家庭旅行；公主邮轮、水晶邮轮适合深度游、体验式的旅行；维京邮轮、荷美邮轮适合探险、刺激、追求品质的旅行。邮轮航线选择如图 1-22 所示。

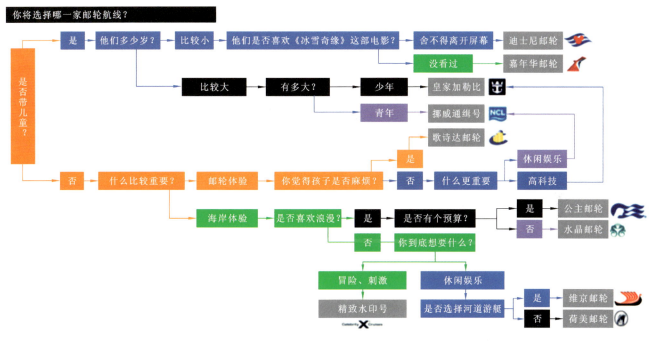

图 1-22 邮轮航线选择

（五）邮轮旅行未来趋势

目前邮轮行业长期发展的主要驱动因素有全球人口变化、自由市场经济全球化、不确定的永久环境、气候变化、新技术。未来邮轮发展将持续创新和改进模式，发展更全球化的业务，研发越来越大的船舶；对于强劲持续增长的游客需求，主要邮轮集团有较强的谈判地位，应加强对服务部门的监管；环境的可持续性，使航行和作业期更安全。决定乘客未来邮轮旅游的影响性因素如表 1-6 所示。

表 1-6　决定乘客未来邮轮旅游的影响性因素

因素	乘客				
	经济型邮轮乘客	专业型邮轮游客	豪华型邮轮游客	高级型邮轮游客	现代型邮轮游客
目的地	8.3	8.1	7.6	8.1	8.1
价格	6.6	6.8	6.7	6.8	6.9
休息、放松的机会	6.2	6.4	6.4	6.3	6.5
适合空闲时间 / 协调假期	5.9	5.8	6.6	5.3	5.9
独特性体验	5.6	6.1	5.8	6.4	6.2
舒适度	5.8	6.0	6.3	6.0	6.1
选择特定的酒店、度假地点或邮轮	4.6	5.9	6.6	6.1	6.1
很好的家庭和儿童项目	4.1	4.0	3.6	3.7	4.1

注："10"代表最具影响力；"1"代表不具有影响力。

（六）邮轮未来科技发展分析

（1）邮轮安全性技术

蓝牙手链和可穿戴式智能设备是邮轮最具创新性和吸引力的安全功能性产品，将这些产品使用蓝牙或近场通信（NFC）连接到板载系统上，可方便游客实时操作。在孤立的水中船上建立快速的网络连接，可以解决过去因网速慢而造成的安全隐患问题，邮轮工业正在改变这一现象，因此高速的 WiFi 网络技术将是邮轮安全性技术的重要内容。

（2）娱乐性技术

过去人们大多是在电视上看视频内容，今天主要在笔记本电脑、手机和平板电脑上看。但是当人们乘坐邮轮时，电视仍然是唯一的选择，因此，娱乐性技术是邮轮公司急需要做出突破的。

（3）智能化技术

随着互联网的快速发展，邮轮通信天线也变得更加紧凑。在过去，船舶需要安装大型卫星和天线，不仅占用空间而且不美观，新平板天线终端的发展正在改变这一切。另外，智慧邮轮更引人注目的创新就是机器人技术的应用，机器人不仅可以与客人互动，而且可以帮助船只运行。

三、公共空间

（一）公共空间

空间哲学，在 17 世纪已成为认识论和形而上学的中心问题，其核心思想是德国哲学家、数学家戈特弗里德·莱布尼茨和英国物理学家、数学家艾萨克·牛顿提出的两种对立的关于"空间是什么"的理论。莱布尼茨认为，空间不是一个独立存在于其他物质之上的实体，而是世界上物体之间空间关系的集合。未被占用的区域是那些可能有物体的区域。因此，对于莱布尼茨来说，空间是从个体实体之间或它们可能的位置之间的关系中抽象出来的一种理想化存在，它不能是连续的，而必须是离散的。空间可以用类似于家庭成员之间关系的方式来考虑。牛顿基于观察和试验认为，空间不只是物体之间的关系。对于"关系论"者来说，惯性运动（物

体以恒定速度运动）和非惯性运动（速度随时间变化）之间没有真正的区别，因为所有空间测量都是相对于其他物体及其运动的。但是牛顿认为，由于非惯性运动会产生力，所以空间必须是绝对的，空间必须独立于物质存在。

空间可分为地理空间、物理空间（经典力学、相对论）、数学空间（几何空间）、宇宙空间、心理空间等。心理学家在 19 世纪中叶已经开始研究空间的感知方式，现在关心这类研究的人把它看作是心理学的一个独特分支。心理学家分析空间知觉时，关注的是如何感知物体的物理外观或其相互作用，如视觉空间。本书围绕邮轮信息的复杂性问题，研究物理空间与游客心理感受方面的问题。

《韦氏词典》定义公共空间是：城市或城镇中人们聚集的公共区域。公共空间是一种社会空间，一般是开放的，人们可以进入。道路（包括人行道）、公共广场、公园和海滩通常被视为公共空间。近年来，共享空间的概念被提出，以增强行人在交通工具（包括邮轮）共同使用的公共空间中的体验。公共空间是某种物质形态使我们能够将它们与周围环境区分开来，成为一个清晰可辨认的区域。

空间既是社会的产物，也反过来影响社会。人们对空间的研究旨在调查并理解这种关系，以供人类使用，如对空间的移动、占领和可见，而位置和动线是表达空间的方式。

西方关于公共空间的研究主要集中在美学、哲学、社会学层面。近年来在城市规划及设计学方面关于空间的研究更体现了公共空间的功能性定义。研究公共空间就是研究人与空间的感知及行为与空间的关系。[①]

空间公共性就是物质空间在影响人们公共活动的过程中所表现出的一种属性。[②]公共空间信息即公共使用的日常生活和社会生活的复杂空间中的信息，邮轮的公共空间信息构成了游客的空间记忆，在公共空间信息的设计中，难点就是如何对复杂环境的信息进行有效的传播，使用户获得有价值的信息。

---

① 陈路 . 博览空间与信息设计 [J]. 装饰，2002（4）：9-10.
② 霍华德·加德纳 . 智能的结构 [M]. 沈致隆，译 . 杭州：浙江人民出版社，2013：127.

（二）邮轮的公共空间

邮轮的空间可划分为公共空间（公共区域）、客舱空间、非公共空间。邮轮的公共空间是游客在邮轮生活中汇集的共同区域，具备了空间公共性和特殊性功能。大多数现代邮轮具备以下公共空间：商店、水疗生活馆、健身中心、图书馆、百老汇风格的剧院、电影院、带滑梯的室内和室外游泳池、热水浴缸、自助餐厅、休息室、俱乐部、篮球场、网球场、台球室、乒乓球室、医务室，有些船有保龄球馆、溜冰场、攀岩墙、跳伞模拟器、小型高尔夫球场、视频游戏机、冲浪模拟器、连锁餐厅和绳索障碍物球场等。邮轮的公共空间特征是海上环境、空间体量小、光线变化大、私密性高、有轻微震动和噪声等。

信息技术革命在 20 世纪 70 年代得到巩固，并在过去的 20 年中在地球上的每一个活动领域中传播，它涉及并伴随着空间过程和形式的深远变化。我们现在就像居住在一个由计算机信息化的宇宙中，生活在一个由电信连接的网络组织中，所有文化都包含在一个超越地方特色、特殊性、身份等的信息交流系统中。信息流与文化、历史标志相联系，并将娱乐、游戏、休闲融入公共空间。我们比较图 1-23 中2019 年"歌诗达赛琳娜"号邮轮大堂（左）（自摄）与1925 年"歌诗达维多利亚公主"号蒸汽轮大堂（右）（收集）的图片就能发现，2019 年的大堂继承了传统邮轮大堂的功能，但信息流和设施更高科技化了。

（三）邮轮的公共空间特征

（1）舒适的公共空间（感觉安全和放松）

一些非常繁忙的空间，如邮轮的大厅，应该具有高度的安全性，但大多数情况并非如此。舒适的公共空间首先应该是安全的，安全（或至少是一种安全感）取决于空间的繁忙程度，因为可以活动的空间似乎总是比那些废弃的空间更安全。其次，如何管理空间也会产生影响，空间干净整洁，维护良好，通常更安全。最后，空间应该是使人放松的场所，让人有机会停下来并逗留，例如，设计质量好、舒适、可移动的正式座位，非正式的座位（台阶、路缘），卫生间设施，软景观等。另外，历史悠久的货场的建筑物、蒸汽喷射设施、喷泉和灯光效果有助于激活空间的舒适性、灵活性，这些都非常有利于人的放松、游戏和社交活动的进行。最终目标应该是提高游客的幸福感，让他们以轻松舒适的方式使用空间。

（2）社交公共空间

如何设计邮轮公共空间，使其或多或少地有助于人类所有类型的社交互动，包括从大型活动和庆祝活动到简单的偶遇，以及介于两者之间的一切活动，是设计师应该考虑的问题。相关数据表明，邮轮公共空间仍然是公众聚会、集体活动的选择之一。详细的观察工作表明，人们在公共空间的运动主要沿着主导运动的"走廊"或"欲望线"直接穿过空间，直接走向空间的"主要用途"。在与运动网络完美融

图 1-23 邮轮大堂空间设计比较

合的大多数空间中，只有一小部分用户实际上会停留在空间内并直接与空间本身接触，而大部分空间将直接被通过。尽管如此，运动还是会刺激空间的高水平活动，此类活动（社交偶遇）通常发生在主要运动线的间隙中以及被吸引到周围设施和功能区。

（3）有意义的公共空间

对各类型空间用户的大量采访表明，他们主要关注的是空间的体验，是否有吸引力，而不是与设计细节相关的问题或是否是"狭隘的""真实的"。随着时间的推移，当用户与空间互动时，空间变得更有意义。通过结合关键的历史或景观特征，例如，现有的历史建筑或成熟的树木，以及用户可以直接参与的其他设施和特征，空间也可以变得更有意义。这些可能是活跃的，例如大屏幕、乐队看台、免税店、体育设施、游乐场、戏水池、游乐设备、滑冰场、舞台、露天剧场、灯光展示等，也可能是宁静、严肃或沉思的，如公共艺术、雕塑、家具、纪念馆和纪念碑、花园、展览会等。

（4）多样化的公共空间

公共空间由于创造它们的不同利益及其适应的特定用途范围不同而呈现出不同的风格。不是每位游客都会寻求相同甚至兼容的兴趣，因此，并非每个公共空间都应该平等地迎合每个游客或每个场合。有些空间充满活力和商业性，有些空间注重娱乐性，有些空间体现严肃、和平、放松。这些空间的多样性体现了邮轮游客的生活方式、偏好和需求的多样性，并且通过设计公共区域，可以在适当位置为每位游客提供需要的功能设施。

（四）邮轮公共空间信息

邮轮公共空间信息指邮轮空间行为的决策并使游客获得不同经验和知识。邮轮是一种功能集成度极高的空间环境，每种空间区域都有着不同的环境特点，邮轮公共空间信息是游客在公共空间中解读空间功能，并通过知觉感知和解码信息，具有纪念性、中心性和地方性、流动性特征。邮轮信息作为空间环境的一部分，在设计中也应该考虑其差异性。

根据不同的功能类型，邮轮公共空间信息可分为识别类（寻路系统、符号、标志、系统数据）、方向类（信息导向系统）、空间类（控制面板、影音系统、控制室）、说明类（小器具、药品、电子产品、电学、游戏规则、图表、统计图、物理结构可视化或抽象信息）及管理类（服务信息、网站信息）等。依据信息设计的内容，识别类、方向类可以归类于信息导识系统；空间类、说明类、管理类可以归类于信息交互空间信息服务平台。

四、邮轮公共空间的信息设计

邮轮公共空间信息设计的问题主要是复杂空间的信息服务和系统管理。将信息时代的公共空间规划与建筑、活动、记忆、流动等都关联起来，对活动流和各种信息活动进行有力刺激，把这些活动流与文化表现力联系在一起，以图式化的形式使用户从一种新的视角更深刻透彻地了解复杂空间信息的本质，并将信息整合到一个公共空间中，形成一个具有创造力的记忆性空间。

综上所述，大型邮轮的公共空间信息设计主要有综合系统设计、空间布局、功能配置、装饰陈设等核心内容，通过用户研究、技术算法、设计方法、主题设计四个层面可以映射出游客情感体验并进行安全性行为设计、可用性设计、服务平台设计等，实现邮轮的设施智能化、管控物联化、服务信息化、平台可视化管理。由于邮轮空间尺寸的限制、游动（空间）的特点、游客心态及信息诉求的变化，在邮轮这一特殊空间中，人们获取信息的方式、认知的方式、信息呈现的方式将发生变化，因此邮轮的空间设计发生了相应的转变。

（1）设计风格由个性化向多元化转变，表1-7所示为历年邮轮公共空间设计比较。

（2）设计技术由传统工艺向现代技术和数字技术应用转变，制作工艺成熟。

（3）空间布局从优雅的小空间向宽敞、奢华的多功能空间转型。

（4）从注重硬件设施转向注重人与环境的互动关系，从硬设计转向软设计。

（5）从外观形态设计转向服务设计。

（6）设计文化由欧美垄断转向以亚洲文化为主流。

表1-7 历年邮轮公共空间设计比较（自绘）

时间	设计说明	公共空间设计	公共空间设计	设计说明	时间
1912年	法国航线上的大沙龙设计			玛丽皇后2号的圆形入口门厅翻新设计，把丘纳德巡航线作为中心焦点小径	1969年
1913年	哈帕格海上将军号的音乐厅设计			奥里亚纳号右舷走廊内部画廊设计	1979年
1921年	玛丽皇后2号大厅设计，夹层和照明天花板的总体布局			堪培拉号的夜总会，斯达克的旅游类空间设计	1981年
1931年	在英国皇后号上的乐队和舞者的舞厅设计			伊丽莎白女王2号设计冬季花园，灵动和现代风格体现在一个古老班轮时代的船上	1996年
1932年	位于意大利航线上的公主号画廊内部设计，将公共空间连接为单幅宽镜大道			皇家加勒比海洋梦幻号将海洋景观的中庭的整体公共空间设计成几层楼高，顶上是一个巨大的穹顶。鼓励设计师在任何风格的选择上都要精益求精	1998年
1951年	玛丽女王2号的餐厅内部，有大西洋壁画地图显示钟和海上位置标识			海洋自主号大厅设计结合挪威、瑞典、英、美多国设计师风格，呈现金碧辉煌的奢华感及精致细腻的风格	2007年
1963年	猎户座号的主休息厅，清楚地展示了其宽敞的空间、优雅的设计、整洁的结构形式和广泛的开放式规划			皇家加勒比量子号突破性的空间设计，提升了海上度假体验。运用多元化的数字化科技方法营造沉浸式的VR空间和数字景观	2014年

围绕认知理论的游客行为动线研究是本书的创新点，它与信息设计的相关性路径研究也是建立在信息本体论基础之上的，行为动线与公共空间、视觉呈现可视化效果呈相关性。公共空间信息设计的核心内容是相关性路径研究，是一种通过感性语义特征分析用户行为表达，来获得可靠性、可用性信息，并评估用户满意度的设计范式，如图 1-24 所示。

第四节　课题研究目标、方法和创新点

一、研究目标

（1）探讨大型邮轮信息设计方法研究的创新理念，求证设计学与科学技术相融合的可行性；获得交叉学科研究信息设计的可用性度量指标；确立现代邮轮信息设计创新研究方法。

（2）对公共空间复杂信息的视觉问题展开研究与试验，探讨游客对大型邮轮旅游的认知需求，找到提升邮轮用户体验的方法，获得用户认知行为的科学理论依据，建立邮轮公共空间的创新理论体系。

（3）统计、分析文献研究和科学实验，验证科学技术应用于信息设计研究的有效性和普适性，找到高效的、精准的、前沿的科学技术支撑，在整体研发实力等方面获得较好的工程参照标准。

（4）探索现代邮轮的创新服务设计，建立邮轮信息化、智能化服务管理的实用性标准，以及用户体验的"情感品质"平台，来提升大型邮轮精细化服务质量。

二、研究方法与技术路线
（一）研究方法
本课题主要应用以下研究方法：

（1）试验及算法
通过生理信号信息采集试验研究来获得情感识别的科学数据，运用因子分析法、SPSS 统计、KJ 法等对邮轮游客行为需求进行数据分析；邮轮公共空间的可用性试验测试，运用 Tobii Pro Glasses 眼动仪、脑电、无人机等设备进行测试、采样。

（2）理论研究法
对信息设计方法理论的研究是建立在多学科理论研究的基础之上的，将设计学与认知心理学、人机工程学、计算机科学、海洋船舶科学、神经科学、统计学、旅行学、管理学等学科的理论、方法和成果从宏观和战略上进行交叉研究，从多学科多视角整理出一套相对系统、完整的邮轮信息设计方法理论体系。

（3）可用性综合评价法
应用 FAHP 模糊层次法评价研究理论成果的有效性、可达性、可行性；应用多模态的生理指标测试方法，即应用眼动跟踪技术和脑电技术分析用户情绪反应诱发脑电能力变化，从而评价用户满意度，构建邮轮信息设计的可用性综合评价模型，并验证模型的有效性。

（4）文献分析法
在本课题研究中，笔者阅读了大量国内外相关文献资料，对邮轮设计、信息设计、公共空间设计、服务设计、行为认知、用户体验、生理数据同步等领域的文献、影像和采访数据进行分析、归类和整理，对邮轮行业相关内容进行比较和归纳，打下了良好的研究基础；并对信息设计和邮轮的来源、形成、传承关系、知识分类等进行总结；对游客、邮轮特征进行细致描述，精准挖掘邮轮研究数据。

（5）实证调查法
田野调研法：对邮轮用户、游客行为、公共空间游客行为动线及游客的信息交互体验等方面采用访谈、观察、填写问卷的方式进行数据采集，得到批量、客观、较真实的数

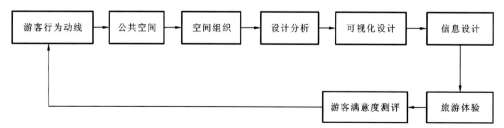

图 1-24　游客行为动线与公共空间信息设计研究路径（自绘）

据样本，在游客体验的过程中了解他们的真实反应。

网络调研法：基于互联网环境的交互信息沟通方法。

（二）技术路线

大型邮轮公共空间的信息设计方法研究技术路线如图 1-25 所示。

（三）解决关键性问题

（1）解决游客行为动线采集的科学性与普适性的问题；

（2）解决游客情感识别的试验方法问题；

（3）解决游客情绪反应的度量指标问题；

（4）解决评价复杂空间信息设计的可用性方法问题；

（5）解决建立智慧邮轮的信息服务平台架构问题。

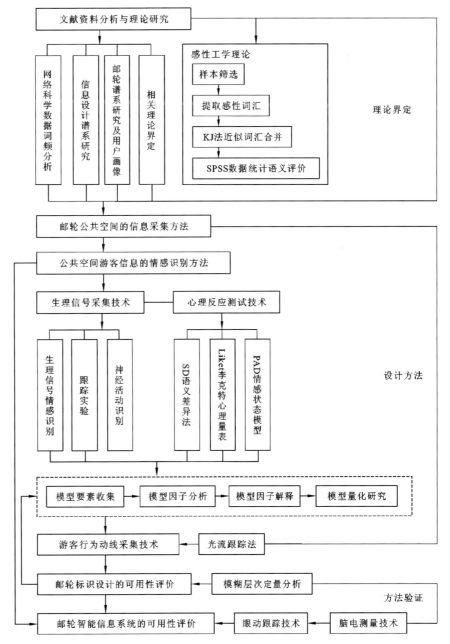

图 1-25　大型邮轮公共空间的信息设计方法研究技术路线（自绘）

三、 主要创新点

（一）认知心理学的情感识别理论解决信息设计与空间体验问题

通过感性语义采集和信息映射分析方法研究，获得感性语义词汇对；通过情感哲学理论论证情感是难以控制的情绪，因此，要保持科学理性与感性情感的统一。研究表明，情感识别是判断游客行为的方法之一，信息设计满意度对游客情绪反应具有强烈影响。游客的情绪反应与行为流线存在相关性。空间体验是有序的，空间体验的等级性与游客行为动机关联密切。通过用户任务模型研究，将空间的有序性应用于时间布局、空间布局、信息设计、寻路系统（社区动态）和感官设计（帮助中心）五个功能板块。同时，情感识别与信息图形设计呈正相关性，约束性设计与标识设计存在正相关性，由此可以看出，情感识别是邮轮信息系统设计的有效方法。

（二）人工智能解决信息挖掘、数据分析问题

基于人工智能机器学习、光流法的游客行为动线模型建构，利用传感器捕捉游客自然步行数据，识别描述导航行为的行人向量场，获得流线向量场数据。应用角点检测算法获得游客行为的追踪特征，建立算法代码，提取、获得数据，可以描绘出游客行为动线图。游客行为动线图直接反映邮轮空间布置关系，有利于提高空间流线与游客动线的契合度和真实性。游客多数是在靠近信息标记点时才调整运动方向的，说明游客的行为与其动机存在相关性，且个人行为习惯在决定意图中具有显著作用。由此推导出信息体验设计研究中游客的行为动线设计是研究核心。最后，将统计科学算法运用于信息图形意象语义筛选与提取，并运用 KJ 法（A 型图解法）进行近似项目合并，整理出图标设计认知感性语义表，同时引入 SPSS 因子分析、映射关系数性分析、可达性因子分析、FAHP 模糊层次定量分析，为本课题提供多模态试验测量的技术依据。

（三）生理信号与心理识别相结合的方法解决设计评价问题

通过定量与定性研究相结合的方法，即仪器测试的多模态技术合成，如脑电和眼动技术、多导仪同步监测，引用尼尔森的《可用性工程研究》中的参照指标，并结合情感识别、生理识别、心理识别的结果获得生理信号指标，从而获得结论：在注视时长显著变长的时间段内很可能是被试者遇到较为严重的可用性问题。将脑电研究（生理信号）、眼动研究（生理信号）和情感认知（心理识别）试验相结合，可以知道眨眼间隔平均值与满意度存在很高的相关性，平均眨眼间隔数值处于高位时，满意度数值将处于低位；反之亦然。同时，还能获得界面设计满意度排序，有助于建立界面设计评价标准。运用脑电测试生理指标验证眼动跟踪试验的准确性：积极、中立和消极情绪相关的神经信号确实存在，正向情绪诱发类别中高频段颞叶能量普遍较高，非正向情绪诱发类别中高频段颞叶能量普遍较低，从而客观判断、评价界面设计素材的优劣性，验证了设计方法的正确性，提升可用性、满意度评价的准确度。

本书第一次提出邮轮复杂空间信息设计的可用性方法，提出确立信息服务的功能性、可达性、可用性的度量指标，是提高信息设计与用户情感识别拟合度的创新研究方法。

邮轮公共空间的信息采集方法

　　信息特征的采集是用户视觉认知加工的第一阶段。根据信息设计科学实验方法流程与结构，以及生理信号的情感识别的具体流程[①]，首先我们研究信息的采集。本章针对语义事件与交流问题，如信息说明通识性差、信息图形映射模糊等，着重研究用户学习，使其提高对信息的使用效率。语义信息是信息设计的基因，通过用户情绪反应获得的感性语义词汇具有真实性、有效性，符合用户的认知行为规律，而且情绪反应可以影响认知行为动线的正确体验与判断。因此，用户的决策基于更主观的因素，感性语义基于对信息产品和概念属性的主观估计，并通过使用语义工具来表达客户未知的产品需求。本章将挖掘邮轮信息的感性语义表达与空间环境之间的相关性特征。

第一节　邮轮公共空间的信息要素

　　信息（information），《韦氏词典》中的解释是：从调查、学习或指导中获得知识，包括情报、新闻、事实、数据、信号、字符、数值；知识或智力交流或接受。信息的功能包括自然功能和社会功能，其工作程序包括信息加工、信息储存、信息传播等。

一、公共空间的信息功能分类

（一）旅行准备阶段（信息加工、存储功能）

　　（1）邮轮航线：日期、目的地（港口）、抵港时间、离港时间。

　　（2）行前须知：年龄限制、货币、服饰、户外、室内、吸烟区、禁烟区、重要安全提示、服务费、客房简介、尊享礼遇、主要设施。

（二）船上阶段（信息传播功能）

　　（1）餐厅与酒吧：海鲜烧烤餐厅、露天吧、雪茄吧、自助餐厅、日本料理、火锅、抹茶房、甜品汇、大堂咖啡、比萨餐厅、面包工坊、中餐厅、牛排馆。

　　（2）娱乐：俱乐部、游戏空间、棋牌室、舞厅、艺术工作坊及手工活动室、艺术画廊、图书馆、表演秀场。

　　（3）康健设施：综合运动场（篮球、排球、五人足球、泡泡足球、安全射箭、螃蟹足球、毯子排球）、缓跑径、日光甲板、VR 探索馆、罗马泳池、滑水梯、攀岩、健身房。

　　（4）儿童设施：游乐天地、动感地带、感官游戏、趣味科学游戏、Spin Master 玩具、趣味捉人游戏、看手势猜字谜、电影观赏（蓝光影碟）、儿童 角色扮演、手工制作、主题派对、寻宝游戏、创意涂画雪糕、欢乐合唱、桌上游戏 、童趣小乐队、

① MUHI C, ALLISON B, NIJHOLT A. A Survey of Affective Brain Computer Interfaces：Principles，State-of-the-Art，and Challenges[J].Brain-Computer Interfaces，2014（1）：66-84.

小小科学家、海上故事会。

（5）美容健身：水疗中心、健身中心、美发沙龙、桑拿。

（6）购物商店：免税精品店、糖果屋、礼品店、照相馆。

（7）服务：户外瞭望甲板、船长室观景廊、宴会厅、大堂、接待处、会员咨询、船票预订中心、岸上游服务、悠闲大道、医务室、商务中心及会议室。

（8）通道：有垂直通道（电梯、楼梯、货物电梯等）和水平通道，在通道设计中，应满足规范和人体工程学，保证正常情况下乘客的便利通行[①]。通道设计还要考虑以下因素：在紧急情况下乘客遇险的恐慌心情；逃生中通道瓶颈效应；残疾人以及老人、儿童的行动不便；因事故造成的停电；乘客对环境的熟悉度；其他原因造成的船舶横倾等。

① 王驰明，章新智，郭昂. 豪华邮轮空间划分设计原则 [J]. 船舶标准化工程师，2014，47（6）：31-35.

二、 公共空间的用户信息提取
（一）访谈数据统计

中国游客对邮轮的消费需求越来越强烈，人流量日益增长，但邮轮旅行服务系统存在总舱问题、旅游秩序混乱、船舱信息混乱、缺少系统设计等，极少考虑游客对内饰体验的需求，邮轮旅游需求越来越依赖于团购与线上服务，而且客舱空间压抑，严重影响游客情绪。游客越来越需要体验式的公共空间，因此，现代邮轮的功能特征越来越多样化，游客对信息的捕捉也越来越多元化。本书选取了大众点评上 50 位体验过邮轮旅游的用户较完整的评论进行精简，对用户的昵称、类型、游览时间、对邮轮产品的良好印象、觉得邮轮不好的地方以及用户需求的类型进行整理，得出一份用户的访谈记录。同时，针对专家用户的游记，可以更为清晰地了解邮轮产品的体验过程，对于未来用户心理模型的建立有重要作用。对 50 名用户的评论进行分析，得出不同类型的需求，如表 2-1 所示。根据专家游记列出心理模型，将游客需求列入不同的旅游阶段。

表 2-1　用户评论分析

日常	食物难吃（14 人）、饮食不舒服（2 人）、　提供饮料（1 人）、便利食品（1 人）、房间必备与更换（5 人）、WiFi 与联系方式（2 人）、随时吃饭（2 人）、穿睡衣方便（1 人）
娱乐	学习与适应（2 人）、歌舞表演（9 人）、平和娱乐（2 人）、新奇娱乐（10 人）、悠闲清静（6 人）、家庭活动（1 人）、赌场类（1 人）、船长室（1 人）、季节冷暖（1 人）
风景	房间环境（5 人）、航海风景与气氛（7 人）、现代化设施（7 人）、科技产品（1 人）、安静通知（1 人）
服务	语言问题（2 人）、与服务员沟通（15 人）、手续办理（7 人）、岸上行（15 人）、预约活动吃饭（3 人）、拥挤排队（13 人）、特殊人群沟通（1 人）、旅行攻略（4 人）
健康与安全	孩童托管（3 人）、无障碍（1 人）、晕船（8 人）、医疗救治（1 人）、腹泻小病（1 人）、迷路（2 人）、贵重物品（1 人）、抽烟等（1 人）
消费	收费方式（1 人）、收费明细（1 人）、对比价格、屏蔽推销（7 人）、价格降低（2 人）、购物（1 人）、奇闻轶事（1 人）

（1）数据分析

根据表 2-1 得出不同阶段游客需求数目对比，通过不同需求所占比例和阶段数，可以对需求优先级进行排序。图 2-1 所示为依据需求优先级排序的游客对船上娱乐与船下娱乐的需求情况。登船阶段游客的需求主要有服务沟通需求（15 人）、排队拥挤的改善（13 人）、晕船等身体不适请求帮助（8 人）、办理登船手续的需求（7 人）；船上阶段的需求主要有服务沟通需求（15 人）、排队拥挤改善（13人）、晕船等身体不适请求帮助（8 人）、现代化设施（7 人）、海景（7 人）；船上、船下娱乐需求主要有服务沟通需求（15 人）、排队拥挤的改善（13 人）、新奇娱乐（13 人）等。

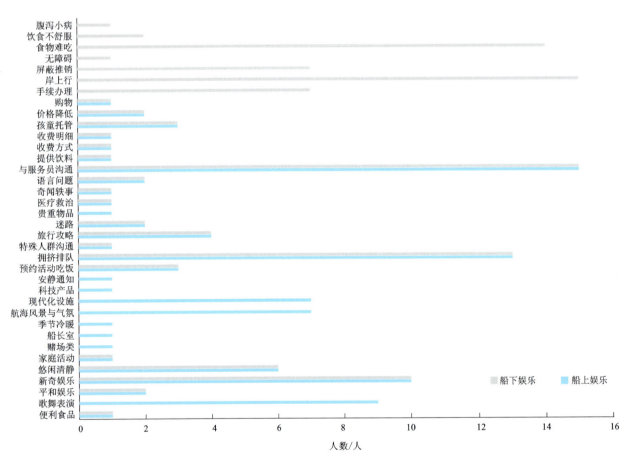

图 2-1　游客船上娱乐与船下娱乐的需求情况

（2）小结

综上统计，中国游客在邮轮旅行的需求如下：服务沟通需求；排队拥挤的改善需求；新奇娱乐需求；晕船等身体不适请求帮助；办理登船手续的需求；现代化设施需求；海上风景与气氛的需求。中国游客的主要旅行需求是邮轮服务系统的完善。

（二）邮轮游客需求分析

（1）年龄范围分析

经调研分析可知，邮轮游客年龄主要集中在 16~65 岁之间，如表 2-2 所示。

表 2-2　年龄范围调研分析

选项	小计	比例
0~15 岁	0	0
16~24 岁	34 人	69.39%
25~35 岁	11 人	22.45%
36~65 岁	4 人	8.16%
66~75 岁	0	0
75 岁以上	0	0
有效填写人次	49 人	

数据来源：2012 年中国船级社年度报表。

（2）性别分析

经调研分析可知，邮轮游客性别比例，如表 2-3 所示。

表 2-3　性别调研分析

选项	小计	比例
男性	24 人	48.98%
女性	25 人	51.02%
有效填写人次	49 人	

数据来源：2012 年中国船级社年度报表。

（3）婚恋状态分析

经调研分析可知，邮轮游客婚恋状况主要集中在单身和恋爱阶段，如表 2-4 所示。

表 2-4　婚恋状况调研分析

选项	小计	比例
已婚	8 人	16.33%
单身	24 人	48.98%
恋爱	17 人	34.69%
有效填写人次	49 人	

数据来源：2012 年中国船级社年度报表。

（三）邮轮旅游目的矩阵分析

邮轮旅游目的主要包括拓展知识；远离尘嚣；建立友谊；挑战自我；发挥想象力；享受宁静；建立亲密关系；锻炼运动技能；放松身体；获得归属感；发现新事物；放松精神；社交参与；与朋友共度美好时光。经矩阵分析，邮轮旅游目的主要是放松精神、发现新事物、与朋友共度美好时光、享受宁静、远离尘嚣，如表 2-5 所示。

表 2-5　邮轮旅游目的矩阵分析

选项	非常重要	重要	有些重要	不重要	不知道	平均分
拓展知识	6（12.24%）	7（14.29%）	18（36.73%）	18（36.73%）	0（0%）	3.02
远离尘嚣	12（24.49%）	14（28.57%）	14（28.57%）	9（18.37%）	0（0%）	3.59
建立友谊	5（10.2%）	12（24.49%）	16（32.65%）	16（32.65%）	0（0%）	3.12
挑战自我	9（18.37%）	13（26.53%）	10（20.41%）	15（30.61%）	2（4.08%）	3.24
发挥想象力	6（12.24%）	13（26.53%）	18（36.73%）	11（22.45%）	1（2.04%）	3.24
享受宁静	10（20.41%）	21（42.86%）	12（24.49%）	5（10.2%）	1（2.04%）	3.69
建立亲密关系	6（12.24%）	15（30.61%）	21（42.86%）	6（12.24%）	1（2.04%）	3.39
锻炼运动技能	5（10.2%）	6（12.24%）	17（34.69%）	18（36.73%）	3（6.12%）	2.84
放松身体	18（36.73%）	21（42.86%）	6（12.24%）	4（8.16%）	0（0%）	4.08
获得归属感	6（12.24%）	9（18.37%）	16（32.65%）	16（32.65%）	2（4.08%）	3.02
发现新事物	18（36.73%）	18（36.73%）	9（18.37%）	4（8.16%）	0（0%）	4.02
放松精神	20（40.82%）	17（34.69%）	9（18.37%）	3（6.12%）	0（0%）	4.1
社交参与	4（8.16%）	13（26.53%）	18（36.73%）	13（26.53%）	1（2.04%）	3.12
与朋友共度美好时光	13（26.53%）	23（46.94%）	11（22.45%）	2（4.08%）	0（0%）	3.96
小计	138（20.12%）	202（29.45%）	195（28.43%）	140（20.41%）	11（1.6%）	3.46

数据来源：2012 年中国船级社年度报表。

（四）邮轮旅游收获矩阵分析

邮轮旅游收获主要包括拓展知识；远离尘嚣；建立友谊；挑战自我；发挥想象力；享受宁静；建立亲密关系；锻炼运动技能；放松身体、获得归属感；发现新事物；放松精神；社交参与；与朋友共度美好时光。经矩阵分析，邮轮旅游收获主要是放松精神、与朋友共度美好时光、发现新事物、远离尘嚣，如表 2-6 所示。

表 2-6　邮轮旅游收获矩阵分析

选项	很大程度	一定程度	小程度	根本没有	不知道	平均分
拓展知识	4（8.16%）	18（36.73%）	23（46.94%）	3（6.12%）	1（2.04%）	3.43
远离尘嚣	11（22.45%）	25（51.02%）	12（24.49%）	1（2.04%）	0（0%）	3.94
建立友谊	3（6.12%）	16（32.65%）	26（53.06%）	3（6.12%）	1（2.04%）	3.35
挑战自我	5（10.2%）	14（28.57%）	26（53.06%）	2（4.08%）	2（4.08%）	3.37
发挥想象力	9（18.37%）	16（32.65%）	18（36.73%）	4（8.16%）	2（4.08%）	3.53
享受宁静	11（22.45%）	24（48.98%）	13（26.53%）	0（0%）	1（2.04%）	3.9

选项	很大程度	一定程度	小程度	根本没有	不知道	平均分
建立亲密关系	7（14.29%）	20（40.82%）	20（40.82%）	1（2.04%）	1（2.04%）	3.63
锻炼运动技能	5（10.2%）	12（24.49%）	22（44.9%）	6（12.24%）	4（8.16%）	3.16
放松身体、获得归属感	8（16.33%）	20（40.82%）	18（36.73%）	1（2.04%）	2（4.08%）	3.63
发现新事物	16（32.65%）	20（40.82%）	11（22.45%）	2（4.08%）	0（0%）	4.02
放松精神	14（28.57%）	23（46.94%）	12（24.49%）	0（0%）	0（0%）	4.04
社交参与	3（6.12%）	19（38.78%）	23（46.94%）	2（4.08%）	2（4.08%）	3.39
与朋友共度美好时光	13（26.53%）	24（48.98%）	12（24.49%）	0（0%）	0（0%）	4.02
小计	109（17.11%）	251（39.4%）	236（37.05%）	25（3.92%）	16（2.51%）	3.65

数据来源：2012 年中国船级社年度报表。

（五）邮轮旅游满意度矩阵分析

邮轮旅游满意度主要包括食宿；快乐程度；建立友谊；是否推荐给朋友。经矩阵分析，邮轮旅游满意度最高的为"快乐程度"，其次为"食宿"，如表 2-7 所示。

表 2-7　邮轮旅游满意度矩阵分析

选项	非常满意	满意	还行	不满意	不知道	平均分
食宿	3（6.12%）	26（53.06%）	15（30.61%）	3（6.12%）	2（4.08%）	3.51
快乐程度	7（14.29%）	22（44.9%）	18（36.73%）	0（0%）	2（4.08%）	3.65
建立友谊	3（6.12%）	16（32.65%）	24（48.98%）	2（4.08%）	4（8.16%）	3.24
是否推荐给朋友	5（10.2%）	17（34.69%）	21（42.86%）	1（2.04%）	5（10.2%）	3.33
小计	18（9.18%）	81（41.33%）	78（39.8%）	6（3.06%）	13（6.63%）	3.43

数据来源：2012 年中国船级社年度报表。

（六）建立中国游客的用户画像

有关邮轮游客的用户画像和市场分析已有较多的详细报告，这里不再赘述，而是直接引用分析结果，并结合大众点评网站上用户对邮轮旅游产品的评论，以及旅游网站上一些专业游客的游记，对游客进行分类和电子访谈，探析用户需求。

（1）邮轮游客客源地主要集中在上海、北京、南京、杭州、天津、武汉、苏州、重庆、宁波、成都等地，其中上海、北京、南京的客源量约占 60%。

（2）"银发族"是邮轮旅游的主要客源，他们大多在60~65岁，有钱有闲，且邮轮旅行不会舟车劳顿，餐饮、休闲、医疗、安全设施齐全。

（3）老年人带动年轻人的邮轮旅游热情，全家出行成为最主要的形式，家庭亲子游市场潜力巨大。

（4）邮轮订单的人数分布统计表明，以 2~3 人的小家庭、情侣、亲戚朋友出行和 3 人以上大家庭、朋友聚会出行为主；单独旅行的游客只占 0.8%。

（5）从游客星座统计来看，最喜欢邮轮旅行的星座主要是天秤座、天蝎座、处女座。

（6）从游客的受教育程度看，2017 年统计数据表明，本科学历以上的游客占 84.1%。

（7）中国游客邮轮旅行以白领人群为主，其中企业管理人员占 28.3%。

（8）大部分游客倾向于在网上预订邮轮产品，其中提前 16~30 天预订的人数最多，占 59.1%；游客选择客舱的要求很高，其中在线预订阳台房的最多，占预订数的 31.2%，其次是套间，占 22.2%，海景房，占 22%。

（9）游客在邮轮上的消费区间偏高，其中以 3000~5000 元消费区间为主，占 84.8%；购买化妆品是游客主要的岸上游消费，集中在 3000 元左右。

（10）数据表明，游客选择邮轮品牌时主要考虑的因素是邮轮的产品价格，其次是邮轮的口碑和服务，如图 2-2 所示。

（七）中国游客特征划分

（1）短暂逗留者——不喜欢去新的、不同的地方，不如其他类别游客那样喜欢制订出游计划，出游目的通常是探亲访友。

（2）追随者——偏爱旅游套餐和导游陪同旅游，依赖于旅行社。制订旅游计划对他们很重要，外出旅行可以让他们暂时远离家庭、压力、噪声、污染和拥挤。

（3）有文化的年轻冒险者——旅游为他们提供了一个拓展知识和经历的机会。他们比常人更喜欢历险、原住民、野生动植物、自然景观和宁静的环境。

（4)有传统思想的人——他们偏爱新地方，但不想有语言障碍。他们对安全性、

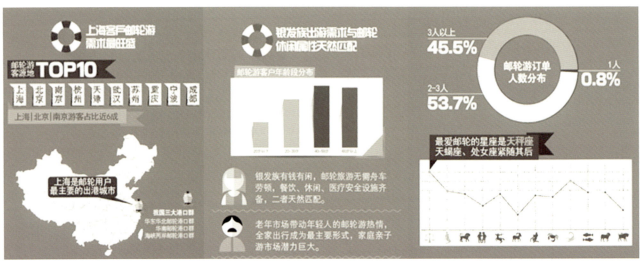

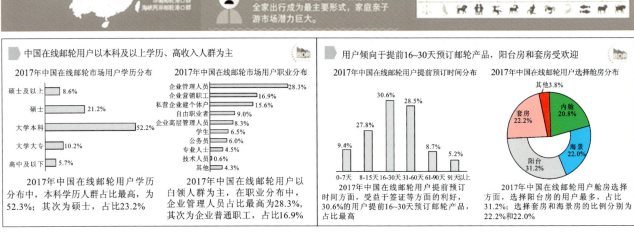

图 2-2　中国邮轮游客出游分析报告

数据来源：艾瑞咨询，2015 中国在线出境邮轮市场研究报告

海滨、度假地、家庭旅行和便宜的目的地有很大兴趣。

（5）成熟型游客——此类型游客为年长者，他们喜欢看和做不同的事情，体验不同的生活方式。一般不太喜欢海滩和小城镇，但是喜欢游览历史遗迹。

（6）冷漠型游客——他们走南闯北，主要对年轻的单身男女、日光浴和炎热的天气感兴趣，不太关注安全性、购物、历史、风景、餐厅、教育体验或包价游。

三、 公共空间环境要素的表达

露天空间是邮轮舱外环境的组成部分，且范围极为广阔，是游客户外活动的主要空间。基于邮轮旅行环境的特殊性，在客舱外和顶层甲板上进行观景、游览、休闲、饮食、娱乐、户外亲子活动是邮轮用户乘坐邮轮旅行的重要活动需求。邮轮露天空间包括上层甲板公共空间，内舱向甲板的过渡延伸区域空间，餐饮、娱乐、观演、休闲等区域与露天区域的过渡连接空间，居住舱室开窗所视范围及阳台空间等。

邮轮公共空间环境要素的主要研究内容包括顶层甲板餐饮区域、顶层甲板康体健身区域、顶层甲板儿童娱乐观演区域、顶层甲板其他功能公共区域、露天观景区域、邮轮内街式体验空间、邮轮尾部垂直空间和相应功能结合环境设计、邮轮甲板空间和内舱功能过渡延伸环境设计。结合邮轮露天空间的特点，详细分析邮轮露天空间各部分的功能性、娱乐性、美学性，提取感性意象词汇，总结出邮轮露天空间环境在空间环境设计上的特点以及设计问题并探索应对之道，为后续的服务平台研究和实践操作提供切实可行和可借鉴的理论依据。大堂及其附属功能空间是邮轮公共空间内装主题创意设计的核心，是邮轮标志性的空间，主要起到入口门厅集散的功能，也是邮轮公共空间综合体的起始部分，这些空间对游客的审美体验来说，是非常重要和关注程度极高的。[①]

环境要素的表达还包括公共空间部分区域的信息设计，在满足服务功能的基础上进行主题性的设计，各个局部空间与主题风格协调统一，体现出设计的美学性和科学性。另外，在设计中还应考虑空间比率的合理性，邮轮空间比率表示人均拥有的自由伸展空间，空间比率越大，游客在船上的活动空间也越大，越能体验到邮轮的宽敞舒适；反之则感到狭窄拥挤。

第二节　语义信息分析

一、语义与感性语义的特征

（一）语义信息

语义（semantic），根据《韦氏词典》的定义，其来自希腊语义学，属于或关于语言的意义（1890），从肢体到表达，从指示符号到意义，是一种翻译规则。根据该规则，元语言中的语句在逻辑上等同于目标语言中的相应语句，一种将真理定义为无限个等价物的逻辑连接的理论。信息，可以表现为语法信息、语义信息和语用信息三个层次，语义信息属于自然语言信息，因此，公共空间的自然语言信息属于语义信息。

语义信息研究，就是研究如何科学地度量语义，而信息设计与语义研究呈紧密相关性，因此信息挖掘就是研究语义信息。

（二）感性语义

（1）情绪（情感认知）的语言意义

感性（kansei），源于1970年长町三生提出的感性工学（Kansei Engineering），又叫情绪工学，其可以对感性进行测定、量化和分析。如何策划、计划感性语义信息的表达，即信息设计的核心内容。

（2）感性语义词汇

首先，词汇属于或关于一种语言的单词的词义，旨在列出所有相关的语言形式。感性语义词汇，即列出感性语义的相关性语言形式。

（3）感性语义词汇对

即感性语义词汇对仗关系，词语的音频和字义的对偶关系。

（4）信息与词汇的关系

信息是词汇的元素和特征，词汇是对信息的描述性规范和支撑，感性语义词汇为信息设计系统的建立提供映射和

---

① 蒋旻旻. 跨文化视角下邮轮中庭空间服务设计研究 [J]. 艺术评论，2017（11）：170-173.

维护的元素及特性，因此信息与词汇是互用性关系。

（三）邮轮公共空间信息设计的感性语义

　　未来邮轮产品由有形部分和无形部分组合而成。感性语义表达是一种工具，它将用户的感受转化为具体的产品参数，并为未来邮轮设计提供支持。在设计新的系统结构时应考虑产品域的选择，产品域可以从物理和语义两个角度来描述，每个产品域都建立一种向量空间，对于后面提到的空间，可使用语义微分法建立预测模型，将语义空间和产品属性空间连接在一起。但结果预测模型必须使用不同类型的事后测试进行验证，最终目标是让邮轮产品设计的美学品质和性能取悦于游客。产品的"美学品质"指的是它的感觉、外观、气味等，将用户的心理感受和需求融入产品设计中即为感知语义表达。通过考虑用户的情绪来研究开发产品，并量化用户对产品或服务的印象，提供唤起目标印象所需的产品设计参数。基于对产品和概念属性的主观印象，开发感性语义工具来表达用户对陌生产品的需求。当考虑各个因素中的单词对时，可以用识别模式并命名这些因素。图 2-3 所示为感性词汇试验设计流程图。

二、语义信息的采集

（一）前期的邮轮调研图片整理

　　经过调研分析，现代邮轮公共空间的信息设计中，游客使用频率较高的是公共信息符号及移动用户界面，因此，主要对信息标识设计和界面设计的图片进行整理和收集，就可对感性语义进行有效研究。比如，将邮轮工业的制造和设计项目的现

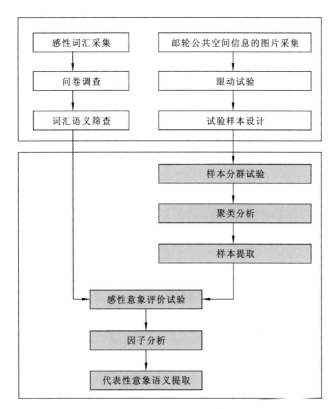

图 2-3　感性词汇试验设计流程图

场考察图片收集整理，对"赛琳娜"号、"探索梦"号邮轮进行现场调研，获得大量的邮轮空间信息图片和移动终端界面设计的图片。

（二）邮轮生产基地、行业展销会和论坛等图片

笔者调研了上海外高桥船舶有限公司、中国国际邮轮修造论坛、上海吴淞口国际邮轮码头、芝加哥密歇根湖邮轮码头，获得了最新邮轮设计资料及图片。

（三）查阅大量相关书籍、资料

收集船舶视觉信号图形并整理，获得沿海港口船舶信号、船舶检疫信号、工程船信号、交通注意信号、风情信号等图形样本，了解船舶专业术语和信号感性意象图形，为研究感性语义提供参考。通过广泛的收集，共整理出 400 张信息标识图片，经筛选总结出 40 张邮轮公共标识图形并加以试验。表 2-8 为船舶行业专业术语和信号汇总。

表 2-8　船舶行业专业术语和信号汇总

语义	旗号或号型	号灯
引航船在工作		
本船请派人引航	G	
有引航员在本船	H	
本船需要淡水	R	
本船需要拖轮	Z	
本船需要带缆车艇或带缆员系缆或解缆	D, O	
本船需要交通船	D, I	
本船在试航或在船厂码头试车	R, U, I	
本船正在测速	S, M	

续表 2-8

语义	旗号或号型	号灯
本船在校正电测向仪或罗经	O, Q	
有人落水，亟须救助	O	
本船有急症病人，亟须医疗救助	W	绿 白 白
船舶进出船坞，上下船排，要求来往船只注意避让	D	绿 绿 绿 白
本船正在熏蒸	V, E	绿 红 绿
本船熏蒸后正在散气	B, O	绿 红 红
船舶正在装卸或载运易燃易爆等危险货物	B	红
交通注意信号：进口或上驶；出口或下驶		紫 蓝 橙 黄
港内禁止通航之处		红 红 红 红
此处有沉船或者障碍物		绿
本港在 6 小时内将有 6 级至 7 级强风		绿 绿
本港在 6 小时内将有 8 级强风		红 绿
大风将继续增强，但不到 12 级		绿 绿 绿
本港及附近地区即将有 12 级及以上风力的飓风		红 绿 绿 红

语义	旗号或号型	号灯
本港在 48 小时内将有台风（或热带风暴）		
本港在 24 小时内将有 8 级大风		
本港在 24 小时内将有 6 级至 7 级大风		
本船在施工，日间有黑十字形的一侧，夜间三盏灯的底线有红的一侧不能通航，另一侧可通航		
本船在施工，两侧都可以通航		
本船有潜水员在水下工作		

三、感性语义的试验优选

感性语义也称为感性词汇。语义空间可分三步进行构建，第一步，以所需求的域为起点，收集描述所考虑的产品的感性词汇。第二步，把所收集词汇的数量减少到一个更实际的数字。第三步，把数据以标准化的方式进行编译，以便于后续阶段的合成，如果在第三步中遗漏了重要的感性词汇，那整个结果是不可用的，因此，最好多选几个词汇。

（一）感性测量

感性是人的一种内在感觉，测量的问题是如何把握和衡量感性。[1]目前所有可用的感性测量方法都是对身体外部行为的解释的方法，如测量生理反应（如心率、肌电图、脑电图）、人的行为和动作表达、事实和身体表达、词汇表达（口语）等。用户内心的情感，有些是潜在的不能用文字明确表达的部分，或者被遗漏在外的感性表达等，只有经过特殊的测试才能被检测出来，需要做一些额外的工作。

（二）感性语义词汇的选择

要想获得完整的词汇选择信息，广泛阅览邮轮公共空间的信息资料是必要的，主要资料来源有期刊、相关文献、手册、专家、经验丰富的游客、相关感性研究、想法、愿景、游客心理学、邮轮品牌官网、论坛、新闻报道等。其实大部分的游客和受测者都习惯用积极或消极的感性词汇来描述自己的感受，将他们的想法和愿景翻译成感性词汇，就可开发创造性的设计工具。根据所考虑的研究领域，现有感性词汇通常在 50~600 个单词之间，由于收集所有现有单词非常重要，因此要一直收集，直到没有新单词出现为止。如果缺少重要词汇，收集的词汇数量将严重影响结果的有

① 付志勇. 信息设计中的感性研究方法[J]. 装饰，2002（6）：20-21.

效性。另外，当收集到的词汇数量超过一个临界值后，便很难找到志愿者填写调查表，这需要一定的时间。因此，这意味着统计的有效性可能会受到少量参与者的影响。此外，由于疲劳对参与者的影响，收集的数据质量也相对较差。因此，数据质量的好坏受感性词汇是否重要和问卷评价时间是否达到临界值的影响较大，必须进行合理的数据处理。最终笔者整理归纳了 148 对以游客需求为中心的邮轮公共空间信息设计的感性词汇，如表 2-9 所示。针对 148 对感性词汇制作调研问卷，选取 50 名被试者，其中有 7 名视觉传达专业三年级本科生，10 名工业设计专业硕士研究生和博士研究生，5 名 40~50 岁的设计学专家、教授，8 名网络信息技术公司设计师。对他们分别进行网上问卷调研，勾选出次数超过 50% 的感性词汇对，共获得 60 组，如表 2-10 所示。然后由专家对这 60 组感性词汇进行整理排序，针对邮轮公共空间的信息设计需求及游客的邮轮旅游心理，访问和咨询语言学教授及设计学专家进行二次筛选和整理，得出 39 组感性词汇对，如表 2-11 所示。将 39 对感性词汇保留到下一阶段，与代表性样本进行感性意象评价试验。

表 2-9　邮轮公共空间信息设计的感性词汇对

序号	词汇对	序号	词汇对	序号	词汇对
1	幸福的—悲伤的	20	独特的—普通的	39	优雅的—粗鲁的
2	惊奇的—镇定的	21	友好的—敌对的	40	奢华的—朴素的
3	浪漫的—现实的	22	明确的—含糊的	41	时尚的—古典的
4	新奇的—陈旧的	23	逻辑的—混乱的	42	华丽的—简约的
5	新鲜的—腐烂的	24	高雅的—低俗的	43	热闹的—宁静的
6	原创的—模仿的	25	品质的—劣质的	44	科学的—迷信的
7	明亮的—暗淡的	26	精准的—粗略的	45	商业的—公益的
8	豪华的—简陋的	27	简约的—繁复的	46	执着的—放弃的
9	宽敞的—狭窄的	28	科技的—蛮力的	47	抽象的—具象的
10	繁华的—萧条的	29	清静的—烦嚣的	48	精湛的—粗浅的
11	先进的—落伍的	30	精致的—粗糙的	49	易读的—难解的
12	有效的—作废的	31	美味的—无味的	50	互动的—自闭的
13	适宜的—不当的	32	精彩的—糟糕的	51	多元的—单一的
14	神秘的—平常的	33	便捷的—烦琐的	52	清晰的—混沌的
15	柔和的—生硬的	34	中用的—无用的	53	牢固的—薄弱的
16	醒目的—模糊的	35	刺激的—安慰的	54	轻盈的—沉重的
17	端庄的—邋遢的	36	放松的—紧张的	55	文明的—野蛮的
18	便利的—困难的	37	危险的—稳当的	56	独创的—仿制的
19	洁净的—污秽的	38	安全的—危险的	57	流行的—过时的

序号	词汇对	序号	词汇对	序号	词汇对
58	忠诚的—狡诈的	89	怀旧的—恋新的	120	吉祥的—凶险的
59	美观的—丑陋的	90	轻奢的—俭朴的	121	平衡的—失调的
60	舒畅的—苦闷的	91	原创的—抄袭的	122	动感的—静止的
61	讲究的—随便的	92	自由的—约束的	123	生动的—单调的
62	惬意的—痛苦的	93	梦幻的—现实的	124	亲切的—冷漠的
63	实用的—无用的	94	成功的—失败的	125	畅销的—滞销的
64	多样的—单一的	95	高贵的—低贱的	126	健康的—虚弱的
65	规范的—散乱的	96	户外的—室内的	127	休闲的—忙碌的
66	求知的—消磨的	97	强壮的—瘦弱的	128	风情的—无趣的
67	高效的—无效的	98	纯真的—圆滑的	129	亢奋的—淡定的
68	有序的—混乱的	99	刺激的—安慰的	130	装饰的—简陋的
69	流畅的—凝滞的	100	想象的—现实的	131	婉约的—豪放的
70	易控的—难控的	101	尽责的—渎职的	132	巧妙的—拙劣的
71	智能的—机械的	102	平和的—粗暴的	133	优质的—劣质的
72	兴趣的—厌恶的	103	大胆的—怯弱的	134	享乐的—吃苦的
73	惊喜的—失望的	104	务实的—务虚的	135	耐用的—易坏的
74	便利的—麻烦的	105	感性的—理性的	136	经济的—浪费的
75	体验的—空想的	106	独立的—依赖的	137	一致的—分歧的
76	虚拟的—真实的	107	当代的—古代的	138	认同的—否定的
77	运动的—静止的	108	女性的—男性的	139	乐观的—悲哀的
78	智慧的—愚昧的	109	柔滑的—粗硬的	140	果敢的—懦弱的
79	温暖的—冷酷的	110	含蓄的—直率的	141	包容的—计较的
80	个性的—平庸的	111	天真的—老练的	142	敏感的—迟钝的
81	甜蜜的—苦涩的	112	环保的—污染的	143	有机的—无机的
82	传奇的—真实的	113	英勇的—胆寒的	144	理智的—冲动的
83	盛大的—衰败的	114	原生的—次生的	145	道德的—卑鄙的
84	冒险的—保守的	115	刻苦的—懒散的	146	公平的—偏心的
85	真实的—虚伪的	116	快速的—迟缓的	147	有趣的—无聊的
86	可靠的—冒险的	117	规整的—杂乱的	148	摩登的—古老的
87	经典的—平庸的	118	永恒的—短暂的		
88	灵活的—死板的	119	圆满的—缺憾的		

表 2-10　第一次筛选后的 60 组感性词汇对

序号	感性词汇对	次数	序号	感性词汇对	次数	序号	感性词汇对	次数
1	豪华的—简陋的	44	21	惊喜的—失望的	33	41	明亮的—暗淡的	30
2	浪漫的—现实的	44	22	惬意的—痛苦的	33	42	装饰的—简陋的	29
3	新奇的—陈旧的	41	23	讲究的—随便的	33	43	商业的—公益的	29
4	品质的—劣质的	40	24	美观的—丑陋的	33	44	危险的—稳当的	29
5	独特的—普通的	39	25	华丽的—简约的	33	45	便利的—困难的	29
6	宽敞的—狭窄的	39	26	时尚的—古典的	33	46	精致的—粗糙的	28
7	高雅的—低俗的	38	27	有趣的—无聊的	32	47	当代的—古老的	27
8	美味的—无味的	37	28	梦幻的—现实的	32	48	互动的—自闭的	27
9	休闲的—忙碌的	36	29	冒险的—保守的	32	49	便捷的—烦琐的	27
10	热闹的—宁静的	36	30	舒适的—苦闷的	32	50	神秘的—平常的	27
11	安全的—危险的	36	31	流行的—过时的	32	51	新鲜的—腐烂的	27
12	放松的—紧张的	36	32	繁华的—萧条的	31	52	惊奇的—镇定的	27
13	精彩的—糟糕的	36	33	享乐的—吃苦的	30	53	优质的—劣质的	26
14	轻奢的—俭朴的	35	34	风情的—无趣的	30	54	环保的—污染的	26
15	幸福的—悲伤的	35	35	自由的—约束的	30	55	有序的—混乱的	26
16	动感的—静止的	34	36	盛大的—衰败的	30	56	多元的—单一的	26
17	户外的—室内的	34	37	便利的—麻烦的	30	57	科技的—蛮力的	26
18	体验的—空想的	34	38	优雅的—粗鲁的	11	58	先进的—落伍的	26
19	洁净的—污秽的	34	39	清静的—烦嚣的	30	59	经济的—浪费的	25
20	摩登的—古老的	33	40	简约的—繁复的	30	60	亢奋的—淡定的	25

表 2-11　第二次筛选后的 39 组感性词汇对

序号	感性词汇对	序号	感性词汇对	序号	感性词汇对
01	豪华的—简陋的	09	休闲的—忙碌的	17	多元的—单一的
02	浪漫的—现实的	10	热闹的—清静的	18	亢奋的—淡定的
03	新奇的—陈旧的	11	安全的—危险的	19	时尚的—古老的
04	优质的—劣质的	12	放松的—紧张的	20	优雅的—粗鲁的
05	独特的—普通的	13	精彩的—糟糕的	21	梦幻的—现实的
06	宽敞的—狭窄的	14	惊喜的—失望的	22	冒险的—保守的
07	高雅的—低俗的	15	快乐的—悲伤的	23	舒适的—苦闷的
08	美味的　无味的	16	风趣的—无趣的	24	自由的—约束的

续表 2-11

序号	感性词汇对	序号	感性词汇对	序号	感性词汇对
25	科技的—蛮力的	30	体验的—空想的	35	便捷的—烦琐的
26	享乐的—吃苦的	31	便利的—困难的	36	神秘的—平常的
27	幸福的—痛苦的	32	精致的—粗糙的	37	体验的—空想的
28	有序的—混乱的	33	洁净的—污秽的	38	经济的—浪费的
29	先进的—落伍的	34	互动的—自闭的	39	动感的—静止的

（三）感性词汇数据简化

使用语义差异和因子分析将词汇进行初步缩减。被试者应该独立思考一个域，并回答"你认为这个感性词汇是如何与这个域对应的？"因子和（或）聚类分析的结论可以揭示词与词之间的联系，并允许每个因子或聚类选择代表，这些代表性因素或聚类成为新的感性词集，即代表性感性语义提取。与此同时，要对这些简明词的有效性进行证明。结果因子至少应跨越三维向量空间（语义空间），待相关词汇被收集并在语义量表上评分之后，所选词汇的数量就会减少，这样剩下的词汇就可以正确地表示语义空间。

第三节　信息映射

映射，指元素之间的相互对应关系，也指传递信息的行为或过程。本节讨论的信息映射是将信息数据采集的感性语义词汇进行图像映射，对获得特征进行认知与识别。

一、感性语义映射

（一）分解对象及过程

邮轮相关图标设计中的特征和邮轮认知相关意象语义词汇之间的相关性。

（1）构建图标设计的认知因素框架

邮轮相关图标设计的认知因素的构成可用图 2-4 来表示。

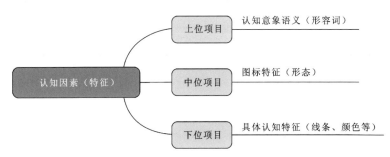

图 2-4　图标设计的认知因素的构成

（2）样本收集与制作

前文已得出 39 组感性语义词汇对，如表 2-12 所示，根据 39 组词汇对制作 39 个图标样本即可。

（二）数据统计

将结构访谈中各项数据提取出来，记录受访者指出的图标设计特征并进行提及次数的分析与统计。结构访谈中各项提及次数统计表如表 2-12 所示。

表 2-12　结构访谈中各项提及次数统计表

上位项目（认知意象语义）	提及次数	中位项目（图标特征）	提及次数
多元的	77	方形 A	32
安全的	58	圆形 B	30
精致的	56	矩形 C	28
有序的	41	菱形 D	10
独特的	39	多边形 E	43
舒适的	38	椭圆形 F	35
时尚的	27	三角形 G	21
新奇的	10	梯形 H	47
科技的	8		
便利的	5		

（三）感性语义与设计要素的映射

根据对感性语义的挖掘和分析，最终总结出四个感性词汇，将其偏相关系数和得分整合在一起，可以发现关键感性语义关联几何设计特征的数据对比表（表 2-13），表 2-13 中清晰地反映出两者的映射关系。从感性语义关联的汇总表中不难发现设计特征与感性语义的映射关系呈满射状态。在表 2-14 中，被标记颜色的部分都是设计特征与感性语义高度相关的。定义黄颜色的标记为重度相关、红颜色的标记为高度相关、蓝颜色的标记为中等程度相关、没有标记颜色的则代表弱相关。对于"有序的"感性语义，通过对比可以得知 B、E、F 的几何设计特征与"有序的"认知意象呈正相关，从而我们可以得出相对应的具体映射设计特征。图 2-5 所示为感性语义与设计要素映射。

表 2-13　关键感性语义关联几何设计特征的数据汇总对比

下部项目 几何形态设计特征	项目偏相关系数及类目得分							
	有序的		精致的		安全的		多元的	
	得分	系数	得分	系数	得分	系数	得分	系数
A 方形	0.139	0.335	−0.390	0.247	0.230	0.542*	−0.190	0.182
B 圆形	0.258	0.442*	0.032	0.694*	−0.014	0.309	−0.214	0.243
C 矩形	0.133	0.232	−0.109	0.132	0.218	0.454*	−0.110	0.254
D 菱形	−0.085	0.178	0.017	0.405*	0.123	0.098	−0.213	0.154

续表 2-13

下部项目 几何形态设计特征	项目偏相关系数及类目得分							
	有序的		精致的		安全的		多元的	
	得分	系数	得分	系数	得分	系数	得分	系数
E 多边形	0.241	0.609*	0.201	0.137	0.314	0.448*	0.334	0.549*
F 椭圆形	0.222	0.599*	0.222	0.232	-0.201	0.318	-0.201	0.118
G 三角形	-0.098	0.347	-0.291	0.254	0.291	0.478*	-0.201	0.243
H 梯形	-0.110	0.005	0.013	0.110	0.378	0.599*	-0.333	0.109

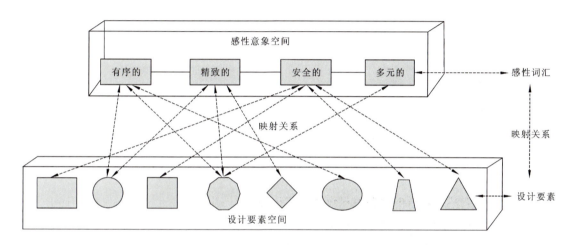

图 2-5　感性语义与设计要素映射

同理,根据感性语义映射关系的数性分析,可以推导出与"精致的""安全的""多元的"认知意象相对应的设计特征映射关系。通过这种方法就可以构建出一套认知意象与标识设计特征的映射关系模型,能够有效提高标识设计的效率。

（四）感性语义映射的数性分析

通过运用数量化理论 1 类计算,可以得到在各关键上位项目对应的下位项目的偏相关系数、复相关系数 R 和决定系数 R^2。偏相关系数表示该项目图标设计特征对各上位项目的贡献大小,决定系数 R^2 表示该图表设计模型的精密程度。数量化理论 1 类分析结果中的决定系数 R^2 是表征统计结果可信度的重要参数,R^2 越接近 1,说明因变量与自变量之间的线性相关程度越高,也就说明模型的拟合度越优良,精确度越高。一般而言,决定系数 R^2 值大于 0.7 时,数量化理论 1 类分析结果的可信度较高,如表 2-14 所示。根据数量化理论 1 类分析结果可以找出每一个上位项目所对应的类目关系,其中偏相关系数值越大,表明该项目对认知意象语义的影响越大,二类目得分的大小则代表各下位项目与各上位项目的相关程度,类目得分既有正值,也有负值,正值代表类目对上位项目的影响是积极的、正相关的;负值代表类目对上位项目的影响是消极的、负相关的。

在进行图标设计构思中，如果要得到某种认知意象倾向的图标，要注意偏相关系数较高的图标设计特征，这些特征即"关键几何特征"。同时在设计中尽量避免采纳得分为负值的图标设计特征，以消除对整体上位项目的偏离影响。多个关键中位项目（关键图标设计特征，得分≥0.4）和关键下位项目（关键具体设计特征，得分≥0.1,只标记最高得分）在分析表中用*号标出。以下是按照关键上位项目类别，运用数量化理论1类分别分析的结果。

（1）安全的

从表2-14中可以看出，对应"安全的"一词，在邮轮图标设计中，多边形的几何特征的偏相关系数最高，高达0.549，这说明在中位设计特征中，多边形的图形设计最能吸引受访者的注意，认知意象的表现性也越强，说明其设计特征能给受访者带来较强烈的"安全的"认知。在其他几何特征中，设计特征普遍的偏相关系数都低于0.4，说明在图标设计中其他形状的几何特征不能显著地提升用户认知的安全性特征。

表2-14　"安全的"关联具体设计特征分析结果

下位项目具体设计特征（类目）	得分	偏相关系数
A 方形	−0.190	0.182
B 圆形	−0.214	0.243
C 矩形	−0.110	0.254
D 菱形	−0.213	0.154
E 多边形	0.334	0.549*
F 椭圆形	−0.201	0.118
G 三角形	−0.201	0.243
H 梯形	−0.333	0.109
C=2.908		
R=0.884		
R^2=0.782		

注：C 为常数项，R 为复相关系数，R^2 为决定系数，* 为关键因素。

（2）多元的

从表2-15中可以看出，对应"多元的"一词，在邮轮图标设计中，梯形的几何特征中的偏相关系数最高，高达0.599，这说明在下位设计特征中，梯形图形最能让受访者产生"多元的"认知意象。其中方形偏相关系数为0.542，说明运用方形的几何设计元素更能使受访者增强认知意象。在下位特征中所有的类目都是正数得分，整体趋势上为正相关。三角形的设计特征的偏相关系数达到了0.478，说明在图标设计中加入三角形的设计能让用户感觉是"多元的"。对比而言，矩形和多边形的几何特征在"多元的"意象中的偏相关系数都比较高，但强度等级远远没有方形、梯形认知意象强度高。

表 2-15　"多元的"关联具体设计特征分析结果

下位项目具体设计特征（类目）	得分	偏相关系数
A 方形	0.230	0.542*
B 圆形	−0.014	0.309
C 矩形	0.218	0.454*
D 菱形	0.123	0.098
E 多边形	0.314	0.448*
F 椭圆形	−0.201	0.318
G 三角形	0.291	0.478*
H 梯形	0.378	0.599*

C=2.818

R=0.892

R^2=0.795

注：C 为常数项，R 为复相关系数，R^2 为决定系数，* 为关键因素。

（3）精致的

从表 2-16 中可以看出，对应"精致的"一词，在邮轮图标设计中，圆形的偏相关系数最高，高达 0.694，这说明在下位设计特征中，圆形的图形设计最能让受访者产生"精致的"认知意象。在所有几何特征中类目得分基本为正数得分，这说明无论是方形还是圆形的几何特征，整体趋势为正相关。

表 2-16　"精致的"关联具体设计特征分析结果

下位项目具体设计特征（类目）	得分	偏相关系数
A 方形	−0.390	0.247
B 圆形	0.032	0.694*
C 矩形	−0.109	0.132
D 菱形	0.017	0.405*
E 多边形	0.201	0.137
F 椭圆形	0.222	0.232
G 三角形	−0.291	0.254
H 梯形	0.013	0.110

C=2.736

R=0.888

R^2=0.788

注：C 为常数项，R 为复相关系数，R^2 为决定系数，* 为关键因素。

（4）有序的

从表2-17中可以看出，对应"有序的"一词，在邮轮图标设计中，多边形的偏相关系数比较高，高达0.609，说明在图标设计过程中多边形最能让受访者产生"有序的"认知意象。椭圆形在图形设计中，"有序的"认知意象得分也很高。圆形的几何特征虽然与椭圆形的几何特征相近，但是偏相关系数并不相近，这是一个非常奇特的现象。

表2-17　"有序的"关联具体设计特征分析结果

下位项目具体设计特征（类目）	得分	偏相关系数
A 方形	0.139	0.335
B 圆形	0.258	0.442*
C 矩形	0.133	0.232
D 菱形	−0.085	0.178
E 多边形	0.241	0.609*
F 椭圆形	0.222	0.599*
G 三角形	−0.098	0.347
H 梯形	−0.110	0.005
C=2.587		
R=0.908		
R^2=0.825		

注：C为常数项，R为复相关系数，R^2为决定系数，*为关键因素。

二、情绪反应信息映射

根据感性语义映射的数性分析，获得用户认知特征显著、有效的最佳感性词汇，在邮轮旅游过程中能唤起的游客的心理情感反应有快乐、爱、惊喜。有关研究成果表明，游客情绪的影响因素与相应的映射成正相关性的单射关系。快乐、爱、惊喜的情绪总体目标映射将会使游客产生推荐旅游的意向；快乐、爱、惊喜的满意情绪将会使游客产生重返邮轮的意向（图2-6）。研究情绪反应信息映射的关系，可以选择良好交互设计元素，准确判断游客认知的目标，解决信息传播的误差、误导、误判问题。

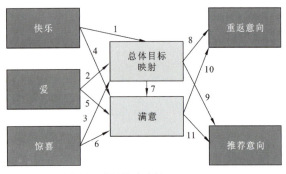

图2-6　游客情绪反应的综合映射

根据游客的情绪反应，获得良好的用户体验过程，建立游客与空间、游客与智能服务平台的友好、亲切关系；通过感性语义的方法，将用户需求、目标与文本系统、任务导向、信息系统相应的应用设计系统关联，构成映射关系，构建设计与认知情感的设计模型。图 2-7（b）为 2014 年 Corey 构建的 CUBI 用户体验模型，基于该模型对设计需

求进行有效性管理，建立图 2-7（a）所示的各设计要素的关联性映射关系。具体结构关系解析如下：

（1）视觉设计： 文本、图形页面元素和导航组件的视觉处理。

（2）导航设计： 接口设计帮助用户在信息架构中移动的元素。

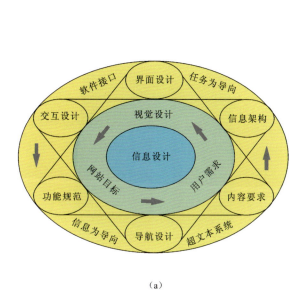

（a）

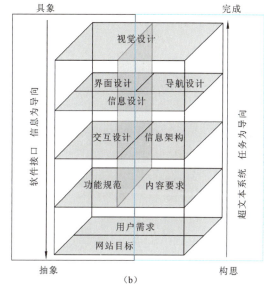

（b）

图 2-7　信息交互设计的映射

（3）信息设计： 设计信息表达以实现理解。

（4）信息架构： 促进信息空间的结构设计以直观地访问内容。

（5）内容要求： 为满足用户需求，定义网站中所需的内容元素。

（6）用户需求： 站点外部派生目标，通过用户研究、人种学、技术、心理图形学确定。

（7）网站目标： 网站的业务、创意或其他内部派生目标。

第四节　本章小结

公共空间是研究用户感知和空间关系的载体，本章引入公共空间信息的感性语义的概念，对信息设计要素做了整理和归纳，提出公共空间信息设计与感性语义表达存在很强

的相关性。通过计算机科学的情感识别研究路径，首先对信息的采集方法进行阐述，对信息、公共空间信息功能、用户信息提取进行数据分析，结论是中国游客对邮轮旅游的需求是智能的信息服务系统；游客的年龄在 16~65 岁之间，游客以恋爱与单身为主；游客旅行的主要目的是放松精神、发现新事物、与朋友共度美好时光、享受宁静、远离尘嚣；邮轮旅游结束时的满意度最高为快乐，其次为食宿。

获得正向情感识别：对公共空间信息的感性词汇进行试验设计研究，通过文献分析和采集、挖掘感性语义词汇对，最终总结出四个感性词汇——“有序的”“安全的”“多元的”“精致的”。

信息映射：分析感性语义映射、情绪反应映射；获得认知与识别的最优感性语义是“有序的”；推导出视觉隐喻，提出测量用户界面设计元素的可用性特征，梳理构建模型的信息关系。

公共空间游客信息的情感识别

人工智能技术的发展，对信息设计方法的有效性提出了挑战，是驱动创新的路径之一。同时，公共空间信息膨胀、商业行为模糊、文化传播迟缓及高密度的经济化服务问题，亟须建设高品质的公共信息服务传播系统，以应对问题，赋能未来。测量游客情感信息，获得有效、准确的情感反应指标，将对信息设计本体方法论研究起到指导性作用。本章主要论述为什么要研究情感识别，以及如何进行情感识别研究。当游客对公共空间的感知、学习出现偏差，会造成信息元素识别混乱。本章着重研究、梳理游客的情感测量技术，为后续选择研究方法提供理论基础和技术参数。

第一节　情感识别的必要性分析

邮轮研究的核心问题是游客的邮轮旅游质量问题，邮轮旅游质量问题的核心内容是游客的旅游体验，影响体验的主要因素是游客行为，而游客的情感、情绪反应是影响游客行为的决定性因素。本章研究的思路为情绪诱发、信号采集、情感识别。在人机信息交互设计中，情感识别可以被视为一种关键性的机器能力。情感识别能检测游客的情感特征，使信息设计更有效地传播，通过计算机、传感器识别复杂信息的认知情感特征[①]，解决信息传播的紊乱问题。游客的情绪反应可以正确引导设计方法与实践。

一、邮轮的空间局限性

（一）邮轮的物理空间尺寸的限制

根据前面关于邮轮的数据分析，"盛世公主"号总长度为 330 米，客舱总数达 2094 间，而甲板最多的地中海邮轮为 15 层，通过游客载客量和船员人数比较表明，客容量最大可为 7016 位，其中公共空间面积只占 30%~40%。因此，邮轮的空间局限性其实很大，需要考虑在有限的特殊空间里，如何调整游客情绪，并有效传播信息的问题。

（二）心理空间游动性强

从邮轮的航速看，"处女"号、"云顶梦"号邮轮航速可达到 24 节，换算为千米每小时是每小时航行 45 千米，可以想象在海面上移动的空间感受；从邮轮的总吨位看，"皇家量子"号的总吨位达到 16.8 万吨，这会使游客情感、心态及信息诉求发生一定的变化，在邮轮这一特殊空间中，他们获取信息的方式更加依赖公共空间的体验，认知的方式表现为情感反应，信息呈现的方式强调约束性和系统性

① 张颖，罗森林 . 情感建模与情感识别 [J].计算机工程与应用，2003，39（33）：98-102.

设计。因此，在邮轮上，安全性、保障性和环保性尤其重要。

（三）心理空间的体验不适

邮轮空间体验具有气候凉爽、空气新鲜、享受宁静、梦幻感觉、体验独特、远离喧嚣的特点，但如果游客在邮轮旅行中出现食源性疾病、邮轮搁浅、夜生活不佳、空间狭窄、恐慌、昏迷、晕船等行为反应，会影响游客的情绪反应。通过游客用户画像可以得知，游客对邮轮旅游的主要需求是价格合适、休息、放松的机会、独特性体验、空间的舒适度、海阔天空的海景与甲板、适合家庭和儿童的项目。

二、情感的社会功能

情感的社会功能是人际关系和群体。关于情感功能的经典观点是，它能增强个体生存和生育成功的概率；一般的观点是，情绪在帮助个体解决或克服问题上起到重要作用。邮轮旅游也会使部分游客在情感体验上有恐惧的感受，这使其更有可能保持警惕，从而逃避恐慌、心理不适或有攻击的威胁[1]。

（一）情感的人际关系

从恋爱关系到工作关系，社会关系的情感基调各不相同，但每个人之间的任何关系都包含一定程度的情感[2]。情感可以促进亲密与和谐，从而避免社会孤立，使我们能够形成并维持长期的亲密关系。这种功能可以从邮轮信息传达或情感对空间关系发展的影响中推断出来[3]。

（二）情感在群体环境中的作用

情感在群体环境中的作用与人际环境中的作用相当显著。首先，与从属功能相一致，情感可以加强社会群体内部的关系，增强责任感和归属感[4]。在邮轮公共空间中分享情感体验可以加强游客成员之间的联系，并可扩大邮轮的体验边界，从而提高对邮轮旅游的忠诚度。此外，团队内部的情感交流为团队成员提供了关于团队结构和环境的快速信息，也就是说，在邮轮公共空间的情感体验、信息交流可为邮轮服务平台提供反馈信息。

三、群体与群体关系

群体关系也就是指社会群体的成员有更多相似的关注点,做出更多相似的赞扬,因此可以体验到更多类似的情绪。个人社会认同感的显著性能促进情绪的体验,这种情感是由基于群体而非个人的评价和关注驱动的[5]。如果游客是独立的，那么邮轮旅游的成功或失败对游客的情绪影响不大，但如果游客的社会身份很特别，那么邮轮旅游的成功或失败就可能会导致游客产生兴奋或失望的情绪。

群体情绪的形成过程是具有传染性的（Hatfield 等在 1992 年提出情绪是社会信息的理论），这种现象发生在公共空间里人们面对面的互动中。如果邮轮游客之间面对面的信息交流频繁，那么游客之间情感的传染性就会变强。此外，如果情感以这种方式在人与人之间传播，那么由此便会产生共享行为和共享经验。因此，情绪可以减少或增加自我与他人之间或自己的群体与其他群体之间的距离。情感的社会功能不应该等同于在特定环境中表达情感的社会效果。情感的社会功能相对独立

① ANDERSON C, KELTNER D, JOHN O P. Emotional Convergence between People over Time[J]. Journal of Personality and Social Psychology, 2003（84）：1054-1068.
② ARCHER J. Sex Differences in Aggression between Heterosexual Partners: A Meta-Analytic Review[J]. Psychological Bulletin, 2000（126）：651-680.
③ GORDIJN E, YZERBYT V Y, WIGBOLDUS D, et al. Emotional Reactions to Harmful Intergroup Behavior: The Impact of being Associated with the Victims or the Perpetrators[J]. European Journal of Social Psychology, 2006（36）：15-30.
④ SPOOR J R, KELLY J R. The Evolutionary Significance of Affect in Groups: Communication and Group Bonding[J]. Group Processes and Intergroup Relations, 2004（7）：401-415.
⑤ TIEDENS L Z. Anger and Advancement Versus Sadness and Subjugation: The Effect of Negative Emotion Expressions on Social Status Conferral[J]. Journal of Personality and Social Psychology, 2001（80）：86‑94.

于社会语境，是特定情绪反应的社会关系目标和特征的内在表现，而社会效果则取决于情绪的表达方式和社会语境的具体情况[①]。也就是说，邮轮旅行的效果、游客的满意度取决于情感的表达方式和公共空间信息的语境。

四、 情感对认知识别的影响

（一）情感认知存在非理性问题

一个经常引起哲学家深切关注的问题：情感的合理性。把情感描述为单纯的感觉或生理过程会使它们变得非理性。另外，亚里士多德则假设一种情感可以是适当的或不恰当的，愚蠢的或谨慎的，不仅是基于它在所讨论的环境中是否可以被接受（尽管在社会维度上当然是必要的），还基于知觉、信念、欲望，以及个人的情况而变化。事实上，情感至少是认知的一部分，这意味着可以用评估信念和意图的认知甚至伦理标准来评估情感，从而探讨游客情感对邮轮旅游服务信息设计的影响。

（二）情感影响游客认知知觉、注意力和记忆

生理表达和认知是情感的组成部分，潜在特质（如孤独与社交、宁静与焦虑、欢乐与悲伤）是潜在情感的指示者。识别是感性的，也是认知的，同样受情境的地形和心理活动的支配。根据 Sloman（1996）对情感的推理和基于规则的推理，情感可以通过信息的处理或恢复而产生。一些利用新技术来进行人脑成像的研究已经证实并扩展了用户研究。在紧张时刻，大脑不仅形成有意识记忆的能力，而且形成无意识情感记忆的能力也增强了。

（三）情感是邮轮体验的空间信息交流不可或缺的因素

情感提供了描述游客心理状况的简洁表达，我们获得了游客的思考过程就可以描述情感的特质，如理性与直觉、智力与情感、意识与无意识、故意与自发。在心理学中使用这些区别时，会阻碍研究技术的进步，因为主观描述很难看到心理过程。本书提出了一种用生理信号来描述头脑思考的方法，这可能会为我们提供更好的条件，以供我们了解更复杂的心态和情感，如快乐、愤怒、恐惧和厌恶等，然后将这些因素结合起来，以表示幸福、悲伤和焦虑等。

（四）生理信号识别技术可以改变情感状态

许多用来描述情绪的隐喻都涉及身体状态，这些隐喻大多涉及一般生理过程。心理现象的直觉往往是不精确的，但心理生理学已经证明，以自主（即内脏）和躯体（如运动、表达）形式出现的外周过程确实与情绪过程有关[②]。

在心理中发现的熟悉语义很容易被使用，因为"思考""感觉""情感""意识"等语义表达自然、清晰，且这些常见的词语中都提到了构建的各种理论。但现实中回答情感问题却非常困难，如"你能不带感情思考吗？""你能有感觉而不自觉吗？"无论是采用神经病理学研究还是采用电子扫描仪研究，每个人的大脑都有数百个部分，每个部分都做不同的工作[③]。有些部分起到识别作用，另一些部分传递信息给肌肉去执行动作，而大脑的其他区域则会积累并继续利用大量知识。尽管目前的方法（在空间或时间上）还没有足够的数据来验证大脑的这些过程是如何工作的，但可以证明理论部分。

① SPEARS R, LEACH C W. Intergroup Schadenfreude: Conditions and Consequences[M]// TIEDENS L Z, LEACH C W. The Social Life of Emotions. New York: Cambridge University Press, 2004: 336-335.
② BARRETT L F. Solving the Emotion Paradox: Categorization and the Experience of Emotion[J]. Personality and Social Psychology Review, 2006（10）: 20‑46.
③ HARMON-JONES E. Clarifying the Emotive Functions of Asymmetrical Frontal Cortical Activity[J]. Psychophysiology, 2003（40）: 838-848.

生理信号识别技术强调情感是一种涌现的结构,而不是潜在的实体,它把情感反应和情感作出了鲜明的区分,并证明识别是一个反复的过程。情感反复和有效反应常常会使情绪波动。识别结果如果是丰富而微妙的情感状态,那么标志着这个人处在生活中重要的时刻和转折点,体现了他的愿望和恐惧,并激励他表现出最好或最坏的行为。识别技术需要关注情绪的调节,以及影响学习、改变能力的方式。

(五)情感认知与社会健康信息处理

情感与健康的研究由来已久,最早的研究关注的是生理反应(后来称为"压力")对外界厌恶事件的影响,随后的研究检验了经历过的负面情绪对身体抵抗感染能力的影响,现在的研究认为情绪不仅是健康状况的影响因素,也是健康的标志,甚至可以成为健康的指标。这种关系通常假定健康和情绪之间有直接的联系。情感信息将不良结果的图像与新行为配对,作为一种激励力量,促使个体执行推荐的行为,从而减少不愉快的恐惧状态。

第二节　游客的情绪与情感

情感识别的客观本质和动机是用户为了了解和掌握对方的价值关系,因此具有哲学本质,涉及事物的本质和定义。可以理性认知情感的含义,引起深切关注的问题,就是情感的合理性问题。本书研究情感识别就是通过信息设计使游客选择合理性情感,因为情感是基于知觉、信念、欲望,以及个人情况的。同时,情感的合理性也转移到了贯穿哲学的情感和伦理问题的中心,并且情绪的理性可以与体验性、清晰的活动评价相比较。笛卡儿(1649)在对情感主题的介绍中说"每个人都有自己的情感体验,没有必要借用别人的观察来发现它们的本质"。

一、情感哲学
(一)什么是情感

情感在用户的沟通和决策中起着重要作用。虽然在日常生活中情绪是很常见的,但人们对大脑情感功能的作用机制和情感的建模却知之甚少。研究情感哲学可以建立科学理性的研究情感识别的方法。这个问题是威廉·詹姆斯[1]在 1884 年提出的,他早在 100 多年前就为"心灵"写了一篇文章——《情感是一种参与模式》。但自苏格拉底和"前苏格拉底主义者"以后,哲学家们就一直关注情感的本质,苏格拉底和他的学生柏拉图为了追求真理,认为情感潜伏在背景中,往往是对理性的威胁,对哲学和哲学家的威胁。理性的智慧牢牢地控制着情感,危险的情感冲动被安全地抑制、疏导,或者与理性和谐相处。情感是难以解决的、难以控制的情绪。

理性与情感的隐喻显示了两个特征,这两个特征仍然决定着今天的情感哲学观点。首先是情感的低劣作用,即情感比理性更原始、更不聪明、更残忍、更不可靠、更危险,因此需要由理性来控制(亚里士多德和其他开明的雅典人也曾用这一论点为奴隶制的政治制度辩护)。其次,情感的识别本身就好像是处理灵魂中两个相互

①威廉·詹姆斯(William James,1842年 1 月 11 日—1910 年 8 月 26 日),美国心理学之父,美国本土第一位哲学家和心理学家,也是教育学家、实用主义的倡导者,美国机能主义心理学派创始人之一,亦是美国最早的实验心理学家之一。

冲突和对立的方面。即使是那些试图将二者融为一体并将其相互还原的哲学家（典型的是将情感还原为一种低级的理性，一种"混乱的感知"或"扭曲的判断"）也保持着这种区别，并继续坚持理性的优越性。因此，18 世纪的苏格兰怀疑论者大卫·休谟大胆地宣称"理性是，而且应该是感情的奴隶"。但即使休谟对情感结构进行了巧妙的分析，最终还是回到了旧的模式和隐喻上。尽管他在挑战理性的极限，但他的作品仍是对理性经典的颂扬。

情感被视为纯粹的感情和生理学，完全不聪明，甚至是非人的，但在情感反应中，情感被赋予了真正的智慧。然而，大多数哲学家试图找到一些更温和、多维的立场。有人可能会反对，认为情感的哲学理论往往是"空谈"的推测，缺乏社会科学家提供的经验支持。这种反对忽视了这样一个事实，即哲学家们与他们自诩的纯粹理性的男人和女人的名声相反，他们自己也有情感，而且在大多数情况下（但不是所有的）都有足够丰富的情感库来资助和支持十几种情感理论。

（二）什么是情绪

大多数哲学家分析的重点是情绪的认知特点，而情绪的生理和行为维度在一定程度上被削弱甚至被否认。如何看待情绪，将其视为侵扰性的、对理性至关重要的、意义的构成、危险性的、可有可无的、不负责任的借口，还是一种参与模式？其实情绪的内涵对应的是各种感官、生理、行为、认知和社会现象。许多哲学家坚持笛卡儿的观点，即一种情绪不能缺少它的"主观"或"内省"的方面，同时在认知方面必须容易接近或表达。许多哲学家对这种主观本质主义持怀疑态度，并且像他们在科学界的同僚一样，把情感分析推向公开、可观察的标准。因此，哲学家们形成自己的行为主义、生理学和社会建构理论。

一些神经科学家认为，存在"无意识"情绪的空间。情绪本质上是无意识的，而意识在神经学中是滞后的。至于感觉本身，弗洛伊德认为感觉可以是无意识的，因为它们的存在是经验。一种情绪的体验是复杂的，包括一个人对世界、自己和他人的信念，以及任何一种偏好的情景和结果。神经学的最新进展揭示了中枢神经系统中与某些情绪反应相关的结构和功能模式，并在试验条件下产生了某些情绪反应。情感是难以控制的情绪，科学理性应该与情感统一。

二、游客情绪对信息设计的影响

情绪被定义为 "温和、短暂和原始的情感状态"，它体现了应变量和自变量之间的关系，所以其被视为一个修改变量。Comer 在 1980 年提出"情绪是反映一个人在任何特定时刻感受的一种心理状态"，伊森在 1984 年认为，情绪虽然短暂，但可以普遍存在，并可以重新引导思维和行动。也就是说，情绪可以影响消费后的品牌态度，这种影响是由用户体验设计的情感强度来调节的。当消费引起强烈的正反应或负反应时，情绪效应将不存在。只有当产生的体验在情感强度上相对中性时，信息设计才会受到消费前情绪的影响。情绪会受到信息提供者行为的影响，比如一个人的表情、周围的空间环境等。情绪可以反映出消费者在与信息设计环境接触时的感受，因此，情绪和参与度与信息服务有关。

本书主要考察邮轮旅游中游客的情绪反应、整体形象、满意度和行为意向的相互作用。通过收集经验数据，并采用验证性因素分析和结构方程模型分析，表明游客的情绪对整体形象和满意度有积极影响，而整体形象和满意度对回访和推荐意向均有积极影响。

（一）游客情绪反应对旅游地形象设计的影响

根据第二章中邮轮旅游目的矩阵分析，在探险过程中形成的目的地形象是动态的，情感体验直接促成了情感和整体目的地形象的形成。

（1）快乐的情绪对整个目的地形象有积极的影响。

（2）爱的情感对整体目的地形象有积极的影响。

（3）正面惊喜的情绪对整体目的地形象有积极的影响。

（二）游客情绪反应对信息设计的满意度影响

根据第二章邮轮旅游满意度矩阵分析，积极的特定情绪对满意度有有利和独立的影响，离散情绪[①]对邮轮旅游环境的满意度有直接影响。

（1）快乐的情绪对信息设计的满意度有积极的影响。

（2）爱的情绪对信息设计的满意度有积极的影响。

（3）正面惊喜的情绪对信息设计的满意度有积极的影响。

（三）目的地信息对满意度的影响

总体目的地形象是预测旅游业发展的一个重要因素，游客对目的地信息设计的积极评价往往会带来更高的满意度。总体目的地信息对满意度有积极影响。

（四）目的地信息对行为意向的影响

行为意图或忠诚度是重游意向和推荐意向、整体形象和行为意图之间的良好联系。

（1）整体形象对游客的重访意愿有积极影响。

（2）整体形象对游客的推荐意向有积极影响。

（五）满意度对行为意向的影响

在营销和旅游学领域，满意度被确认为行为意向的一个重要前兆——重访和再赞扬的意向，满意的游客更倾向于重新访问并向他人推荐目的地，不满意的游客更倾向于传播负面信息，并对重访同一目的地表现出消极态度，情感体验会引起游客的良好行为意向。

（1）游客的满意程度对他们的回访意愿有积极影响。

（2）游客的满意程度对他们的推荐意向有积极影响。

（六）游客行为动机

（1）游客行为的动机维度

组织——独立的环境；

刺激——稳定的环境；

陌生——熟悉的环境。

（2）游客基本动机分类

当通过线索触发各自的动机时，可以引发特定的行为。不同层次的理解可以被

① 许玮元（特聘教授、博导，同济大学经济与管理学院）提出：离散的负面情绪与员工信息安全违章行为之间的关系。验证了员工在工作中的情绪如何影响他们的信息安全违章行为。对比了两种负面情绪，愤怒和害怕，对员工感知的正式和非正式惩罚，以及信息安全违章行为的影响。

形式化为一个过程模型的一部分，包括动机激活线索、基本动机、近端动机和行为（或行为意图）。表 3-1 所示为游客基本动机和示范应用。信息设计满意度对情绪反应具有强烈影响。

表 3-1 游客基本动机和示范应用

基本动机	相应的旅游动机	旅游研究中的示范应用	基本理论
规避危害	安全	害怕旅行、恐怖主义和旅行安全、旅行保险、清洁、仇外心理、航空恐惧症	调节焦点理论、禀赋效应、误差管理理论、达尔文美食学、组间偏差理论、行为免疫系统
探索	新颖、刺激	好奇心，流浪癖	求新、群体联系理论、经验开放
依附	加强关系	分组旅行，分享旅行经历，易受口碑影响，孤独，单身旅行	依附理论、社会契约理论、互惠利他主义
状态	自我发展、认知	奢侈旅游、社交媒体分享、身份表达、经济衰退期间的旅游、经济贫困者的旅游	昂贵的信号理论、社会优势定位理论、意象管理理论
交配	浪漫	性别和年龄行为差异，浪漫旅行，性唤起和性旅游	性信号、昂贵的信号理论、两性选择、亲代投资理论

三、游客情绪的测量

（一）游客情绪在邮轮旅游服务评价中的作用

对邮轮满意度和服务质量之间关系的调查发现，在对服务进行评估时，游客的情绪状态会影响游客的总体满意度，导致对满意度的错误判断。目的地满意度是预测邮轮游客支出、返程意愿和情绪态度的重要指标。当游客心情愉悦时，他们可能会过度评估服务体验，从而有可能对体验的质量产生错误认知。为了避免有偏见的评价，在研究报告中对游客满意度得分应该考虑情绪的作用。

如今邮轮旅游越来越关注引起人们情绪波动的旅游活动，旅游文学作品的研究从经验上证实了游客情绪在决定其行为意图方面的重要性。同时，研究旅客情绪、目的地形象、满意度和行为意向的重要性在邮轮旅游文学中也得到了承认。然而在邮轮旅游中，公共空间的复杂信息传播关系还没有确立。图 3-1 所示为用户感性分析对情绪测量的方法。感知、图像、态度、文化调节和学习对增强用户行为的理解很重要，因此研究重点是消费后（购买后）评估。图 3-2 所示为用户情绪和生理反应的感性量表。

游客情绪分为积极、中立或消极。根据 Curren 和 Harich（1994）的研究，用户会将有情绪倾向的评价储存在记忆中，当遇到类似情况时，他们将再次搜索和检索存储的信息。事实上，现有的用户行为研究证实了上述情况。游客在积极情绪状态下会对服务、地点、对象或想法提供更有利的评价。情绪对记忆、回忆、储存和评价的影响是不对称的，这意味着游客处于积极状态比处于中立或消极状态会更积极地评估市场对其带来的影响。

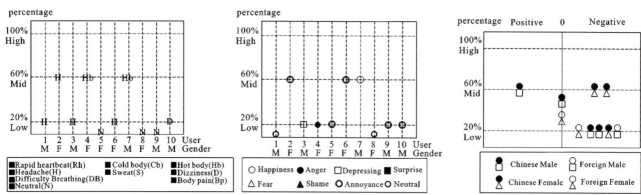

可用性测试的感性表格结果统计和用户感性分析（左图为情绪反应，中图为生理反应，右图为感性分析）

可用性测试的结果

情绪反应的感性表格：

有70%的志愿者在操作过程中感到了"消极情绪"。

很多人找不到精简搜索结果的方法，误将顶部可视化图标作为时间轴筛选的功能，一部分人找到了但是表示不很理解，第二项操作的"图书馆开放时间表"在导航栏"图书馆概况（下有12个分类栏目）"下；有40%的志愿者在"服务"板块中寻找，30%的人划过导航栏的"图书馆概况"但没有看到目标。有10%的志愿者选择了"积极的情绪"；20%的志愿者选择了"中立态度（Neutral）"。

生理反应的感性表格：

有40%的志愿者感到在进行操作时有些头疼；

有30%的志愿者感觉到其他一些生理变化；

有30%的志愿者没有任何生理反应（Neutral）。

在使用检索功能和在站内找到特定信息的过程中，多数志愿者产生了负面情绪，部分操作无法完成，查找信息的过程也不甚流畅。

图3-1　用户感性分析对情绪测量的方法（席涛和徐一帆绘）

Sheet 1				
Which case are you?				
Product Properties / User's Kansel			Before	While
			Aesthetic	Usability
Emotional Signature	Happiness	100%		
		60%		
		20%		
	Anger	100%		
		60%		
		20%		
	Depressing	100%		
		60%		
		20%		
	Surprise	100%		
		60%		
		20%		
	Fear	100%		
		60%		
		20%		
	Shame	100%		
		60%		
		20%		
	Annoyance	100%		
		60%		
		20%		
	Neutral			

Sheet 2			
Which case are you?			
Product Properties / User's Kansel			While
			Usability
Physical Signature	Cold Body Happiness	100%	
		60%	
		20%	
	Hot Body	100%	
		60%	
		20%	
	Headache	100%	
		60%	
		20%	
	Sweat	100%	
		60%	
		20%	
	Dizziness	100%	
		60%	
		20%	
	Difficulty Breathing	100%	
		60%	
		20%	
	Body Pain	100%	
		60%	
		20%	
	Neutral		

图3-2　用户情绪和生理反应的感性量表（席涛和徐一帆绘）

（二）游客情绪的综合测量

（1）拉塞尔环状模型

拉塞尔（Russell, 1980）的情绪分类模型，可以应用于邮轮游客的情绪分析中，如图3-3所示。根据拉塞尔的情绪环状模型，每一种情感的影响状态都可以在二维空间中表现出来。其中，水平轴代表效价，垂直轴代表唤醒。效价代表用户感觉的好坏程度，而唤醒代表用户被唤醒的强度。因此，假设我们能从加速度计中捕捉到唤醒空间的数据，那我们就可以更好地对情感状态进行分类，对于快乐状态，这是一种积极的感觉；抛弃感觉，是一种消极的感觉，人可能会有不适感，这就相当于减少了能量消耗。拉塞尔的观点将情绪区分为两个维度：愉快度与强度。愉快度指愉快与不愉快，强度指的是中等强度和高等强度，并整合成四个区间，即愉快＋高强度＝高兴；愉快＋中等强度＝轻松；不愉快＋中等强度＝厌烦；不愉快＋高等强度＝惊恐。这种分类作用于评价情绪术语的方法，在很多国家，如德国、波兰、希腊、中国、日本等的研究中验证了其可行性。

（2）普拉切克三维情绪模型

普拉切克三维情绪模型的特点是可以表达不同游客情绪的相似性和对比性特征，并对判断和界定游客情绪变化起着重要作用。普拉切克的情感论既反映了离散的情感，也反映了它们在情感维度上的配对。他的三维模型将情绪分为强度、相似性和两极性三个维度，形成一个倒锥体的情绪三维度关系（图3-4）。

锥体的平面为八种原始情绪，平衡框架由4个积极和4个相应的消极情绪组成，其中相邻的情绪具有相似度，对角线位置的情绪具有互补关系，锥体自下而上的情绪会有由弱到强的变化。我们通过选择和设置三维模型中每个情绪词的不同程度的情绪负荷，对数据进行手动注释，并从中获得术语库和开发数据集，这样就可以得到许多情绪元素，如单词、表情符号等。

情绪只是心理因素和其他因素中的一个变量，这些因素可能会在研究中被忽略，

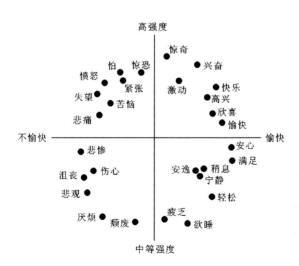

图3-3　拉塞尔的情绪环状模型
图片来源：上海华大应用心理研究院

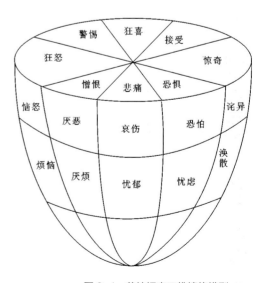

图3-4　普拉切克三维情绪模型
图片来源：上海华大应用心理研究院

如生活满意度、对旅游产品的态度、个人价值观和年龄等都可能影响旅游产品的评估。虽然情绪会影响服务质量评估，但用户的情绪同样可能会受到服务体验状态的影响，因此，需要通过结构建模进一步调查。之后章节将研究检查情绪和满意度之间的相互关系，因为游客情绪可能受到与服务提供相关的变量的影响。一个重要的研究方向是通过因果关系研究，在评估情绪对旅游产品评价的影响时，找到中间因素，进行相关性研究。

四、情感测量的指标

（一）设计问卷调查

在设计问卷时，使用李克特量表来让游客评价自己对探险的情绪和对目的地的印象，其中"1 表示完全没有""7 表示非常多"。通过问卷设计年龄、职业、性别、婚姻状况、收入和教育等问题来获取样本的社会属性概况。情感测量指标的安排如表 3-2 所示。在对大型邮轮"探索梦"号的调研中，共接触到 963 名游客，其中 352 名游客同意参加这项调研，占目标样本量的 91%。最后，由于存在缺失值和异常值，丢弃了 7 份问卷，保留了 345 份问卷进行进一步分析，仅有 36% 的应答率。

通过对游客进行问卷调查，对问卷的相关性和清晰度、可靠性进行分析，提高问卷的可理解性和有效性。在设计问卷时，可以考虑常用方法方差（CMV）的识别和处理。[①]在数据采集时游客采用自我报告的形式可能使变量容易受到影响，在设计和编制问卷时采用因变量遵循自变量，以尽量减少方差问题。在对调查问卷进行评分时，游客们得到了保密性和匿名性的保证。

① 朱斌，宋先忠 . 非结构化数据的信息服务系统设计方法 [J]. 计算机时代，2001（7）：35-36.

表 3-2　情感测量指标

结构类型	测量指标	结构类型	测量指标
快乐	热情	惊喜（正面）	惊奇
	高兴		惊讶
	幸福		惊喜
	享受		灵感
	喜悦		着迷
爱	体贴	满意度	非常满意—非常失望
	热心		厌恶—高兴
	温暖	回访意向	一天回访意向
	爱情		三天回访意向
	喜爱	推荐意向	向朋友及家人推荐，鼓励其他人访问
总体目的地印象	非常积极—非常消极		
	有利—不利		把愉快的体验告诉别人

（二）智能技术的运用

人机交互在邮轮旅行和个人健康领域得到越来越多的应用。由于情感对游客信息的记忆、感知和问题解决等认知过程有着重要的影响，因此情感互动研究可应用于不同的领域。根据应用领域的不同，不同的情绪识别系统满足不同的目的。这项工作的目的是在现有研究的基础上概述识别情绪的方法，并比较它们的适用性。

（1）借助摄像机分析游客面部特征。当邮轮游客操作计算机、智能手机或带有集成摄像头的平板电脑时，此功能非常有用。

（2）未来信息化邮轮上，智能穿戴设备将普及使用，并提供与皮肤接触的机会，在动态任务期间可以不引人注目地记录诸如皮电活动和心脏相关信号等生理参数。

（3）多模态情感计算的邮轮游客信息系统，具有更高的分类精度。但根据检测到的情感数量、提取特征、分类方法和数据库质量不同，其准确性也不同。目前成熟的四种情感的脑电图准确率为88.86%，四种情绪状态的多模式测量（心电图、肌电图和生物信号）准确率为79.3%，七种状态面部识别率为89%，快乐和悲伤的语音识别率为80.46%。

在智能穿戴设备的帮助下，与心脏相关的参数可能是一种精确、不引人注目的情感测量方法，这可以用于邮轮公共空间的动态任务。另外，在计算机交互过程中，面部识别是一种有用的无接触的情绪识别工具，可以广泛应用于邮轮公共空间信息设计中。

（三）数据分析

在进行邮轮信息服务平台可用性、满意度、相关性测试之前，应先准备初始数据，这是为了检查样本数据的分析前状态。在初步筛选数据后，对描述统计进行评估。随后进行验证性因素分析，用于检验测量映射模型的"有序性和安全性"（第二章感性语义映射的数性分析）。接着计算邮轮信息图形映射拟合度，以及评估游客数据适合概念化结构网络的能力。然后对映射进行结构性能测试。最后，对假设路径的路径系数进行分析。本书的整个数性分析过程使用了SPSS 25.0版。

旅游研究中的情感形成理论，表明情感具有多维性，但多篇论文对游客行为的理论模型中具体情感的研究很有限。本书将通过考察综合情感行为模型中的特殊情感，重新填补旅游信息化[①]研究领域的空白，以更好地理解信息旅游中的游客行为。

游客情感是多维度的，情绪的维度是"快乐、爱和积极的惊喜"。根据第二章感性语义的采集，游客感受到"有序的"认知时，呈现"快乐"的情感维度，感受到安全性认知时，呈现"积极的"惊喜的情感维度。在所有情感维度中，"爱"的平均分最低。这表明，只有在正确的旅游信息中，积极的情感体验才普遍存在。这一发现表现出邮轮旅游业信息旅游的独特性。

第三节　情感的生理信号识别

在设计领域通过生理信号对情绪进行识别，通过识别提取设计基因，利用设计基因建立科学的设计研究方法。由于生物信号的非线性和非平稳性，非线性分析在

---

① 旅游信息化：指充分利用信息技术、数据库技术和网络技术，对旅游有关的实体资源、信息资源、生产要素资源进行深层次的分配、组合、加工、传播、销售，以便促进传统旅游业向现代旅游业的转化，提高旅游业的发展速度和生产效率。旅游信息化的内容主要包括旅游企业信息化、旅游电子商务、旅游电子政务三项。

情感分类研究中取得很大成功。情感是游客主观意识的反应,直观的视觉判断问题并不能得到有说服力的解释,如小孩在看到麦当劳标志时会开心并停止哭闹,但游客会因使用复杂界面信息而感到内心烦躁和愤怒。这都说明情感与身体器官活动相互关联,推动了心理与生理学的人体器官活动作用于人的情感机制方面的研究,这是在邮轮信息设计的认知研究中精准识别的科学方法。稳定的情感是在情绪基础上形成的,通过情绪表达情感,情绪是自然形成的,情感具有社会性特征;情绪是深刻的、情景化的,情感是稳定的、持久的。许多科学家试图利用生物信号设计一个精确、快速的情绪识别系统,以控制机器人或在线表达真实的情绪。皇家加勒比邮轮已实现机器人调酒师的智能酒吧服务。

　　关于情绪有两种主要观点:一种认为情绪是个体的一般状态,另一种认为情绪是生理相互作用。第二种观点强调物理和生理的相互作用,美国心理学家詹姆斯于1884 年首次介绍了这一概念。感觉(如恐惧或愤怒等)源于大脑对生理变化的反应,而不是对情况的解释。基于这种认识,我们可以通过处理诸如脑电图(EEG)、心电图(ECG)、肌电图(EMG)等生物信号来区分情绪,由于脑电图具有较高的时间分辨率,而且记录简单,似乎是一种更好的情绪分类源。表 3-3 所示为邮轮公共空间的信息设计与情感识别功能区分表。然而,脑电具有混沌和非平稳的动力学特性,这表明非线性分析可以更系统地描述这种复杂的生物信号,脑电的相空间包含了有关脑电动力学和转变的可靠信息。因此,采用相空间重构可以帮助我们更精准地了解脑电图。在这项研究中,相位空间被用来作为信息来源进行情绪分类。本书采用脑电图信号进行情绪识别。脑电信号的情绪识别基本流程如图 3-5 所示。

表 3-3　邮轮公共空间的信息设计与情感识别功能区分表(自绘)

序号	项目	功能	情感识别测试
1	邮轮幼儿教育信息设计	学习专注度训练	脑电图测试(EEG)
		幼儿学习效果评价	皮肤电活性(EDA)
2	邮轮娱乐空间交互系统设计:游戏场景设计开发	意念控制游戏	脑电图测试(EEG)
		意念控制玩具	脑电图测试(EEG)
3	邮轮游客睡眠、疲劳检测体验系统设计	睡眠辅助产品:睡眠效果评价	心电图(ECG)
		邮轮驾驶员疲劳度检测	脑电图测试(EEG)
		游客心理信息体验领域	心率变异性(HRV)
4	邮轮康健信息与交互体验设计专项	瑜伽练习、冥想度	脑电图(EEG)
		运动员(射击、跳水)训练:专注度、放松度	面部识别(FR)、语音识别(SR)

图 3-5　脑电信号的情绪识别基本流程

基于前人的研究，游客的感觉可以用两种不同的方法来描述，即离散和维度模型。用第一种方法描述游客的感觉时，情绪是离散的，具有独特的生理特征，如恐惧、愤怒、快乐、惊喜等，而维度模型则表明情绪是由两个主要因素引起的，即唤醒和价态，这可以帮助设计师唤醒游客的正向情绪。近年来，在情感识别领域的研究大多采用维度模型，因为这种模型可以表达更细致的情感变化。此外，维度模型更接近于人类对情感的感知。与之前的研究相似，我们也使用维度模型来识别游客的情感变化。

应用非线性方法对游客信息进行相空间重构，数据提取会更客观和准确，同时李亚波诺夫因子、相关维数、分形维数等特征对信号的相空间有很大的依赖性。在脑电信号非线性分析的大多数研究中，都利用相空间作为丰富的情感信息源来描述脑电测试的效果，同时通过脑电信号对情绪进行分类，获得准确的游客满意度、幸福度的识别数据。

最新的科学研究表明，游客情绪在决策、感知、学习等过程中扮演着重要的角色，它们影响着理性思维的各种机制。运用各种传感技术对邮轮游客的情绪及生理信号进行采集，让计算机识别、理解甚至拥有和传播游客的情感，包括游客情感的背景、对情感智能计算机的要求、情感计算的应用以及该技术提出的道德和社会问题，反映游客真实的内在情感，给邮轮旅游管理提供参考数据，运用设计改善旅行质量。

脑电技术的意念头带应用于"世纪公主"号邮轮，如图3-6所示，在穿过额头的带子上装有脑电图（EEG）监护仪，将头带通过WiFi连接到智能手机的一个应用程序上，该应用程序将会话转换为数据，并创建一个报告，显示在冥想期间大脑的活跃程度，即使在坐着的时候，也会以脑波灯的形式反馈，当大脑活动增加时，会根据游客的情绪变化产生不同的色彩。

一、游客身体信号的情感特征提取

情感在游客的沟通和决策中起着重要作用，而邮轮的公共空间信息设计会影响游客的情感变化。虽然在日常生活中情绪化对游客来说是很自然的事，但对大脑情感功能的机制和游客情感的建模研究却很不简单，且很少。近年来，脑电图中的情感识别研究引起了从心理学到工程学等众多跨学科领域的广泛关注，其中包括情感理论基础研究和情感脑机交互（affective Brain-Computer Interaction，aBCI）

图3-6 EEG在大型邮轮娱乐空间的应用

的应用，这一研究增强了脑电图的情绪识别能力。aBCI系统能够使用生理信号检测、处理、响应和提取游客的情感状态，获得影响情绪的设计素材。

　　情感是一种与包括中枢神经系统和自主神经系统在内的特定生理活动模式相关的体验。与视听表达相反，它更客观、更直接地识别情绪和生理活动。这些生理活动可以被无创传感器记录下来，包括皮肤导电性、心电图、肌电图和脑电图等。

　　情感识别——也被称为情感计算——正变得越来越容易，且被更多类型的开发人员使用。从生理学试验研究角度来看，主要是对心率、脑电、肌电、心电、皮电及自主神经系统等生理信号与游客情感表现的相关性研究，通过传感检测系统采集由人的情感所引起的表情、语气和生理反应等信号，加以识别和分析。自主神经系统包括交感神经和副交感神经，它们相互作用、补充，控制和调节机体各器官活动，不管在何种情况下，躯体运动系统都将调节游客的行为反应。当游客的情绪高度紧张、兴奋时，下丘脑与物质代谢和体温、睡眠、呼吸、血压等会有特别明显的自主性反应。根据ANS的活性，可以提取出一些生物参数，用于获取情绪识别的数据，为公共空间的信息设计提供依据。在测量过程中，各种生理信号采集技术的系统准确性、识别情绪数量和移动性各不相同，因此这些技术可以同步进行测试，以获得共性数据。

（一）脑电图（EEG）测试

　　脑电图可以高精度地测定情绪变化，但由于其耗时和对噪声敏感的特性，只可以用于安静的客舱环境中，其可以对游客的二维（效价和唤醒）进行测量。根据研究，高价态与颞叶和右顶叶（控制人的神经与关注度）的高功率有关。唤醒与顶叶的能量一致。消极情绪（如恐惧）会导致右颞叶的激活，而积极情绪则会导致左颞叶的激活。根据不同皮质区域的脑电波频谱可以表达效价和唤醒之间的关系，同时使用支持向量分类器（SVM）时，准确度可达58%。

　　（1）情感试验设计

　　为了研究不同情绪和稳定情绪模式下神经信号随时间的变化情况，设计一个新的情绪试验来收集脑电图数据，这与其他现有的公开可用性数据集不同。在试验中，同一个被试者以半周或一周的邮轮旅游时间间隔进行三次情感试验，并选择邮轮的信息标识设计作品作为情感激发素材，这些素材包含图形、色彩，可以使被试者暴露在更真实的场景中，并引发强烈的主观和生理变化。在情感测试试验中，考虑到本土文化因素可能的影响，使用了具有中国特色的情感图标。在前期研究中，我们从信息标识系统中手动选取了一组情感图标，要求20名被试者根据分数（1~5分）和关键词（正面、中性和负面）评估他们在观看所选情感图标时的情绪。选择情感图标的标准如下：第一，整个试验的时间不应太长，以免使被试者产生视觉疲劳；第二，只需要理解图标的意义而无须解释；第三，图标应引出单一的期望目标情感。最后，有15名被试者从材料库中选择了积极、中立和消极情绪的情感图标，获得了参与者3个或3个以上的平均评分。每种情绪在一个试验中有五个情感图标，每个图标的试验持续时间约为1分钟。每一个情感图标都经过精心编辑，以产生连贯的情感启发。试验中使用的图标设计详细信息见图 3-7。15 名被试者，其中有 7 名男性、8 名女性，平均值 23.27，标准差 2.37。试验方法采用魏琛等在《基于集成卷积神经网络的脑电情感识别》中提到的方法。另外，参加邮轮试验的这些被试者与初步研究中的被试者不同，为了研究跨试验和个体的神经信号和稳定模式，每个被试者需要进行三次试验，间隔时间为一周。所有参加者均为上海海事大学的中国籍学生，自述视力正常或矫正视力正常，听力正常。在试验开始之前，参加者会被告知试验情况，并要求他们舒服地坐着，目不转睛地观看情感图标，不会将注意力从屏幕上转移，并且尽可能避免过度的动作。

（2）特征提取

已有研究发现，以下六种不同的特征和电极组合对基于脑电图的情绪识别是有效的：功率谱密度（PSD）、差分熵（DE）、差分不对称（DASM）、理性不对称（RASM）、不对称（ASM）和脑电图的不同尾状特征。因此，在本书中使用了这六种不同的特征，并根据五个频段 delta（1~3Hz）、theta（4~7Hz）、alpha（8~13Hz）、beta（14~30Hz）和 gamma（31~50Hz）计算传统 PSD 特征，在脑电生理指标的用户满意度验证试验分析中将使用。

（3）特征平滑

大多数现有的从脑电图中识别情绪的方法可能是次优的，因为它们将脑电图信号映射到静态离散的情绪状态，并且不考虑情绪状态的时间动态。然而，一般来说，情绪不应被视为一个离散的心理生理变量，应假设游客的情绪状态是在一个连续的空间中被定义的，情绪状态是逐渐变化的。现有研究方法侧重于从脑电图跟踪游客情绪状态随时间的变化，将情绪变化的动态特征引入到情绪识别中，并研究观察到的脑电图是如何从隐藏的情绪状态中产生的。最后采用线性动态系统过滤出与情绪状态无关的数据成分。

（4）降维

基于生理信号的分析，计算脑电信号的初始特征。然而，所提取的特征可能与情绪状态不相关，导致分类器性能下降。在实际应用中，降维有助于提高分类器的速度和稳定性。

（5）分类

将提取的特征进一步反馈给模式分类器，即 K 最近邻、逻辑回归和支持向量机以及新开发的模式分类器来建立情绪识别系统。图 3-7 是根据降维、分类试验的情绪识别系统测试游客的情绪反应，被试者佩戴意念脑电仪与眼动眼镜同步试验，测试游客对邮轮上标识图形和移动数字图形的情绪反应。

将数据进行平均处理后得到脑电图，已知 delta、theta、alpha、beta、gamma 五种脑波分别对应由昏睡的、无意识的状态到兴奋、注意力集中状态的不同程度，且由蓝色到红色代表脑波强度越来越大，大致看出图 3-7 中 12 张图对应的被试者关注度、兴奋程度由 1 到 12 逐渐递减。在第六章将对信息设计作品进行识别和综合评价。

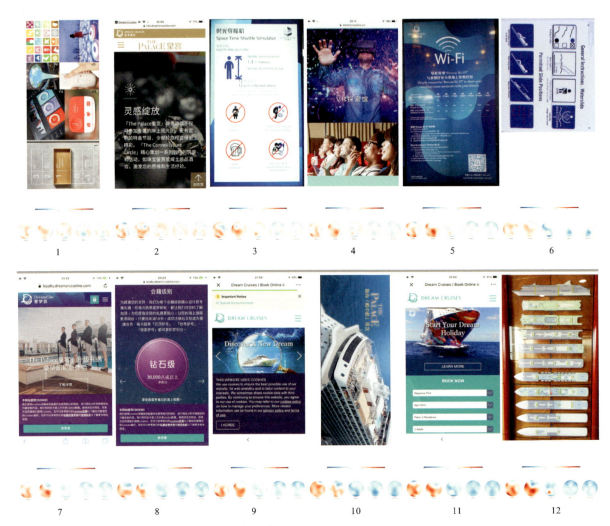

图 3-7　情感试验的图标设计的游客关注度排列（自绘）

（二）皮肤电活性（EDA）线性特征提取

不同的情感感知，如视觉、听觉等会对皮肤产生不同的刺激。测试皮肤电反应的导电性我们可以发现，皮肤电活性（EDA）的信号频率较低，一般在 0.3Hz 以下，通过在手指上施加两个电极来测量皮肤的电阻，至少需要用传感器覆盖指尖，传感器可以集成到手套中，用于移动测量。小汗腺负责人体的热调节，也被认为比其他汗腺更敏感，并且与运动相关。因此，通过对皮肤施加小电压，可以在手掌处测量皮肤的电反应。放松状态下皮肤导电性降低，在用力下皮肤导电性增强，以此来测试在邮轮公共空间的游客对标识符号的视觉反应，如图 3-8 所示。

皮肤电活性线性特征提取需考虑范围、振幅、上升持续时间、第一次时间和频率值。2010 年的一项研究技术使用了一种织物智能手套来识别皮电反应是否被唤醒。我们提取了样本的均方根（rms）、偏度、峰度、频率、幅度和非线性特征，并对 20 名志愿者进行了测试。图像数据库（IAPS）用于激发情绪，二次贝叶斯正态分类器（QDC）将提取的特征分为四级唤醒，总共 20 个功能，平均精度达到64.32%。皮肤的导电性特征波形图及数据统计，如图 3-9 所示。为了给设计提供

邮轮游客休闲娱乐时可以进行皮电试验　游客拇指、食指穿戴设备测试　测试后的信息可视化波形图

图 3-8 视觉元素的皮电试验数据采集（自绘）

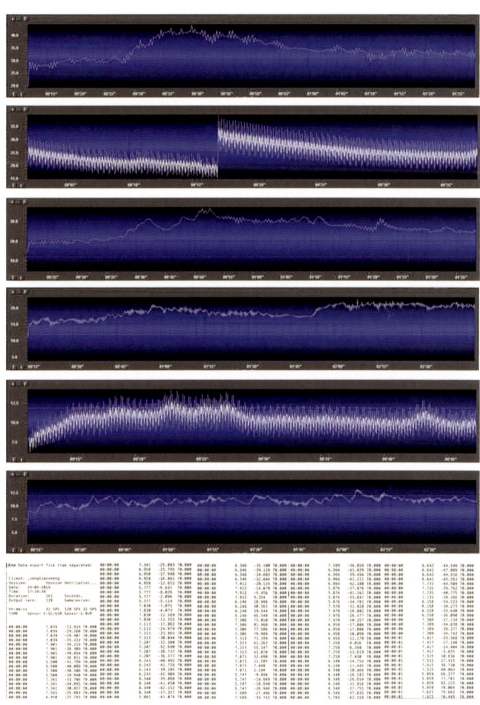

图 3-9 皮肤的导电性特征波形图及数据统计（自绘）

参照，我们主要提取了平均值、中位数、标准差、最大值比率、最小值比率等。对
信号特征的线性提取进行分类识别，得到视觉元素刺激的皮肤电活性指标如表 3-4
所示。试验发现，皮电活性采集中非线性特征对生理信号的识别效果好，为下一步
建模提供了试验依据。

表 3-4　视觉元素刺激的皮肤电活性指标

EDA 指标	含义	测试功能	通常值
SCL	皮肤电导的基线值	图标、色彩的视觉效果	2~20 微秒
SCL 变化	在两个以上试验中电测得的 SCL 变化	图标、色彩的视觉效果	1~3 微秒
NS-SCRs 频率	无外加刺激时的 SCR 数	视觉反应	1~3 次 / 分
ER-SCR 幅度	刺激后紧接发生的电导值变化	视觉反应	0.2~1.0 微秒
ER-SCR 潜伏期	反应发生于刺激呈现之间的时间间隔	视觉关注度反应	1~3 秒
ER-SCR 上升时间	反应峰值与反应开始之间的时间	视觉关注度反应	2~10 秒
ER-SCR 半衰期	自反应值高峰到下降至峰值高度一半的时间	视觉运动轨迹	2~10 秒
ER-SCR 适应	刺激不出现反应的刺激次数	视觉弱反应	2~8 次刺激

注：数据来源于胡纪念的《皮肤电活动（EDA）及其在鉴定领域中的应用》，由笔者整理。

除了以上两种测量方法，表 3-5 还给出了其他测量方法的优势、局限性和应
用领域等。

表 3-5　情绪测量方法在邮轮旅游的最新代表性研究

模式	优势	局限性	应用领域
EEG 脑电图	可以对特殊游客（即截瘫、面部瘫痪者）进行测量	安装复杂、维护容易、可移动	可在邮轮客舱做游客专访或用于自助餐厅、驾驶室等
FR 面部识别	无触点，可多人追踪	需要摄像头正面对着脸，易被故意伪造	可在船员工作场所、智能娱乐空间、甲板、免税专卖店
VR 语音识别	无触点，不定期测量	需要麦克风，容易产生背景噪声	广泛的应用领域（电话或智能助理）
SR 语音识别	无触点，不定期测量	有限的沟通	广泛的应用领域（电话或智能助理）
ECG 心电图	心脏检查期间可能的数据采集，移动测量（即穿戴集成传感器的智能服装、智能手表）	大多在静态下测量，很难适应移动手机系统	可在邮轮客舱做游客专访、日常使用、健身中心
BVP 心率变异性	由于传感器体积小，具有高度通用性，因此可以评估其他与健康相关的参数	在应用区域容易产生假象（即运动时的移动）	游客服务平台、移动手机端使用，体育健身（智能表、智能服装）
EDA 皮肤电活性	良好的压力指标，区分冲突和无冲突情况	只测量唤醒，易受温度影响，需要参考、校准	可在邮轮客舱做游客专访、日常使用、健身中心（使用手指夹）
RSP 呼吸	安装简单，可以表示恐慌、恐惧、集中或抑郁	广泛地区分情感范围有困难	员工工作场所、智能娱乐空间、公共空间
SKT 皮肤温度	可进行多功能数据（红外、视频数据、温度传感器）采集	仅测量唤醒，相对缓慢的情绪状态指标，受外部温度影响	可在邮轮客舱做游客专访、员工工作场所、智能娱乐空间
EMG 肌电图	允许对非典型交流（即精神病）患者进行测量	仅测量价格，安装困难，测量位置不同	可用于邮轮客舱做游客专访、健身房、甲板

二、 游客行为的情感特征提取

（一）眼动跟踪识别

视觉跟踪为设计和营销提供了更好地了解客户及其兴趣所在的机会，可以利用收集的目标数据来简化工作流程，并分析哪些特性吸引了用户的注意。眼球跟踪器可以安装在电脑显示器或笔记本电脑上，或者在某些情况下安装在用户的头上。该设备使用一个光源，通常是精确的红外线，它指向用户的眼睛；照相机跟踪光线的反射和眼睛可见特征的运动，如瞳孔的收缩。眼球跟踪器可以记录很多数据，包括游客查找的位置、游客查看某些设计元素的时间、注视力在图像上移动的轨迹、游客处理信息的方式，通过眼动跟踪收集的数据可以实现对从身体健康到情绪反应的所有方面的洞察。实际运用中主要测试眼睛注视的方向、固定件数量、第一次固定的时间、眨眼率、眨眼持续的时间、瞳孔直径。如今，眼动跟踪已为虚拟现实（VR）和增强现实（AR）带来潜在的研究能力。图 3-10 所示为邮轮公共空间的眼动跟踪测试。

图 3-10　邮轮公共空间的眼动跟踪测试（免税店测试、餐厅测试）（自绘）

在游客的移动产品界面交互设计中，有三种不同的行为类型：搜索主导型、导航主导型、工具主导型。要绘制一个精确的热力图，需要以正确的比例表示三种行为，否则会得到错误的部分颜色。在目标受众中搜索优势用户的估计区间，就是眼动跟踪的目标。眼动测试的方法如表 3-6 所示。

表 3-6　眼动测试方法

研究方法	被试者数量	参考
定性用户测试	5 人	Jakob Nielsen. *Why You Only Need to Test With 5 Users*，2000
卡片分类	15 人	Jakob Nielsen. *Card Sorting：How Many Users to Test*，2004
定量用户测试（测量基准）	20 人	Jakob Nielsen. *Quantitative Studies：How Many Users to Test*，2006
用于生成热力图的眼睛跟踪	39 人	Kara Pernice and Jakob Nielsen. *Eye tracking Methodology*，2009
定性眼动追踪（注视凝视重放）	6 人	Kara Pernice and Jakob Nielsen. *Eye tracking Methodology*，2009

然而，对于热力图，则必须知道有多少人看了搜索框，看了多长时间，才能决定屏幕上该区域的颜色。根据少数测试用户绘制热力图，可能将原本应该是蓝色的东西涂成黄色。这就是为什么要运用眼动跟踪来绘制游客使用整个主页访问的热力图。我们通过观察 60 个游客的热力图发现，游客更多关注的是：

（1）游客主要阅读有关有线娱乐的信息（这决定了他们正在考虑的产品）。

（2）游客查看导航菜单。他们在对整个页面进行访问时，甚至会查看页面中间的菜单（在最初的 10 秒，只有顶部导航栏显示）。

另外，在筛选测试人员时应向游客透露，他们的眼睛将在会话期间被跟踪，并告诉他们以下几个原因：

（1）他们做的是特别不寻常的事情。

（2）做好充分准备，当他们到达目标地时，可以轻松地进行测试。

（3）他们会很想知道为什么你会在随后的筛选问题中问他们很多问题，一定要向他们解释原因，不然他们可能会觉得有些可疑，影响测试结果。

（二）肢体动作识别

以"海洋之歌"邮轮的公共空间游客体验的应用肢体动作识别试验为例。应用肢体动作识别的方法，分析出丰富的感性语义特征，了解游客意图，可应用于人机交互设计、影视制作设计、运动分析、娱乐场景设计等领域。在人体姿态识别领域中，主要通过视频图像的序列进行视觉识别和运动捕捉识别，依据包括人体轮廓、多视角等的特征信息构建三维骨架模型，捕获肢体节点的数据来对肢体动作进行识别。肢体捕捉的运动数据能很好地反映人的姿态信息，并对运动的细节进行很好的记录，且不受人体其他因素的影响，可以克服视频图像的缺点。"海洋之歌"邮轮的信息交互设计，如图 3-11 所示。

G-WALK三维运动捕捉系统：在游客娱乐和运动时捕捉其肢体的运动数据，测试持续6分钟，可以与眼动仪测试同步进行

图 3-11　"海洋之歌"邮轮的信息交互设计

三、 情感的神经活动识别

神经活动是大脑皮层的活动，游客的语言、思维和活动都是高级神经活动的表现。神经活动的过程强度是神经细胞能接受的刺激的强弱程度，因而通过神经活动识别可以获得游客对邮轮公共空间设计元素的真实、准确的情绪反应特征。

（一）视觉活动的脑电信号识别

视觉活动的脑电信号识别就是用一个脑电图装置，利用与游客头皮相连的电极来记录来自大脑的电信号，特别是来自大脑皮层的神经元的突触后电位。连接在游客头皮上的电极将大脑产生的电信号传送到脑电图监测仪上，由于这些电信号非常小（约 10 微伏），脑电图就充当放大器，通常将其放大 10000 倍，并作为测量设备。脑电图能让游客实时观察并记录大脑电脉冲，这些脉冲的变化可以显示被监控对象的一般心理状态，并能测试游客的意念和行为电波信号，识别情感图形、标识图形、色彩设计、多媒体艺术、公共空间的服务体验等。邮轮游客意念测试的过程如图 3-12 所示。

（二）游客潜在情感的事件相关电位识别

事件相关电位识别方法可分析游客潜在的情感反应，为制定信息设计项目策划提供依据。事件相关电位（ERP）有助于捕捉与感觉和认知过程相关的视觉神经活动。事件相关电位是大脑结构对特定的图标或色彩刺激产生的非常小的电压。事件相关电位可由多种感官、认知或运动事件引起，被认为反映了大量类似方向的皮质锥体神经元（以数千或数百万的顺序）在处理信息的过程中同步激发时产生的突触后电位的活动总和。

事件相关电位早期的波形，即受到视觉图标刺激后 100 毫秒内达到峰值的成分，被称为"感觉的"或者"外生的"，其很大程度上取决于刺激的物理参数。相反，在后面部分产生的 ERP 反映了被试者评估视觉图像刺激的方法，并在检查信息处理时被称为"认知"或"内源性"ERP。波形是根据潜伏期和振幅来描述的。图 3-13 所示为测试邮轮信息图标的脑电 ERP 电位试验及相关波形图。

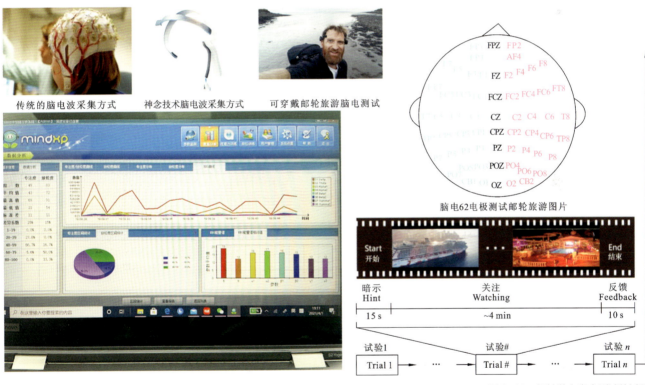

传统的脑电波采集方式　　神念技术脑电波采集方式　　可穿戴邮轮旅游脑电测试

脑电62电极测试邮轮旅游图片

图 3-12　邮轮游客意念测试的过程

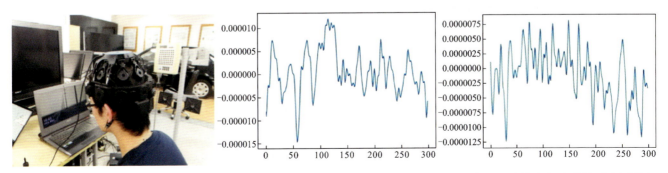

图 3-13　测试邮轮信息图标的脑电 ERP 电位试验及相关波形图（自绘）

第四节　情感的心理反应测试

一、自我报告法

调查是初步研究的一种形式，即直接从源头收集数据，所收集的信息也可随后由其他方式在二次研究中获取，我们要求被试者用语义差异量表或感性语义词汇来表达情绪反应，游客可通过优先测验来判断和处理情绪信息，通过自我报告使我们获得实时信息。测试的步骤是先设计李克特心理量表，然后设计目的地情感量表，运用语义差异法过滤感性语义词汇，最后应用相似度结构分析法获得情感识别特征。

（一）李克特心理量表

学术界已经开发了各种各样的评分量表来直接测量态度（即人们知道他们的态度正在被研究），最广泛使用的是李克特量表。李克特（1932）提出了测量态度的原则，即要求游客对一个话题的一系列陈述作出回答，可以用作探究游客态度的认知和情感分析。李克特类型或频率量表使用固定选择响应格式，旨在测量态度或意见。这些序数尺度衡量的是一致或不一致的程度。李克特类型量表假设经验的强度是线性的，即从"强烈同意"到"强烈反对"的连续性，并假设态度可以被测量。在最终形式中，李克特量表是一个五（或七）点量表，用于表达被试者对调研内容的同意或不同意程度。李克特量表的优点是，不期望被调查者给出简单的是或否的回答，而是考虑到提出意见的程度，如此可得到定量数据，可以相对容易地对数据进行分析。

问卷调查的目的是了解游客在使用 APP 进行情绪体验测试时，各个因素对持续使用行为的影响。调研采用李克特量表形式，从"完全不同意"到"完全同意"将游客的态度分为 5 个程度。该问卷共分为 2 个部分，第 1 部分是游客的基本信息，包括年龄、学历、性别、使用经历，第 2 部分是问卷的主体，共 8 个变量、29 个问题，各概念的具体问题和答案设计因篇幅所限从略。问卷的调查对象主要是使用过线上教育的人群，在删除无效问卷和回答时间过短的问卷后，共回收有效问卷 411 份。

（二）目的地情感量表（DES）

目的地情感量表，对游客在邮轮旅游的情绪反应可以进行概念化和测量[1]。DES 包含 15 个指标，构成情感的 3 个维度：快乐、爱和积极惊喜。Lazarus 在 1991 年提出：当一个人朝着目标前进时，快乐情绪就会被激发出来，它包括"喜爱、恳求、热情、喜悦和愉快"等维度；喜爱是对目的地情感依恋的程度，它包括"喜爱、温柔、关怀、爱、温暖"等内容。Izard 在 1977 年著的《情绪心理学》中提到：惊奇是一种情绪，它是意外发生的结果。它与其他情绪相关，以唤起积极的惊喜（如喜悦和惊喜）或消极的惊喜（如愤怒和惊喜），它包括"惊奇、惊讶、启发、惊讶和着迷"。DES 中情感的三个维度是前决定性的积极情绪。游客通常倾向于通过忽略不重要的经历来回忆他们的享乐事件，抑制他们的认知差异。根据以上分析，影响游客情绪反应的因素主要为内容质量、交互体验和视觉设计。其中内容质量和交互体验会影响游客对产品的可用性感知。

① 刘飞，蔡厚德.情绪生理机制研究的外周与中枢神经系统整合模型 [J].心理科学进展，2010，18（4）：616-622.

（三）语义差异法

语义差异对感性语义的提取、游客情绪评价以及信息设计具有重要意义。语义差异法（SD）是美国心理学家查尔斯·E.奥斯古德（1916—1991）提出并广泛运用于设计用户研究。首先，设计语义评分量表，根据第二章筛选的感性语义词汇来界定邮轮旅游术语、公共空间、娱乐活动、设计思维等概念的内涵，从多维层面捕捉游客对所选概念的归因的情感和认知成分。最初的SD调查问卷包含了双向、反差形容词（如有序的—混乱的、安全的—危险的、精致的—粗糙的、多元的—单一的）和中性零点间的七点量表（-3；0；+3）。我们仅标上SD标度的极点，且标度的间隔假定为等距离[①]。然后，因子分析SD评级之间的接近度和距离，并确定语义空间中不同维度的中心过程。SD的主要目的是通过测量游客的评分和内部隐含的相似性及差异来理解概念。在极性分析中，反应模式的分布、游客评价的异质性和同质性以图形方式说明。SD数据产生的语义空间如图3-14所示。语义差异量表在一系列尺度的两端呈现成对的两极或相反的形容词，如图3-15所示。

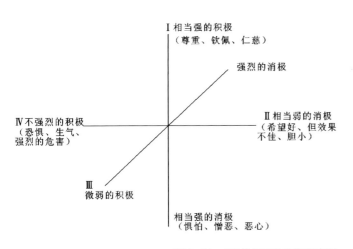

图 3-14　SD 数据产生的语义空间
图片来源：《建筑与文化》杂志 2019 年版

弱	○	○	○	○	○	强
丑	○	○	○	○	○	美
冷	○	○	○	○	○	暖
业余	○	○	○	○	○	专业

图 3-15　语义差异量表
图片来源：《建筑与文化》杂志 2019 年版

（四）相似度结构分析法

相似度结构分析又称多维标度分析（MDS）[②]，来自心理测量学，是对象之间的距离或差异的视觉呈现。"对象"可以是颜色、面孔、地图坐标、政治性信息或任何真实或概念性刺激因素。MDS不仅可以将不同之处解释为图形上的距离，还可以作为降维高维数据的技术，进行三维、四维和更高维的绘图，将高维空间中紧密相连的两个数据点在低维空间中紧密相连，也可用于邮轮甲板冲浪的情感识别APP插件中，如图3-16所示。

游客在手机上安装情感识别的APP软件，以手机摄像头作为传感器，获得游客眼球运动轨迹，并通过MDS进行情绪、精力的分析，判断和感知游客喜好度。测试表明，精力与情绪呈正相关性，这可以帮助我们在界面设计和市场营销中做得更好。与因子变量分析不同的是，多维标度分析只需要相似性测量而不需要相关性

① 覃京燕，马晓驰.认知科学与信息认识论指导下的单词记忆软件信息设计方法[J].包装工程，2018，39（10）：86-90.
② 多维标度分析（Multi Dimensional Scaling）是分析研究对象的相似性或差异性的多元统计分析方法。采用MDS可以创建多维空间感知图，揭示影响研究对象相似性或差异性的未知变量－因子－潜在维度。

测量；与聚类分析不同的是，多维标度分析可以直接运用调研数据，取用游客感知差异而不是观测特征。

图 3-16　邮轮甲板冲浪的情感识别
　图片来源：皇家加勒比邮轮官网

二、非言辞式自我报告法

（一）游客情感状态 PAD 测量

　　游客情绪反应的研究旨在建构一种逻辑和一致性，证实了情感与消费者行为之间的相关性（Nyer，1997）。Cohen 和 Areni（1991）将情感定义为"一种情感状态，其特征是与特定的参照物相关的强烈情感，并引发特定的反应行为"。现有的旅游研究表明，对游客情感的研究特别关注岛屿旅游、遗产遗址、度假、主题活动。这些研究的共同推论表明：情绪是整体目的地形象、满意度和行为意图的重要前兆；不同旅游阶段、产品和地点的情绪大小和类型不同；旅游业中积极和消极情绪的反应率，将影响游客再次访问的意图。

　　心理学文献提出了两种研究情绪的重要概念方法：一种方法是情感特异性，另一种是维度的。第一种方法将情感概念化为一种独特的情感状态，如悲伤、愤怒和快乐；第二种方法通过使用快乐或唤醒等维度来理论化情绪。美国社会语言学家 Albert Mehrabian 在 1974 年提出了 PAD 维度测量情感方法，也就是基于 3 个维度测量情感，这 3 个维度分别是愉快度、激活度、优势度。PAD 情感状态图如图 3-17 所示。学者们对这种基于心理学的量表的可靠性、适用性和有效性提出了质疑。学者们认为，从心理学中参考的情绪尺度，无法捕捉目的地属性和旅游特征丰富性。

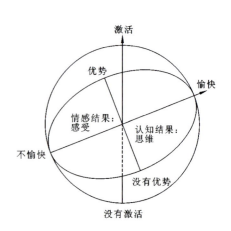

图 3-17　PAD 情感状态图

（二）游客离散情绪的日内瓦情感轮 GEW 测量

GEW 对游客情绪测定基于潜在维度视觉识别，从多维度更加准确地描述游客的情绪曲线。GEW 的设计有自由响应格式、离散的情绪响应格式和情感的维度方法。自由响应格式反映在"其他情绪"中，并给被试者很大的自由表达空间。纯自由响应格式可能对试验不利，因为可能存在被试者用自己的语言表达自己的方式和差异，而且这个程序的结果很难解释。因为在得出结论之前，首先需要对问卷进行分类，离散的情绪反映在 GEW 周围的情绪术语中。图 3-18 所示为术语配价和控制等级散点图。

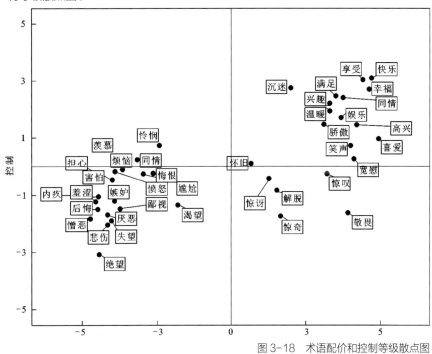

图 3-18   术语配价和控制等级散点图

与其他离散的情绪反应形式一样，被试者在与情绪强度相对应的尺度上表示他们对有限数量的离散情绪（如愤怒、幸福）的感受。这种格式很容易使用，因为离散的情绪术语对应于讨论情绪的自然方式，结果也很容易解释。日内瓦情感轮如图 3-19 所示。

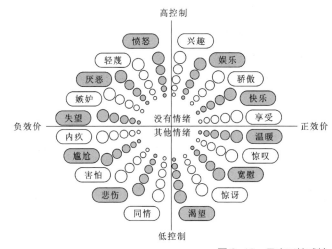

图 3-19   日内瓦情感轮

开始试验之前，首先会向游客介绍试验的整体流程，让游客对试验的完整流程
有基本的了解；其次，被试者需要对一款情绪游戏产品进行 3 分钟左右的体验，之
后对自己的体验进行自我评价，并填写一些问卷；最后，需要填写一份背景问卷。
游客的评价会帮助试验验证一款用户体验评价工具的可行性，从而帮助研究者改善
工具设计。图 3-20 所示为情感轮雷达分析图。

日内瓦情感轮的 20 个情感术语排列，构成情绪的基本结构。图 3-21 所示为

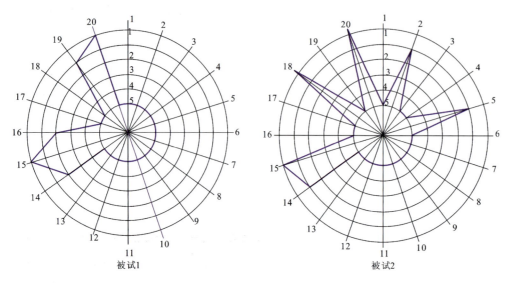

图 3-20　情感轮雷达分析图（自绘）

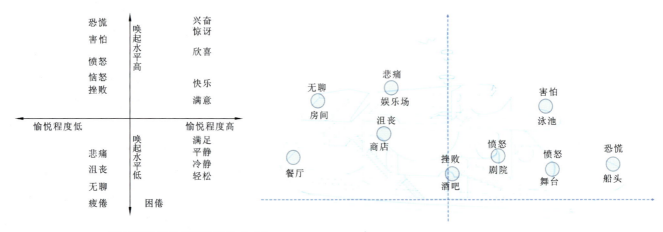

图 3-21　邮轮游客悲伤情感识别：功能区划分及情感图形设计

邮轮游客悲伤情感识别：功能区划分及情感图形设计。将 GEW 情感轮理论运用在大型邮轮皇家加勒比量子号的智能信息平台 APP 的情感图形设计上，并开发一个定制的服务器端，配置 10 个情感术语对游客拍摄的照片进行情感识别与分析，如图 3-22 所示。软件能自动识别配置上适合情景的音乐，编辑成电子音乐相册，供游客纪念和收藏，这是一种人工智能驱动的体验。软件还能分析用户假期照片中的情绪。为了获得令人愉悦的结果，音乐理论、图像创作、机器学习、动画、信息与交互设计一起合成，创造出一个完全模块化的系统，给游客带来无尽的快乐。

图 3-22　GEW 情感轮理论在皇家加勒比量子号邮轮的 APP 上的应用
图片来源：皇家加勒比邮轮官网

（三）跨语言文化的视觉情感测量工具 LEMTOOL 测试

LEMTOOL 是通过信息视觉图形来测量情绪的工具，它对于六种情绪，即快乐、悲伤、愤怒、惊讶、厌恶和恐惧，可以独立于文化来识别人的不同的面部表情。更加引人注目的是，即使是在孤立的游客中，六种情绪的面部表情识别也被认为是高于偶然水平的。因此，LEMTOOL 可以成功运用于跨文化的验证研究，突出视觉情感测量工具的优势。LEMTOOL 开发的主要目的是创建一个易于在线部署、易于理解且有可能跨文化使用的自我报告工具。研究发现，面部漫画（即减少面部信息多余的表达和夸张的基本组成部分）可以增强情感的可识别性。LEMTOOL 的基本原理是通过面部和身体线索识别他人情绪表达的自然反应。虽然比较少见，但类似的研究已经被用来研究情绪的身体表达。肩膀、头部、手臂和手的不同结构表示特定的情绪。情感身体语言在面部表情中的重要性已经通过这样一个事实得到了证明：当在面部和身体之间引入一个人为的错觉匹配时，情感的感知偏向于身体语言表达的情感。面部表情和肢体语言的具体表现将提供一种有力的情感交流手段，因为这样就完全消除了对情绪报告有影响的因素。此外，固有的可识别表达使跨文化应用更加可行，LEMTOOL 以最清晰可识别的方式通过面部表情和身体语言来描述情绪。应当说明的是，目前可用的仪器都不是专门针对高度互动的数字媒体的，这些工具的工作方式以及它们所测量的独特情感，可能与数字媒体领域不太相关。情感可以迅速发生，特别是在互动中介的环境中（如网络），由于媒介的高度互动性，预期会在诱发刺激（如网页）中发生快速变化。因此，实际仪器的部署必须在与网站的交互过程中进行。这一需求也反映在所选的一组紧凑的情感术语中，虽然可以添加更多的术语，但这会损害仪器的可理解性，从而破坏仪器所进行的任何测量的有效性。

（四）游客黏性的自我评价

自我评价（SEM）描述了游客在邮轮环境中通过反思和比较，维持或增加其积极自我评价或自尊的过程。根据扫描电镜的测试结果预测，游客的行为可能通过两种方式影响个体的自尊：反思（通过与他人的交往来增强自尊）和比较（通过与他人的交往来减弱自尊）。这两个过程中每一个过程的相对可能性都是由三个变量的组合决定的，这三个变量分别是比较目标的心理接近程度、自我的关系表现质量，以及表现与自我定义相关性。扫描电镜的测试结果还假定人们寻求维持或增加他们的积极自我评价，这反过来会形成比较过程。自我评价（SEM）表明，当考虑他人成就对自我评价的影响时，个人积极管理亲密度、绩效和相关性等参数，将在保持积极的自尊方面发挥重要作用。

SEM 假定个体是构建自我评估的积极参与者，可以通过最大化（或最小化）积极自我评估的方式改变对变量的感知。但是，当个体被激励保持积极的自我尊重时，他们可以通过多种方式对他们遇到的比较信息设计作出反应。个人可以尝试改变一个或多个参数（亲密度、相关性、绩效），以最大限度地提高积极的自我评价。这些变量可以是行为的、认知的，或者两者兼而有之。例如，如果比较信息在一个与自己相关的任务上比自己表现得更好，那么自我就可以通过多种方式作出反应，将威胁最小化。他们可能会降低自己与目标之间的亲密度，如在游客周围花费更少的时间。他们还可以降低任务的相关性，如在追求上投入更少的时间和精力，或者在精神上降低任务的优先级。最后，他们可以改善自己在该任务上的表现，降低目标，或将结果想象得更令人满意。通过在心理上改变这些参数，可以确保游客在比较过程中产生更有利的自我评价。此外，三个模型参数中的一个参数的更改可能会引起其余的一个或两个参数的更改。

本书采用 SPSS Amos24.0 版对假设模型进行结构拟合度评估和假设分析。假设模型的适配度指标结果见表 3-7。由表 3-7 可以看出各指标均符合要求，说明模型结构合理，可以进行下一步假设分析。χ^2 为卡方值，df 为自由度，$RMSEA$ 为方差，CFI 为比较优度指数，GFI 为拟合优度指数，NFI 为赋范拟合指数。算法统计表明，方差和自由度小于推荐值，而拟合度大于推荐值，说明拟合度优，模型效度较好。通过测量因子负荷量（factor loading）和平均方差抽取值（Average Variance Extracted，AVE），当因子负荷量高于 0.7 且 AVE 高于 0.5 时，模型的效度较好。本书各个因子的负荷量均高于 0.7，但由于篇幅原因就不在文中赘述。同时 AVE 最小值高于 0.5，表明测量模型的效度较好。

表 3-7　模型拟合度指标

拟合指标	χ^2/df	$RMSEA$	CFI	GFI	NFI
推荐值	<3.00	<0.08	>0.900	>0.900	>0.900
测量值	1.29	0.03	0.982	0.909	0.927

第五节　本章小结

首先，通过情感哲学理论论证了情感是难以控制的情绪，科学理性应该与情感统一，中枢神经系统与某些情绪反应结构和功能模式存在相关性。游客行为动机的研究表明，信息设计满意度对情绪反应具有强烈影响；通过游客情绪测量表明，情绪对记忆、回忆、储存和评价的影响是不对称的，游客处于积极状态比处于中立或消极状态更能积极地评估市场刺激；游客情感是多维度的，"有序的"的认知呈现"快乐"的情感维度；只有在正确的信息旅游中，积极的情感体验才普遍存在，这一发现确立了邮轮旅游业信息旅游的独特性。

其次，提出游客生理信号情感识别的测试方法，我们知道脑电图的情绪识别能力强，使用生理信号检测、处理和响应用户的情感状态准确度较高，脑电图和皮肤电活性测试结合的准确度达到89%。应用眼动跟踪与肢体动作识别、收集目标数据，可简化工作流并提高可用性测试。

最后，引入心理反应的测试，通过自我报告法相似度结构分析游客感知，运用语义差异法分析游客极性特征，将特征数据归纳为李克特评分量表来直接测量游客态度，测量目的地游客反应，结论是影响游客情绪反应的因素主要为内容质量、交互体验和视觉设计，其中内容质量和交互体验会影响游客对产品的可用性感知。通过非言辞自我报告法的视觉工具测量、自我评价及日内瓦情感轮的维度测量及试验，得出的结论是APP设计能激发游客情绪体验，可以增强用户黏性，验证了情绪与游客体验设计、可用性研究呈正相关性。

基于情感识别的邮轮信息模型建构方法

　　情感识别是模型建构的算法依据，模型建构是对复杂信息系统化设计研究的前提和手段。邮轮的信息体验问题与空间体验的质量呈正相关性[1]。邮轮信息问题主要是游客体验不佳造成的，而游客的问题是情感造成的，情感识别能影响游客行为，从而影响邮轮信息质量。游客行为动线影响空间的布局，针对信息结构的无序性、视觉层次功能混乱问题，通过模型构建和设计，确定系统边界和功能，开发系统设计，构建 5 个设计方法假设模型，为信息系统设计的科学性、试验性、相关性研究提供方法依据。

第一节　游客行为动线模型

　　通过游客行为动线数据挖掘与分析，可以直接反映邮轮空间布置关系。提高空间流线与游客动线的契合度，可以优化邮轮总体信息服务设计，包括甲板空间布局设计和公共空间的智能导识服务系统设计以及服务管理系统。游客行为动线能客观反映游客情感识别的特征和动态路径[2]，情感识别的确定为游客行为研究提供了科学方法，而人工智能深度学习方法研究，能更有效地获得真实的行为数据。建立基于情感识别的感知模型，为公共空间的信息场域设计、功能配置设计提供精准、科学的数据。

一、基于光流法的行为动线模型建构

　　研究旅游环境有助于正确理解公共空间信息的相关性要素和传播功能，为研究行为动线模型设计提供系统边界特征。游客的旅游环境是游客在邮轮空间上的、旅游目的地的自然环境和人文环境[3]。如图 4-1 所示，在邮轮旅游环境中，公共空间的信息尤其是感性语义信息吸引游客的注意，通过感性语义映射获得解释，并产生

① 李箐，赖茂生. 信息空间构建相关问题探讨——用户体验和系统可用性 [J]. 情报理论与实践，2003（1）：8-10.
② 潘长学，王兴宇，张蔚茹. 基于游客流线行为构建邮轮导识服务系统——以海洋量子号邮轮为例 [J]. 装饰，2018(9)：85-87.
③ 张华. 基于 BP 神经网络的旅游需求预测研究 [J]. 电子测试，2014(1)：100-102.

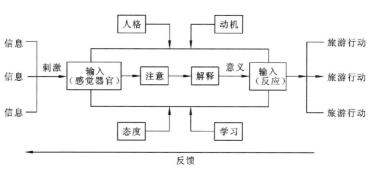

图 4-1　邮轮旅游环境

情绪反应，形成旅行行动。进化心理学的游客行为过程模型如图 4-2 所示。进化心理学的一个关键观点是，当通过线索触发各自的动机时，可以引发特定的行为。因此，应用进化心理学得出的重要结论是，同一个游客可能会根据当前激活的基本动机做出不同的决定。虽然动机的数量有限，但它们可能被各种线索激活，并导致各种行为，超出了通常仅为特定行为提供狭义解释的范畴。因此，进化心理学通过追溯我们祖先的共同基本动机来强调看似不相关的行为之间的相似性。

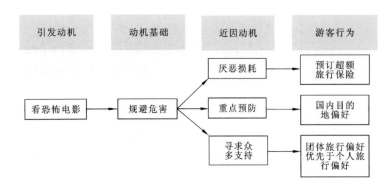

图 4-2　进化心理学的游客行为过程模型

　　进化心理学为游客行为的动线模型构建提供了基础理论依据，推理出信息和游客的心理动机都与旅游行动呈正相关性。大多数的实证研究都依赖于收集试验数据，来推导出不同的几何规划设计，如模拟瓶颈形状的路径、交叉形状的路径、分叉道合并路径和弯道路径的一些相关研究。除了模拟人在正常条件下的行走，有些研究还加入在不同压力水平条件下的行走，如在较高的速度下行走、在有出口条件下行走等。这种通过控制变量来收集数据的一个关键缺点是生态逻辑有效性。也就是说，这些数据可能并不代表行人的真实行为，因为被试者意识到他们正在被视频记录和监控。此外，试验参与者通常是学生，他们可能不能代表真实世界人类的平均样本。因此，这种试验数据集合可能存在一定的偏差。

　　观察和收集真实世界人们的自然步行数据，为探索真实的游客行为提供了无偏差和可靠的依据。然而，通过真实世界的观察，很难在相同的条件下多次捕捉到特定的情况。尽管如此，随着传感技术的进步，以及高容量数据收集和存储设施的改进，自然大数据目前也可用来探索游客行为。应当指出，数据的质量、分辨率和性质将主要取决于用来收集数据的传感器的特性。

　　利用传感器数据研究邮轮室内与室外开放空间环境中的行为流线，并研究游客如何在邮轮环境中单独导航，以及如何识别描述这种导航行为的广义向量场。我们从一个传感器数据库中获得自由流动的个体轨迹（每个游客不与其他游客互动）数据，通过对比轨迹数据来比较几个行为流线向量场。这个传感器数据库包含了超过1000 个游客导航选项，可用于调查游客如何与周围的物理空间和社会空间互动的相关信息。与其他试验的行为数据集相比，这组行为数据具有较高的信度和效度，因为游客没有参与试验，且游客没有意识到被记录。目标对象及探测器在运动时产生图像，并且相邻两帧图像中的位置运动形成二维向量场，这被定义为光流，即从第一帧到第二帧呈现运动图像的状态。如图 4-3 所示，图中呈现了五帧图像间一个点在连续运动的状态，箭头代表光流场向量。

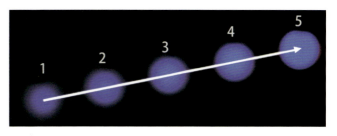

图 4-3　光流场向量示意图

（一）光流向量的设定

（1）保持相邻两帧的图像像素（目标对象的）的灰度值稳定不变。

（2）持续移动的像素存在同样的运动。

（3）小运动假设。

图像可以看成时间 t 的函数 $I(t)$，在 t 时刻，图像在 (x, y) 位置处的像素点的灰度值可表示为 $I(x, y, t)$。在 $t+\mathrm{d}t$ 时刻，t 时刻 (x, y) 位置处的像素点运动到了 $(x+\mathrm{d}x, y+\mathrm{d}y)$ 处，其灰度值可表示为 $I(x+\mathrm{d}x, y+\mathrm{d}y, t+\mathrm{d}t)$，根据假设（1）有 $I(x, y, t) = I(x+\mathrm{d}x, y+\mathrm{d}y, t+\mathrm{d}t)$。又根据假设（3）由泰勒级数展开可得：

$$I(x + \mathrm{d}x, y + \mathrm{d}y, t + \mathrm{d}t) = I(x,y,t) + \frac{\partial I}{\partial x}\mathrm{d}x + \frac{\partial I}{\partial y}\mathrm{d}y + \frac{\partial I}{\partial t}\mathrm{d}t + H.O.T$$

由假设（1）和使用展开的式子可以得到：

$$\frac{\partial I}{\partial y} = f_y \frac{\mathrm{d}x}{\mathrm{d}t} = u \frac{\mathrm{d}y}{\mathrm{d}t} = v$$

假设：

$$\frac{\partial I}{\partial x} = f_x \; ; \quad \frac{\partial I}{\partial y} = f_y \; ; \quad \frac{\mathrm{d}x}{\mathrm{d}t} = u \; ; \quad \frac{\mathrm{d}y}{\mathrm{d}t} = v$$

则有光流方程：

$$f_x u + f_y v + f_t = 0$$

其中，f_x 和 f_y 分别是图像灰度在 x 和 y 方向上的梯度；f_t 是图像灰度沿着时间的梯度；u、v 是像素点在 x 和 y 方向上的运动速度，是待求的未知量。因为无法用一个方程解两个未知数，于是采用 Lucas-Kanade（LK）方法解决这个问题。Lucas-Kanade（LK）是一种广泛使用的光流估计的差分方法，这个方法是由 Bruce D. Lucas 和 Takeo Kanade 提出的，假设光流在像素点的邻域是一个常数，然后使用最小二乘法对邻域中的所有像素点求解基本的光流方程。[①]

使用假设（2），就是所有相邻像素都有相同移动。LK 算法使用了一个 3×3 的窗口，所以在这个窗口当中有 9 个像素点满足光流方程，将点代入方程，使用最小二乘法求解超定方程，求得图像关键角点在连续两帧图像之间的运动速度，即可估计上一帧图像中的关键角点在当前图像中的位置。通过连续使用 LK 算法即可求

---

① 刘松林，牛照东，陈曾平，等. 基于加权 Lucas-Kanade 算法的目标跟踪 [J]. 光电工程，2011，(8): 67-72.

得从第一帧图像到最后一帧图像关键角点的位置变化，从而实现光流的跟踪。LK
光流法的本质是找到第一帧图像的关键特征点，对这些特征点进行逐帧的跟踪，最
终形成关键点的光流向量。那么如何获得最初的用来追踪的特征点呢？这里使用了
角点检测算法，如下式所示：

$$\begin{bmatrix} u \\ v \end{bmatrix} = \begin{bmatrix} \sum_i f_{x_i}^2 & \sum_i f_{x_i} f_{y_i} \\ \sum_i f_{x_i} f_{y_i} & \sum_i f_{y_i}^2 \end{bmatrix}^{-1} \begin{bmatrix} -\sum_i f_{x_i} f_{t_i} \\ -\sum_i f_{y_i} f_{t_i} \end{bmatrix}$$

（二）基于角点检测算法的游客行为追踪特征

角点检测算法（Corner Detection）是计算机视觉系统中用来捕捉图像特征
的一种方法，角点的特征主要有：

（1）像素点：基于一阶方向导数（灰度的梯度值）的局部最大。

（2）交点：两个及两个以上半边缘交叉。

（3）高速率点：图像中梯度值和梯度方向高速变化。

（4）方向点：一阶方向导数最大，二阶方向导数为零，图像边缘变化无关联性。

视觉观察对角点的识别范围一般为一个局部小窗口，如果自各个方向移动窗口，
窗口内图像像素的灰度值就会发生剧烈的变化，则证明窗口内存在角点。假设自各
个方向移动窗口，图像像素灰度值变化微弱，为平坦区域；假设其只朝一个方向移
动，灰度值变化微小，则为直线；假设沿各方向运动，灰度值均发生变化，为角点。
角点检测算法模拟人眼对角点的识别，利用滑动窗口 $\omega(x, y)$ 在图像中计算灰度
变化值。当窗口发生移动（$x+u$，$y+v$）时，计算滑动前后对应的窗口中像素点灰度
值的变化，从而判断像素点是否为角点。角点结构如图 4-4 所示。

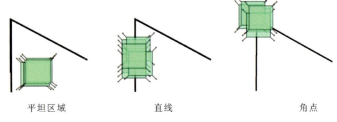

平坦区域　　　　　　直线　　　　　　　　角点

图 4-4　角点结构示意图

（三）视频动态算法的数据提取

（1）导入视频文件，获取第一帧图像，使用角点检测算法获取初始的角点；

（2）将前一帧、当前帧图像及前一帧角点输入光流追踪算法，输出当前帧图
像的对应角点；

（3）计算连续两帧图像对应角点间的距离，删除不符合距离约束的角点；

（4）保存符合要求的角点，并根据前后帧角点画线，实现光流的追踪；

（5）循环步骤（2）～（4），直至视频结束或达到迭代停止条件，完成目标
动态追踪。

（四）计算结果与分析

关键参数设置：

（1）检测出最大的角点数（max*Corners*），如果检测出的角点数多于最大角

点数，则取出最大角点数的角点。

（2）角点间的最小欧几里得距离（min*Distance*），距离小于最小欧几里得距离的角点不计入检测结果。

（3）相邻两帧对应角点的距离（d），根据该值可以检测角点预测的准确性以及筛除不需要的角点。

（4）为了实现稳定的跟踪，应该每隔一定间隔就重新进行一次角点检测。如设置 *interval*=5，即每 5 帧重新初始化图像的角点。

构建基于光流法的行为动线模型，针对视频数据进行画面动态目标追踪，获取人流等目标的行为轨迹。模型包括数据接收与转换、角点检测、光流计算、图像绘制与结果输出几大部分，具体建模流程如下：

（1）构建模型的数据接收部分，导入视频文件，获取视频文件第一帧图像；

（2）根据预设置的最大角点数（max*Corners*）、角点间的最小欧几里得距离（min*Distance*）等参数，使用角点检测算法获取图像中的初始角点；

（3）将前一帧、当前帧图像及前一帧角点输入 LK 光流追踪算法，获取当前帧图像的对应角点；

（4）计算连续两帧图像对应角点间的距离，根据预设置的相邻两帧对应角点的距离（d），删除不符合距离约束的角点；

（5）保存符合要求的角点，并根据前后帧角点画线实现光流的追踪；

（6）循环步骤（3）～（4），并每隔一定间隔（*interval*）重新进行图像的角点检测，防止重要角点由于光照、背景等因素没检测到而产生轨迹的遗漏。循环直至视频结束或达到迭代停止条件，完成目标的动态追踪，绘制出目标人流轨迹线。

二、模型验证与应用试验

基于 LK 光流法构建人流行为动线模型，利用角点检测算法捕捉视频图像中的关键特征点，通过逐帧迭代，实现视频中关键特征点追踪与绘制过程。我们选择广场游客行走视频和邮轮甲板游客观光视频对所建立的行为动线模型进行验证。

（一）广场游客行走视频

广场游客的人数较多，行为模式较复杂，包含排队买票、进出大厅、离开广场等行为。但也因为存在障碍物、路标、固定建筑等因素，人流总体的行为会有一定的重复性和规律性。通过我们所提出的行为动线模型对视频进行分析，追踪人流的行为轨迹，并绘制人流轨迹线，初步获得广场上人流的行为规律。

关键参数设置：max*Corners*=200，min*Distance*=50，d=5，*interval*=50。人流轨迹线的绘制（一）如图 4-5 所示。验证最大角点数（max*Corners*）对检测结果的影响，其他关键参数设置为 min*Distance*=50，d=5，*interval*=0，此时 max*Corners*=100。由对比结果可以看出，最大角点数（max*Corners*）影响图像初始特征点的数目，初始角点数越多，最终绘制出的人流轨迹线越多，max*Corners*=200 比 max*Corners*=100 得到的人流轨迹线更多。可以通过控制

（1）max*Corners*=100

（2）max*Corners*=200

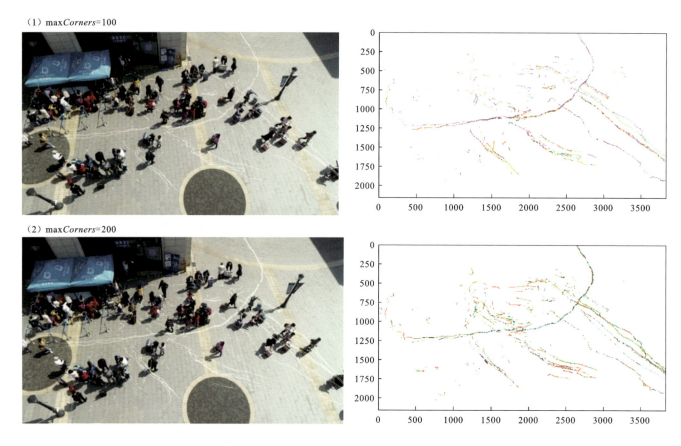

图 4-5　人流轨迹线的绘制（一）（自绘）（测量坐标单位：像素）

max*Corners* 影响角点的数量进而影响最终绘制的线条的疏密。

　　图 4-6 所示为人流轨迹线的绘制（二）。相邻两帧对应角点的距离（*d*）对检测结果的影响：其他关键参数设置为 max*Corners*=200，min*Distance*=50，*interval*=0，由对比结果可以看出，由于镜头晃动，或者场景中一些目标的轻微动作（而这些并不是我们的捕捉目标），如果 *d* 值设置得过小，最终的绘制结果会因为把所有镜头中晃动的目标轨迹进行绘图而显得很杂乱（如 *d*=1）；而设置得过大，则因为前后两帧相应角点的运动距离达不到设置值而无法绘制（如 *d*=10）。因此，本例中 *d*=5 是一个相对合适的取值。

　　图 4-7 所示为人流轨迹线的绘制（三）。*interval* 角点初始化对检测结果的影响：其他关键参数设置为 max*Corners*= 200，min*Distance*=50，*d*=5，此时如果没有采用每隔一定间隔（*interval*）重新进行一次角点检测的操作，则可能存在初始化的角点对一些重要的特征点由于光照、背景等因素而无法检测到的问题，之后的光流绘制都是根据初始特征点进行的，则可能产生目标轨迹遗漏的情况。而使用每隔一定间隔（*interval*）重新进行一次角点检测的操作，能够实时更新图像的特征点，有助于查漏补缺，也更符合实际情况。由对比结果可以看出，每隔一定间隔（*interval*）重新对角点检测的操作最终能绘制出更密集的人流轨迹线，但同时轨迹线可能存在不连续的情况（*interval*=5）。

（1）d=1

（2）d=5

（3）d=10

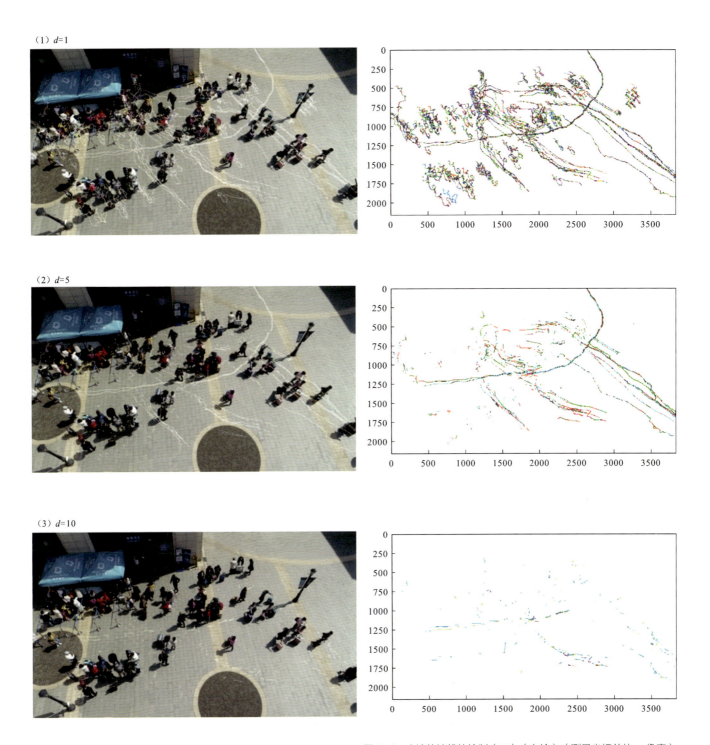

图 4-6　人流轨迹线的绘制（二）（自绘）（测量坐标单位：像素）

（1）*interval*=0

（2）*interval*=5

（3）*interval*=50

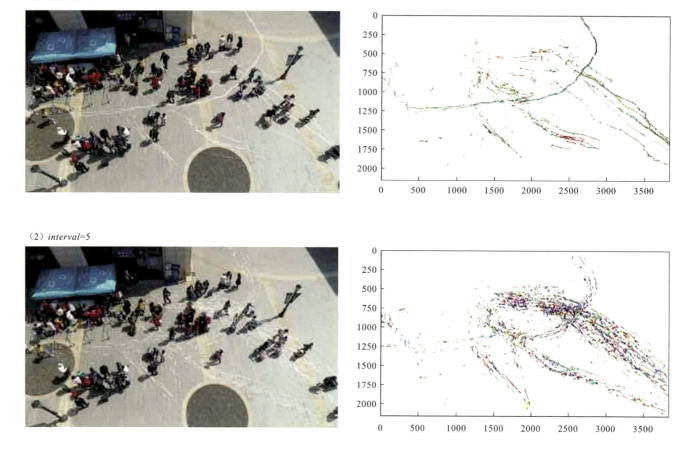

图 4-7   人流轨迹线的绘制三（自绘）（测量坐标单位：像素）

图 4-8 所示为人流轨迹的选择。由图可知，太频繁刷新特征点可能会使得图像前后帧的特征点变动较大。相对来说，将 *interval* 值设置得大一些，这种情况会得到一定缓解。

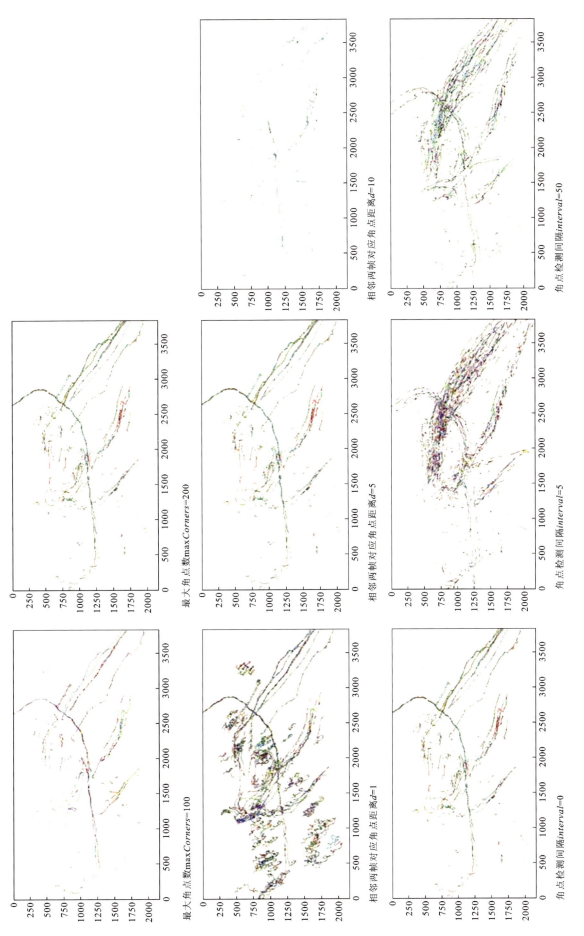

图4-8　人流轨迹线的选择（自绘）（测量坐标单位：像素）

我们通过对广场游客行动轨迹的绘制，可以看出视频的人流整体呈现出一定的运动规律。结果中有比较明显的轨迹重叠路线，也有比较稀疏的轨迹线，符合视频中人流的移动和行为，说明基于光流法的行为动线模型能够完成人流密集场所的轨迹追踪与绘制任务。

（二）邮轮甲板截取视频片段动态目标追踪

因邮轮甲板的场地设计，游客通行的路线受到限制，故集中在两侧的通道。视频场景不断大范围地切换，甲板上背景较为复杂，而人流较为稀疏，故截取其中的一段场景较为固定的视频片段，检测其中的人流轨迹。

关键参数设置：$maxCorners$=250，$minDistance$=50，d=5，$interval$= 10。如图4-9 所示，视频片段中只在泳池两侧有少许人走动，故最终使用行为动线模型绘制的结果只是左侧有明显的人流轨迹，右侧有单人的一个行走轨迹。结果符合视频中人流稀疏、受中间泳池限制只在两侧通道走动的特点，同时能够捕捉右侧通道单人行走的轨迹，说明提出的模型能够较好地对固定场景进行目标追踪。

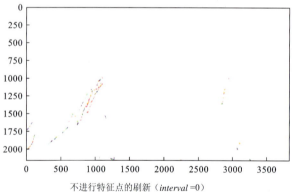
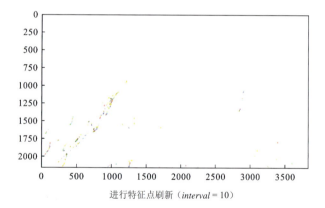

不进行特征点的刷新（$interval$ =0）　　　　进行特征点刷新（$interval$ = 10）

图 4-9　甲板人流轨迹线的选择（自绘）（测量坐标单位：像素）

我们使用 LK 光流法，对视频图像进行目标检测与追踪，构建基于光流法的行为动线模型。采用角点检测法获取视频图帧中的特征点，通过视频图像的逐帧光流迭代获取特征点的光流轨迹。利用光流轨迹的追踪与绘制，获得人流密集场地或特定场景中行人的运动规律。

我们将构建的行为动线模型应用于广场游客行走视频与游轮甲板游客观光视频中，绘制游客的行为轨迹线。结果表明，所提模型能够较好地提取场景中的行人特征点，所绘制的轨迹线符合视频中游客的真实行为，能够反映出游客运动的重复性和规律性。因此，本模型对于固定场景中行人运动轨迹线的捕捉、追踪和提取具有较好的适用性，能够为后续的人流行为动线设计提供理论依据。通过合理的信息服务设计，就可以将游客进行合理的集中和疏散。

三、基于游客行为特征的空间行为流线选择

在寻路系统中，增加与邮轮空间环境有关的寻路行为的测试。考虑到邮轮公共空间的约束性设计，我们研究的成果有利于转化为可实现的信息服务设计。

要解决游客的寻路问题，需要考虑两点，第一，环境的空间特征，包括目标的空间组织、流通系统与目的地之间的路线；第二，环境信息的传播，包括标志系统和空间感性语义。对于流通系统和目的地位置的设计，最重要的是为目的地提供视线，经由这些有效的视线，游客才能够有效识别目的地，而这些又受到环境体验的认知影响。

（一）游客寻路系统框架

寻路的概念框架包含了有目的的行为所必需的认知能力。根据解决空间问题的流程，寻路系统由三个相互关联的过程组成：

（1）决策和制订行动计划；

（2）在适当的时间和地点转变为行为，执行计划；

（3）维持两个决策过程中的信息处理。

（二）游客决策类型分析

为了能够确定游客做出的决定，可以引入决策类型学。决策类型学根据两个方向查找条件对决策进行分类：当信息可用时（A决定）；当没有相关信息时（B决定）。对于每种情况，都确定了四种类型的决定。

A决定包括：

A1：基于简单、明确信息的个人决策。

A2：一组基于简单、明确信息的决策，导致日常行为。

A3：基于记忆和认知地图的决策。

A4：基于推论的决定。

B决定包括：

B1：没有明确目标的探索。

B2：探索以便找到（直接感知）目的地。

B3：探索以找到任何有用的信息。

B4：探索以便找到具体的信息。

（三）构建游客寻路模型

寻路任务通常是找到目的地，但是在大型邮轮复杂的公共空间设置中，不要想着一步就能找到目的地。游客首先可以从一个已知的点出发，然后到达一个中间的子目标；在这个中间子目标处，游客重新调整自己的方向，并决定到下一个子目标的方向，直到找到目的地，如图4-10所示。

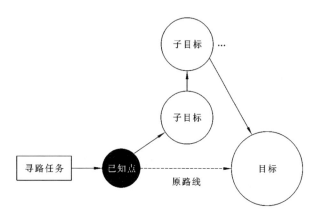

图 4-10　邮轮游客寻路模型（自绘）

在公共空间环境中的每个选择点游客都会发生某种类型的决策过程。物理地标在寻路过程中起着定向作用，信息标识有助于识别公共空间内的区域。无论甲板布局和规模如何，寻路过程都是由公共空间环境中的物理特征的感知输入和智能信息系统来寻找道路的认知过程。

（四）空间行为流线选择模式

游客的行为类型包括游览型和逗留型，且游客行为受到邮轮这个特殊空间的有序性、多元性以及个人兴趣爱好和情绪的影响和作用。我们在游客情绪反应及满意度的研究和目的地游客的情绪影响因素的研究基础上构建行为动线模式。

游客旅行有三种不同的路线，分别为直达路线、休闲路线和返回路线。直达与返回路线有时是重合的，休闲路线受到娱乐设施的影响，会很丰富。基于光流试验，将游客活动路线总结为以下 7 种模式：

（1）单一点对点的目的地游玩模式：大多数游客的公共活动空间集中于一个目标，如大堂、宴会厅、主餐厅等。

（2）线型模式：选择一条路径进行重复移动，如甲板慢跑道运动、散步。

（3）辐射模式：游客在访问主要目的地的同时也选择访问其他几个目的地，通常以主要目的地为中心辐射出来。

（4）环形回路模式：游客在设定的目标区域内环游多个目的地，然后回到基点，如目的地陆地游；也有游客路线为小型的环路游，呈花瓣形路线或茎形路线，如先从客舱到餐厅就餐，然后去免税店购物，最后回到客舱休息。

（5）链状模式：是点对点的路径方式，游客以客舱为中心到甲板观光，顺着这条路径的其他景点都停留下来观光拍照，最后到达甲板。

（6）散点模式：没目标的探索型路径，根据情绪变化随心所欲的放松型游览。

（7）圆形模式：游客以客源点为中心，在客源点周围溜达，属于随机探索型，又可分为无限制的目的地范围移动、同心圆形范围内探索、就近打转的方便型移动（如在棋牌室、赌场打转）及无移动。游客空间活动模式如表 4-1 所示。

表 4-1　游客空间活动模式

模式		图形
点对点活动模式	单一点对点（目的地）	
	重复点对点	
	旅行点对点	
环形活动模式	环形回路	
	茎形和花瓣形路线	
复合型活动模式	随机探索型	
	辐射中枢型	
	无移动	
	方便型基本移动	
	同心圆形探索	
	无限制的目的地范围内的移动	

注：◆—住处；●—目标景点。

行为动线的数据挖掘为空间行为选择模式的建立提供了真实可靠的依据；而通过构建寻路模式，最终获得空间行为选择模式，为信息功能设计提供参照。

第二节　基于行为动线的情绪模型

基于情感识别提取体验特征，对正向情感识别，如"有序的""安全的""多元的""精致的"进行特征分析，获得情感体验标准。根据游客行为动线选择模式，对感性语义进行体验试验，获得体验模型，为设计标准化提供有效方法。

一、情绪模型的建构依据

建构情绪体验模型，为交互体验设计提供依据。游客可以根据情绪模型的各维度识别旅游图片的情感反应，从而调整旅游情绪，为船商调整设计的内容和设施提供依据。

（一）情感体验强度试验

在一项著名的试验研究中，Miniard、Bhatla 和 Sirdeshmukh（1992）研究了情绪对消费后体验评价的影响。他们的试验结果表明，情绪可以影响消费后的满意度，这种影响是由消费体验的情感强度来调节的。然而，当消费引起强烈的正反应或负反应时，情绪效应并不存在。因此，只有当产生的体验在情感强度上相对中性时，满意度才会受到消费前情绪的影响。

（二）情感体验对邮轮空间标识设计的信息记忆试验

Knowles、Grove 和 Burroughs 的研究确定了情绪对空间标识信息评估的影响。他们让 84 名被试者（本科生）在接触 5 个虚构的标识 72 小时后，选择三种情绪（积极、中立或消极）中的一种，结果发现，"延迟的积极和消极情绪状态对信息回忆有相反的影响，处于积极情绪状态的被试者比消极情绪状态的被试者能回忆更多的信息"（1993）。这表明诱导人们进入积极的情绪可以对他们的记忆有显著的影响。

（三）游客情感体验与信息服务设计试验

Ruyter 和 Bloemer（1999）对比利时 700 名不同受教育程度的参与者进行了扩展服务环境中消费者满意度、价值实现和积极情绪的相互关系的研究。他们的研究结果显示，在延伸服务方面，满意度与忠诚度之间的关系受到价值实现和积极情绪的影响。后者有助于解释受访者忠诚度得分的其他变化，作为服务满意度较低导致忠诚度下降的缓冲。

在情感识别方法研究的基础上，对情绪反应的测试、分析，以及用户体验、调研报告数据的总结，采用主成分分析法从 5 个李克特量表项目中提取情绪量表，然后基于日内瓦情感轮、SD 语义差异法、拉塞尔的情绪环状模型、普拉切克三维情绪模型的原理，建构适用于邮轮旅游体验的游客情绪模型。该模型用于测试游客在邮轮生活的情绪反应，了解游客的心理状态，为邮轮决策人、管理人员提供信息数据参考，从而及时修改邮轮服务平台管理和运营结构；同时可以增强游客的娱乐互动体验，让游客及时测试自己的情绪变化，体现游客主要的邮轮生活情绪反应状态，对游客满意度的测试有重要借鉴作用。

情绪是一个变量，会影响用户满意度评级。因此，在进行用户行为研究时，首选中性状态。控制情绪状态的缓和效应（ceteris paribus）可以为研究人员提供真实和公正的满意度。与其他研究结果一致，我们选择传统的算术平均值作为衡量顾客满意度的一个适当的中性状态，根据 Peterson 和 Wilson 在 1992 年提出的观点，应该使用分布的比较，而不是集中趋势的度量。因此，研究者的呼吁在这里得到了回应，建议制定新的衡量标准，以弥补衡量满意度时所观察到的偏差，因为现有的用户满意度自我报告似乎不可靠，它质疑现有旅游业信息中的许多发现。

尽管本书的结果并不具有决定性，但它表明情绪状态对邮轮旅游信息设计的评估方式有影响。邮轮旅游业和研究人员可以将用户的情绪和情感等状态纳入决策和满意度研究。此外，游客满意度结构受到了越来越多的批评，因为它可能无法明确有形和无形的成本。游客价值被认为是一个很好的结构，它既能为游客带来好处，又能明确有形和无形的成本。如果模型中包含满足感，那么可以使用三因素理论作为指导。根据这一理论，游客满意度由三个主要因素组成：阈值（基本）、性能和吸引力属性（激励因素）。这些因素所反映出的是公共空间信息设计给游客带来的意料之外的边际收益，而信息设计的目的就是取悦游客。

二、游客情绪模型原理

游客情绪模型的基本框架，是基于感性语义的研究，对情感术语开发更多数据集，建立术语库，并丰富情绪元素的测量，使信息产品设计能准确地捕捉到邮轮上游客的情感反应。

（1）8 种基本的邮轮游客的不同情绪，以循环的方式排列。

（2）框架自下而上，自左向右的情绪由负能量（消极情绪）到正能量（积极情绪），反映游客的积极情绪的变化；反之亦然。

（3）8 种基本情绪分别是有序舒适安全、混乱苦闷危险、激情四射、疲乏淡然、快乐幸福、悲观失望、休闲宁静、群情激愤；将"有序的"感性语义设定为积极情绪、正能量体验维度。

（4）循环状态呈现游客的情绪变化过程。

（5）本模型结合视觉眼动仪测试特点，可以捕捉游客的视觉行为轨迹，也可以检测游客摄影摄像图片素材的质量，记录眼动跟踪分析的节点，锁定位置测试情绪粒子，反映情绪类型。游客情绪模型如图 4-11 所示。

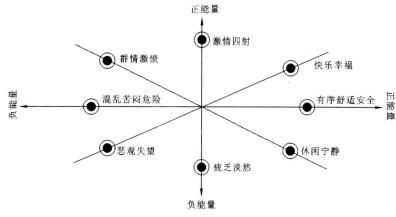

图 4-11　游客情绪模型（自绘）

第三节 情感识别的邮轮公共空间体验模型

游客在公共空间的感知，通过情绪体验维度来识别，可以让研究者了解游客的真实情感反应，但是空间是影响游客认知情感的重要因素，不同环境、气候、人文等因素对情绪体验有重要影响，从而影响情感识别的精准性。

一、空间体验原理

根据前文的阐述和界定，公共空间信息的特征为整合性、方向性、社交性、体验性，这有利于游客对空间信息的认知。空间的信息量及层次与游客情感体验、游客行为呈正相关性。

（一）空间体验的主要原理

由前文可知，空间包括物理空间、艺术空间、行为空间等，而最深的层次是人的行为体验空间。空间体验的主要原理就是建构游客行为动线模型以获得真实有效的体验数据，再根据体验数据获得游客情绪体验模型，然后推导出游客空间活动模式及规律，根据公共空间的位置分布特征，获得信息的恰当位置，再根据方位形成次序和排列，最后游客根据排列次序获得信息体验。

（二）游客对社交媒体的体验

公共空间层次与游客接受的社交媒体的体验具有相关性，游客在邮轮上的需求是不断更新的，他们容易接受跨文化趣味性主题的信息。在目的地长时间停留可以让游客在不同时间获得更强烈的文化体验。

现代社会社交媒体越来越重要，与互联网的使用、信息系统的增强以及智能手机的普及息息相关。社交媒体为邮轮运营商提供了各种信息，如广告、分销、公共关系、人力资源管理和游客忠诚度等。为了提高游客的忠诚度，邮轮运营商可以节省广告费用，定位焦点小组，互动并直接响应游客需求。对于邮轮运营商而言，重要的是知道哪些社交媒体可用、存在哪些优势和劣势、如何使用社交媒体来实现和提高游客忠诚度，以及哪些社交媒体最适合他们的目标。本书基于文献综述、互联网搜索和邮轮运营商的说明性案例，发现皇家加勒比海国际（RCI）和 AIDA Cruises（AIDA）已经使用了许多不同的社交媒体，如 You Tube（YT）、Facebook（FB）、Holiday Check（HC）、Cruise Critic（CC）以及公司的网页。研究表明，两个邮轮运营商都必须遵循长期的社交媒体策略，并在数量和质量上进行衡量。他们必须考虑社交媒体的关键成功因素，如真实性、个性化、开放性、诚实性和长期社交媒体策略的透明度。在邮轮信息设计研究中，有一种趋势是越来越多地使用多元技术，如相关性分析，通过社交媒体设计提高游客的忠诚度。

二、邮轮公共空间体验模型建立

通过对游客行为动线和游客情感体验的研究，进一步讨论游客对邮轮体验的层次结构（图4-12），以深入了解游客在邮轮生活中的需求，以及邮轮公共空间信息设计对游客认知行为产生的重要影响。

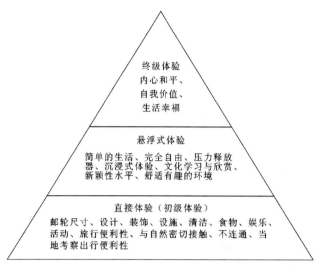

图4-12 游客分层体验模型

（一）直接体验层

邮轮的初级体验，即游客直接接触到邮轮旅行的各种特征。游客不仅对邮轮的物理特性印象深刻，而且对邮轮的便利性、包容性服务、与自然的密切接触以及在陆地上的体验印象深刻。对现代智能邮轮的物理特性、高技术的心理感受也属于此类体验。

（二）悬浮式体验层

悬浮术是超心理学中无法破解的一种漂浮现象，一些魔术师能克服地心引力将自己的身体慢慢地漂浮起来，《大英百科全书》中将这些人的漂浮能力称为"拟等位反式"现象。借用悬浮术这种超心理学中的现象，让游客去体验自由、放松、新颖的魔幻状态，情绪反应是无法控制的，是悬浮式的。邮轮旅行是一种缓解压力的方式，游客在邮轮度假期间会感到非常放松，他们在任何时候都可以进行各种活动，如自由地选择就餐、娱乐，或者不做任何事情。另外，由于与世俗环境分离而产生的超然感，对游客沉浸式的邮轮体验起到了积极的作用。文化学习和欣赏源于游客在服务人员和邮轮环境等方面的不断比较，这种鲜明的国家文化之间的对比促进了他们在船上和陆地上的文化学习和感知。

（三）终级体验层

在终极的邮轮体验中，游客有机会反思他们的生活并感受到内心的平静、自我的价值和生活的幸福。然而，这种终极的体验不应被认为只要经历了邮轮旅行就一定会拥有，因为不是在每艘邮轮上都有相同的经历，而且不同的邮轮可能有不同程度的体验，这取决于游客的心理和情感状况，他们在旅行中的遭遇，以及他们在旅行中的观察和思考。因此，客户满意度可以在这三种体验层的任何一层上生成。游客体验层次的发展与 Tinsley 在 1986 年提出的因果关系利益链模型相吻合，他提出了休闲利益产生的层次过程。他假设，通过休闲参与满足的心理需求是休闲行为相关利益链中的中间利益，而不是休闲体验的最终产品。

空间体验是有序的，邮轮的层次体验模型为理解游客旅行行为提供了一个不同的视角。我们可以得出这一结论：空间体验的等级性与游客行为动机关联密切，而游客行为动机与行为流线存在极大的相关性。

第四节　移动空间的信息服务系统设计模型

基于公共空间体验方法，研究移动终端社交媒体信息服务系统，即集定位技术、物联网技术、信息技术、交互技术等多种技术于一体的智能信息服务系统。如何帮助游客感知邮轮旅游，是智慧信息服务发展的第一步，而移动空间信息服务系统就像是邮轮的使用手册和说明书，是游客使用邮轮的基础。目前，智能信息服务已经纳入智慧邮轮建设。信息服务系统模型应具备互联性、安全性和可管理性，可以自主地连接互联网，执行本地或云端的应用，以及对所收集的数据进行分析。同时，应以信息论为基础，通过用户研究、交互设计、界面视觉设计和软件编程，针对用户所需进行信息设计。

一、移动空间的智能信息服务流程设计及接触点分析

智能信息服务的管理系统可分为能源管理系统、图像管理系统、信息管理系统、物联网管理系统等，该系统主要针对人行入口、车行入口、支付入口，以及这三个方向的延伸，还有清分结算体系。邮轮信息空间功能主要有公共服务、位置服务、信息服务、导引服务等。

（一）信息服务流程

基于游客情绪研究及游客行为分析，将邮轮的信息服务流程划分为登船前服务、船上服务及下船后服务三个步骤。

第一个步骤：登船前服务。游客通过网络公共平台对邮轮旅游产生兴趣后，希望获取相关邮轮旅游信息，包含通过互联网搜索，咨询旅行社以及亲戚朋友提供参考信息，浏览旅行传单、宣传海报等方法获取信息；然后比对获取的旅行攻略信息，制订符合自己需求的旅行计划，为邮轮旅行做行前准备。

第二个步骤：船上服务。游客经过充分准备后，开始实施计划并体验旅行。船上服务必须要让游客获取正确的旅行需求指导，有效、愉快地开展旅行活动。

第三个步骤：下船后服务。游客结束旅行后，通过信息服务平台发布旅行状态、邮轮旅行成果、旅行经验、体会和感受等信息，还会发布服务评价及旅行信息反馈。因此，下船后服务就是要了解游客旅行计划执行情况及跟踪游客信息，以便实施下一轮旅行安排。

（二）公共空间信息接触点和痛点分析

游客在旅行过程中各环节接触到的空间信息如图 4-13 所示。游客确定邮轮旅行后，登船准备主要的接触点有：Wi-Fi 与联系方式、安全通知、迷路指南、旅行攻略、与服务员沟通、贵重物品、无障碍服务等。在船上旅行时游客主要的接触点有：航

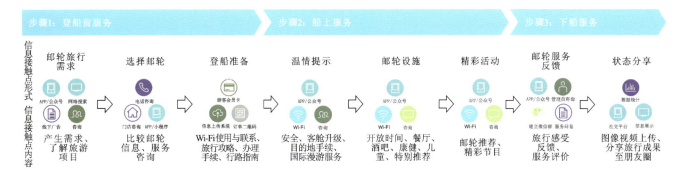

图 4-13　游客在旅行过程中各环节接触到的空间信息

海风景与气氛、家庭活动、手续办理、语言交流、岸上行、收费明细、预约活动和攻略、休闲清静、新奇娱乐、平和娱乐、歌舞表演、奇闻轶事、可口餐饮、现代化设施、孩子托管、医疗救治、购物等。旅游结束游客下船后，可以进行问卷调查及服务反馈信息收集，游客也会将自己的旅行体会和成果分享到服务平台。经过这些接触点，游客完成本次旅行，离开邮轮，并规划下一次旅行安排。

游客在各空间信息接触点的体验仍然有很多提升空间：

第一，游客上船前的准备阶段，网络信息多而杂乱、分散，没有目标性，信息查询的时间成本高，线下的广告信息对潜在游客的吸引力小，开设的 APP 和预约小程序不完善，客户间沟通不流畅。随着人工智能的迅速发展，智慧邮轮的高科技设施将促进移动端人机界面用户体验的提升。

第二，完善邮轮公共空间服务方面的信息指导和服务人员的有效沟通机制，加强服务平台的互动机制，增强游客对邮轮生活的参与感和体验感。互联网的使用、信息系统的增强，以及智能手机的普及，使移动终端越来越重要。移动终端服务为邮轮运营商提供了各种机会点，如广告、分销、公共关系、人力资源管理和客户忠诚度等。审核移动媒体的有效性，认真回答游客问题，及时与游客互动至关重要。[①]

第三，在旅行结束后的空间信息反馈机制方面，存在游客旅游计划的调整、评价反馈系统的不完善、问题沟通方面的不畅等问题，在机会点上应该考虑建立船商服务的评价体系，完善游客互动机制，增进游客与服务人员的互动。

邮轮公共空间信息服务平台信息架构，如图 4-14 所示。

二、移动信息服务系统建立

移动信息服务系统，从设计的角度对用户体验的要素进行了模块化处理，主要应用于信息服务语境中的智能平台设计。移动信息服务系统分为五个层次：界面、框架、结构、范围和策划。

（1）策划层是用户的基础

策划层定义了游客需求和相关的产品（服务）目标，与它相类似的是商业模式。

（2）范围层在其最普适的层级上定义服务

范围层的功能元素包括服务特征和服务共建，而服务特征决定了如何与用户沟通，这与用户的情感识别有关。

① 徐洁漪.基于用户体验的移动信息服务设计研究——以健身信息服务设计为例[D].上海：上海交通大学，2018：56-70.

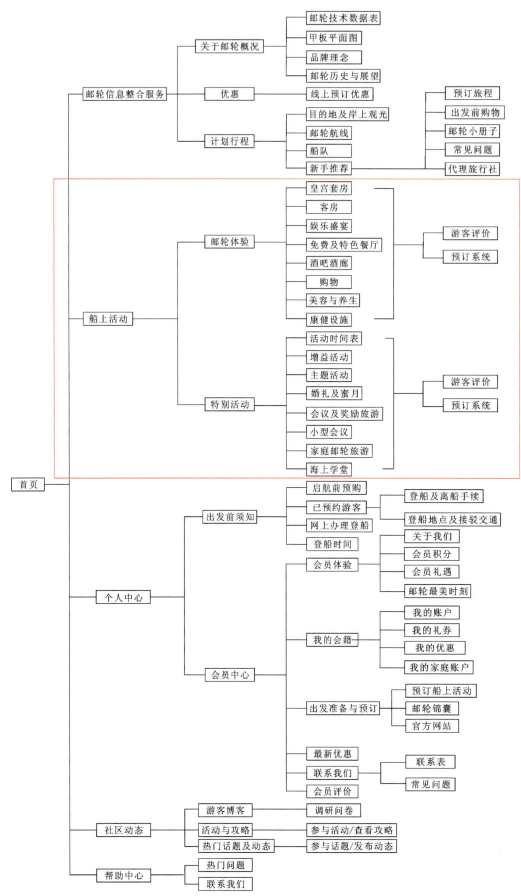

图 4-14   邮轮公共空间信息服务平台信息架构（自绘）

（3）结构层是用户体验开始形成的阶段

它的功能目的是设计用户如何从一个任务或刺激流到下一个任务或刺激流。这是服务场景中的个人服务目的。该结构的信息目的是以用户理解的刺激形式映射成感性意象词汇，属于服务线索任务。

（4）框架层是在更具体的层次上定义用户体验

作为功能的一个元素，它映射了交互流和服务的接触点。布局的信息目的是向用户传达可用的选项并帮助访问它们，这是通过空间布局实现的。该层的特点是信息设计，如标牌和视觉提示，其相关应用是在服务景观中的寻路。

（5）界面层是最直观的表面层，即感官设计创造刺激的领域

界面层的功能元素构成了一个分类法。其中，服务空间布局中的每一个细节都有一个类别。在后文中，我们将服务空间布局的要素与前文相关联，在邮轮信息设计中可以开发服务空间布局的实用性研究。

移动空间信息服务系统模型，如图4-15所示。

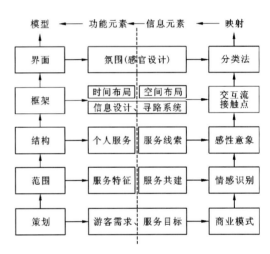

图4-15 移动空间信息服务系统模型（自绘）

第五节 邮轮服务系统的信息标识设计可用性评价模型

邮轮服务系统的信息标识设计可用性评价模型，是根据移动空间信息服务系统模型的建构，基于信息设计映射，建立设计作品的可行性、传播功能的评价标准，对信息设计的科学方法提供参照指标。

邮轮信息标识的可用性评价具有很强的特定性、复杂性和差异性，因此通用的测量指标不能完全达到邮轮信息设计的需求，要求对邮轮环境的特殊性做进一步的文献分析，从中提取客观指标。

我们根据580篇邮轮研究词频的相关性文献分析，整理得到10个可用性测量指标，再依据效率、有效性、满意度进行归类，并对20名游客进行问卷调查（其中男性11人、女性9人，全部为高校学生，年龄为19~25岁，有一次邮轮经验的9人，两次以上的5人，没有邮轮经验的6人），对统计获得的数据进行潜在的可用性指标提取，如表4-2所示。

表 4-2   潜在的可用性指标提取

因素	潜在指标	描述	评分
效率	识别性	能够快速识别导识内容	5.94
	可学习性	认知成本低	5.31
有效性	逻辑性	导识提示设计内容符合逻辑	5.54
	明确性	导识提示言简意赅	3.89
	导向性	导识内容具有导向性	4.32
	可见性	导识内容空间布局合理	4.88
	可记忆性	导识内容印象深刻	4.86
	统一性	同一导识目标，导识内容风格统一	3.74
用户满意度	美观性	外形、图案颜色美观	5.76
	友好性	外形、图案颜色运用使人感觉友好、不冷漠	4.28

一、 邮轮信息标识设计评价建模方法

基于感性语义挖掘方法、情感识别方法，运用普拉切克三维情绪模型分析游客行为，应用目的地情感量表（DES）模型确立情感测量指标，通过李克特量表设计调研问卷，将调研获得的结果进行数据分析，运用情感状态（PAD）模型、日内瓦情感轮（GEW）测量差异性情绪反应，获得游客对邮轮体验各个部分的满意度因素，提取感性语义，将感性语义进行映射数性分析，获得可用性评价指标，构建邮轮信息标识设计评价模型。

（一）可用性效率测试指标

尼尔森将可用性分为 5 个评价指标：效率、易学性、可记忆性、容错性和用户满意度。如表 4-3 所示。

表 4-3   5 个可用性评价指标

序号	评价指标	具体含义
1	效率	用户使用该产品完成某项任务的效率
2	易学性	产品是否容易学习
3	可记忆性	用户使用完产品一定时间后是否仍然记得如何操作
4	容错性	误操作率的高低和错误的严重程度
5	用户满意度	用户对产品的满意程度

为了说明评价指标的有效性，使用综合层次分析法和模糊评价法来评估综合性能数据和主观响应数据的产品可用性。这种通用方法的目的是导出一个两层综合评价指标，通过研究系统可用性问卷对系统使用性、信息质量和标识质量的评分进行可用性的权重分析。利用 AHP 方法导出相应层的组件，收集相应指标的数据后，利用模糊综合评价技术对可用性判断进行评价。

（二）可用性指标度量

可用性维度包括形态、认知以及主观满意度等方面。例如，标识的逻辑性和可记忆性同属有效性因素，但逻辑性在度量时主要与用户的个体主观评价有关，是基于主观评定系数的，而可记忆性则与标识的效率相关，需要基于效率测量试验。根据我们对邮轮的实地考察结果，分析游客在邮轮复杂空间中对导视标识的潜在需求，对探索梦号的邮轮标识系统收集了 3 个设计方案，方案 P1、P2 和 P3，如图 4-16 所示。为了确保试验的有效性，选取 20 名初次登船的旅客作为测试对象，主要任务是对导视系统的标识进行注视测量，测量指标包括可学习性、可识别性、易记忆性等。导视标识认知任务中的流程设置如表 4-4 所示。

方案P1

方案P2

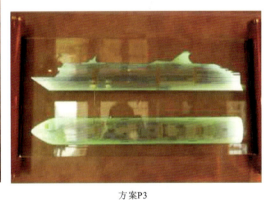
方案P3

图 4-16　采集的三个样本（自绘）

表 4-4　导视标识认知任务中的流程设置（自绘）

任务名称	楼层	空间位置	任务地点说明
T1	5 楼	船中	5602 室
T2	6 楼	船尾	星梦餐厅
T3	13 楼	船头	小小梦想家
T4	12 楼	船中	乒乓球台
T5	12 楼	船中	水疗室
T6	13 楼	船头	露天酒吧

导视标识认知试验的设计如下：在 20 名被试者看完任务说明之后，让他们脱离任务说明书进行任务地点寻找，试验过程中有研究人员全程记录被试者对信息标

识解读的完成率、完成时间、效率和错误率，数据统计如表 4-5 所示。信息标识任务效率、完成时间选取 20 名被试者的平均值，出错次数是 20 名被试者的累计值。经过分析，3 个方案的整体完成率基本相似，分别是 98.8%、99.7%、99.5%。从完成时间看，方案 P1、方案 P2 的完成时间要比方案 P3 的短；从出错次数来看，方案 P3 的出错率最高，方案 P2 的出错率最低，方案 P1 居中，方案 P2 最优。

表 4-5   信息标识任务效率性统计表（自绘）

方案	任务	T1	T2	T3	T4	T5	T6	累计
方案 P1	完成时间 /s	2.9	1.4	1.7	1.9	2.6	9.9	20.4
	错误 / 次	0	1	0	1	1	2	5
	效率 /%	25.8	81.7	59.9	49	51	79.7	347.1
	完成率 /%	98	99	99	98	99	100	98.8
方案 P2	完成时间 /s	3.2	1.9	1.2	1.9	2.6	9.5	20.3
	错误 / 次	0	0	0	1	1	3	5
	效率 /%	34.1	90.1	69.2	53.3	40.1	79.9	366.7
	完成率 /%	100	98	100	100	100	100	99.7
方案 P3	完成时间 /s	2.8	2.1	1.9	2.5	2.9	9.8	22
	错误 / 次	1	1	1	2	1	1	7
	效率 /%	29.8	90.1	80.1	40.2	31.2	78.9	350.3
	完成率 /%	100	100	100	100	97	100	99.5

（三）问卷的主观满意度的指标度量

在学习成本测试中，方案 P2 的平均学习时间为 84.6 秒，这是方案解决中最简单的部分。方案 P2 的平均运行时间为 24.6 秒，是标识运行效率试验中效率最高的。长期记忆测试数据表明，方案 P2 的完成率、错误次数和效率最优。经过 3 次主观满意度的问卷调研，对指标测试进行具体设计，如表 4-6 所示，并就可学习性、可识别性、可记忆性对被试者进行测试统计。

表 4-6   3 个方案在各阶段的主观满意度平均分（自绘）

指标	方案 P1	方案 P2	方案 P3
可学习性测试 / 分	4.9	6.2	5.9
可识别性测试 / 分	5.1	7.1	7.0
可记忆性测试 / 分	5.0	6.9	7.3

二、邮轮标识系统的可用性评价体系模型建立

邮轮标识系统的可用性评价体系模型如图 4-17 所示。

通常情况下，在设计作品呈现后，主要是依靠经验来评价满意度和传播效果，主观评价往往受到很多客观因素和不可确定性因素的干扰，因此，对客观评价设计的可达性、可用性效果进行科学验证必不可少。本书的创新点在于对信息设计进行了量化研究，这也是本书的核心内容。

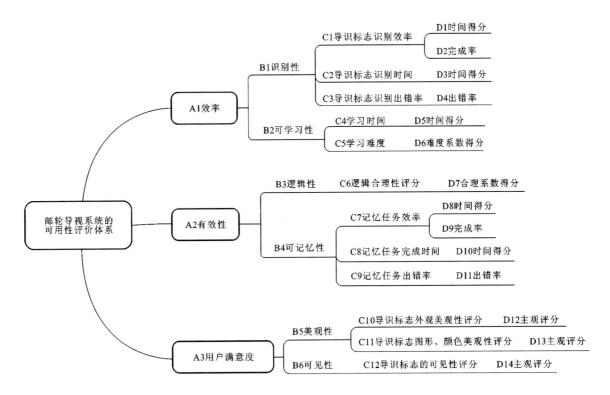

图 4-17 邮轮标识系统的可用性评价体系模型（自绘）

第六节 本章小结

第一，游客行为动线模型的建构。利用传感器捕捉游客自然步行数据，识别描述导航行为的行人向量场，获得流线向量场数据。与现有技术相比，本模型能够在对象无意识参与试验的条件下记录行为动线轨迹，不需要主观地挑选试验参与群体，极大地减少了工作量与人力、物力的消耗。应用场景可以很方便地迁移，理论上可用于任何运动目标的行为动线追踪。行为动线模型的视频中，对象行为动态追踪系统包括数据接收与转换模块、角点检测模块、光流计算模块、角点距离检测模块、图像绘制模块与结果输出模块，如图 4-18 所示。结论是游客行为动线图直接反映邮轮空间布置关系，有利于提高空间流线与游客动线的契合度和真实性；游客倾向于在靠近信息标记点时步行并调整运动方向，游客的行为与其动机存在相关性；个人行为习惯在决定意图中具有显著影响作用；游客情绪反应与行为流线存在相关性。

第二，推导出在信息体验设计研究中游客的行为动线设计是情感识别研究的核

心；通过空间行为流线的选择，构建寻路模型。正确的行为动线影响游客的情绪反应，依此建立游客的情绪体验模型，并归纳出 11 种游客空间活动路径，获得情感体验的 8 个维度。将情绪模型带入空间体验模型，结论是：空间体验是有序的，空间体验的等级性与游客行为动机关联密切。

第三，将空间体验模型带入移动空间信息服务系统，形成系统模型；通过接触点分析、平台信息构架，获得用户任务模型，将空间的有序性应用于时间布局、空间布局、信息设计、寻路系统（社区动态）和感官设计（帮助中心）五个功能板块。

第四，针对公共空间的信息标识设计，构建可用性评价模型，设定游客满意度测量标准，科学验证客观评价设计的可达性、可用性效果。

第五，根据心理学情感识别理论（情感模型）推导出模型的逻辑关系是从行为模型到体验模型，再到评价模型的递进关系，即游客行为动线模型—游客情绪体验模型—公共空间体验模型—移动空间信息服务系统模型—信息标识设计的可用性评价体系模型的递进关系。

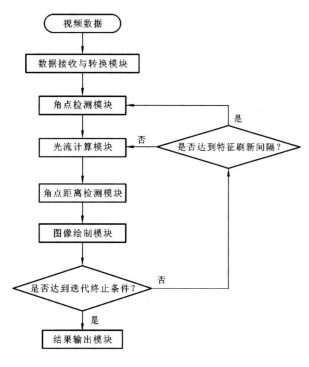

图 4-18　行为动线模型的视频中对象行为动态追踪系统图（自绘）

基于系统模型的信息设计方法

在第四章模型建构的基础上，本章主要进行试验设计，解决设计中新技术的多样性和迭代问题。基于信息采集、情感识别、系统模型建构，进行应用性试验设计，研究公共空间信息设计的科学方法。本章着重研究信息功能设计、游客行为动线设计、公共信息标识系统的约束性设计、公共空间的智能信息服务平台设计，研究、探索情感体验性设计标准化方法及客观的评价结果，来反思和改善空间的有效性、新颖性问题。

第一节　公共空间的信息功能设计

功能设计是产品设计的核心，根据用户需求和产品定位对功能系统的不足之处进行改良和调整，尤其是认知和映射问题；根据公共空间信息设计的定位，对游客的需求进行功能调查分析和功能系统的概念设计；根据行为动线的有序性研究，选择动线的模型建构，将获得信息功能设计的原则。

一、信息功能设计的原则

信息功能设计是信息设计的功效研究，是设计的前期工作，包括功能结构设计、交互设计、系统设计，可以指导游客信息功能的划分和功能布局。基于游客行为的研究，确定功能划分的基本规范，为信息设计提供功能布局要素和设计策划。

（一）舒适性、安全性设计

一个空间是否让人感觉安全和放松，取决于该空间是否繁忙，可以活动的空间总是比那些废弃的空间更安全。如何管理空间也会对舒适性、安全性产生影响，空间干净整洁、维护良好，通常比没有维护的空间更安全。最后，空间体验应该是放松的、使人有机会停下来并逗留的，例如，质量好、舒适、可移动的正式座位，非正式的座位（台阶、路缘），卫生间设施，软景观等。另外，喷泉和灯光的设计有助于激活空间的舒适性、灵活性等。

（二）有序性设计

有序性设计，就是调节通道与游客之间的秩序关系。通道被游客堵塞的现象是一个长期存在的问题，这会阻碍许多公共场所，并对游客的社交生活产生严重的影响。这就需要对空间进行微妙平衡和有序性设计，让通道和行人可以和谐地共享公共空间，在公共场所进行导视信息设计和监视，使游客有足够的空间进行运动和社会活动，可以自由地移动和信息导向。这与前文感性语义的数性分析和信息采集研究所获得的空间标识图形特征——有序性是统一的，再次证明了量化研究的数性分析的精准性。

（三）社交性设计

鼓励游客参与社会活动。进行邮轮公共空间设计或多或少会有助于各种类型的社会互动，包括从大型活动和庆祝活动到低调的简单聚会，以及介于两者之间的其他活动。游客在公共空间的活动主要是沿着主导运动的走廊直接穿过空间，从运动走廊走向空间的主要用途。在与运动网络完美融合的大多数空间中，只有一小部分游客会停留在空间内并直接与空间接触，而大部分人将直接通过空间。尽管如此，运动通常会刺激空间的高水平活动，此类活动（社交遭遇）通常密集发生在主要行为动线的间隙中，以及被吸引到周围设施和功能设施上。

（四）吸引力设计

具有娱乐的功能。虽然邮轮建筑、景观和基础设施确定了外部公共空间的物理限制，但围绕公共空间，以及从空间通向通道的地方都将具有活动的功能。无论是平和、温柔的活动，还是动态的活动，都将充满生机。对于所有空间功能来说，它是否被创建取决于它是否能服务于相关活动并对活动有效。比如，在一个安静的歇息区或繁闹的娱乐中心的甲板上创建一个充满活力的商业中心是不合时宜的。

二、信息功能设计的架构

信息功能设计的架构，依据公共空间的平面、立面图进行功能划分，如图 5-1 所示；根据公共空间信息功能划分，如表 5-1 所示。总结以下设计准则：区别公共空间与私人空间，以便游客感受到并且可以公开体验；考虑公共空间周围的环境功能，为用户创造吸引人的地方；设施和功能划分使公共空间更具有意义；优质的服务发挥最大的潜力，创造积极的社会环境；考虑通道、游客之间的平衡，保护游客安全，保持通道有序畅通；通过提高安全和放松使用的服务水准，使游客对空间感到舒适；保持独特性、个性特质，创建强大的公共空间，随时间的推移以适应不断变化的游客需求。

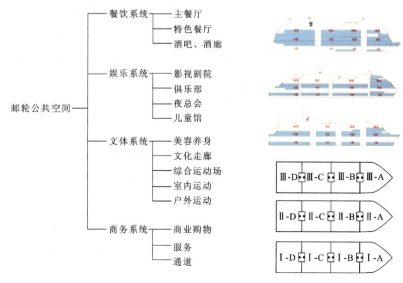

图 5-1　邮轮公共空间信息功能设计

表 5-1　游客空间信息功能详细划分（自绘）

序号	主要功能	第一功能层	第二功能层	第三功能层	
1	有序、宽敞、明亮、轻快、整洁；面积占公共区域的 20%~30%；每位游客所占空间为 1.75~1.9m²；满足 35%~65% 的游客用餐需求	餐饮系统	主餐厅	自助餐厅、宴会厅、中餐厅	
			特色餐厅	海鲜烧烤、日本料理、火锅牛排馆、比萨餐厅、甜品汇、抹茶房	
			酒吧、酒廊	主题酒吧、露天吧、雪茄吧、大堂咖啡	
2	有 40%~60% 的客流量，多元的、安全的	娱乐系统	影视剧院		
			俱乐部	棋牌室、麻将室	
			夜总会	舞厅、表演秀场	
			体验馆	DIY 艺术工作坊及手工活动、VR 探索馆、游戏空间	
			儿童馆	游乐天地、动感地带、感官游戏、趣味科学游戏、Spin Master 玩具、趣味捉人游戏、看手势猜字谜、电影观赏、儿童角色扮演、Kiddy DIY 手工制作、主题派对、寻宝游戏、创意涂画、雪糕欢乐合唱、桌上游戏、童趣小乐队、小小科学家、海上故事会	
3	面积占公共区域的 15%~40%，多元的、精致的	文体系统	美容健身	阳光甲板、水疗中心、美发沙龙、桑拿	
			文化走廊	艺术画廊、图书馆	
			综合运动场	篮球场、排球场、五人足球场、泡泡足球场、安全射箭场、螃蟹足球场、毯子排球场、缓跑径	
			室内运动	健身房、泳池、健身中心	
			户外运动	罗马泳池、滑水梯、攀岩	
4	安静、舒适、亲切；面积为甲板面积的 1.5%~4%	商务系统	商业购物	面包工坊、免税精品店、糖果屋、礼品店、照相馆	
			服务	户外瞭望甲板、船长室观景廊、大堂、接待处、会员咨询室、船票预订中心、岸上游服务室、悠闲大道、医务室、会议室	
			通道	垂直通道	电梯、楼梯、货物电梯
				水平通道	

三、感性语义的功能设计

邮轮公共空间不同于陆地的公共空间有较多的限定性。多层次、多功能的邮轮公共空间，大都用于商业、表演、展示、休闲游览、人际交往等各类活动。在邮轮公共空间概念范畴下的各个具体功能空间的设计研究，包含邮轮公共空间内的集散服务空间、通行通道空间、文娱活动空间，以及开放式空间等。邮轮公共空间主题创意设计研究，不仅体现邮轮的特殊属性，还体现了人在邮轮这一特殊空间环境下对物质生活与精神生活的双重需求，科学合理地研究邮轮公共空间的主题设计，才能保证使用者得到很好的消费体验。

在感性信号采集和试验的基础上，主要研究信息设计如何提升邮轮公共空间的感知质量。公共空间的感知质量由两部分组成：一部分是形态感知质量（界面、外观等），另一部分是无形感知质量（服务与社交活动）。邮轮公共空间的功能有自由漫步、休息放松、与他人交往、饮酒、吸烟、安全骑车、滑冰和遛狗、拍照、交易等。功能设计体现了信息的"有序性"原则。游客功能空间基本规范如图5-2所示。

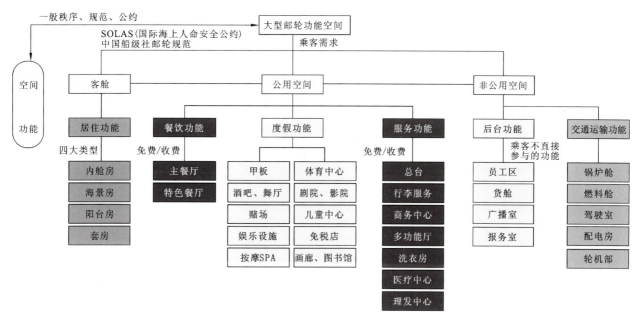

图 5-2　游客功能空间基本规范

（一）感性语义的设计流程

首先设置调研组与访谈流程：A 组为专家组，通过访谈的形式完成问卷调查表；B 组为调研组，由 30 个受访者组成。

（1）邀请 A 组进行访谈，为每位受访者安排 60 分钟左右的独立访谈时间。让受访者认真浏览图标的样本集，并把感兴趣的图标与几何形态进行一对一的对比，挑出其认为设计特征具有代表性的图标，如图 5-3 所示。

如果某位受访者认为某图标的图形比较具有吸引力，那么将"图形"记作中位项目，如表 5-2 所示。

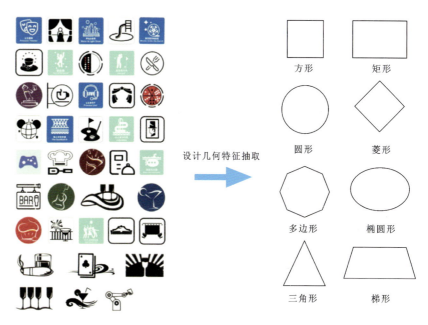

图 5-3　图标样本收集与几何形态特征提取（自绘）

表 5-2　中位项目（图标特征）归纳（自绘）

特征位置	中位项目整理前	中位项目整理后
上部特征	圆角矩形、边缘弧形、轮廓圆润	圆角
	轮廓是正圆形、椭圆形	圆形
	边缘尖锐、长方形、正方形	矩形
	无线框	无框
中部特征	直线、曲线、抽象形	几何线
	色块、面积对比、重叠、具象、动作、状态	拟物
	不同形状放在一起	排列组合
下部特征	文字的长短、英文	文字
	水波、机器	符号

（2）对受访者挑选的图标进行喜好排列，依次询问受访者认为其具有吸引特征的原因（中位项目），尽可能地列举出每一张卡片中具有吸引力的特征点。

（3）针对每一个中位项目的特征点，尽可能从感性语义形容词中挑选 1 个来描述其设计特征的认知感性语义。

（4）随后指出该形容词在中位项目中反映的具体认知意象特征。

（5）依次对 A 组受访者进行询问，并对问询结果进行整理。对于中位项目认知特征，将样本图标按照上中下三个部分分类，运用 KJ 法（A 型图解法）进行近似项目合并，归类汇总整理。

（6）对于上位项目，运用 KJ 法将近似词汇进行合并，整理出图标设计认知感性语义表。

（7）对于下位项目具体的设计特征，根据专家小组指出的具体设计特征，由研究人员对样本绘制特征分解图。汇总后，对设计特征进行特征归类，合并相似的具体符合认知的设计特征。

（8）在 B 组的访谈过程中，将 B 组分为 3 组，每组 10 个人，由工作人员组织进行小组访谈，在访谈中为每位受访者安排 15~30 分钟的独立访谈时间。

（9）记录受访者的基本信息。

（10）请受访者认真浏览每一个图标样本，并在感兴趣的图标中进行一对一的成对对比，从样本中挑出其认为感兴趣的图标（总数不能超过 3 个）。

（11）将受访者挑选出的图标进行喜好排序，按照图标的顺序询问受访者认为其具有吸引性特征的原因（中位项目），可在问卷中选择 1~3 个特征点，如果问卷中没有，可在下方单独说明。

（12）针对每一个图标设计特征（中位项目），如表 5-3 所示，用 1~3 个形容词（上位项目）描述设计元素特征，该词汇可使用问卷里提供的形容词。

（13）记录受访者指出的图标设计特征（下位项目）。

表 5-3　上位项目（感性语义词汇）归纳简化整理（自绘）

上位项目整理前	上位项目整理后
丰富的、多样元素的	多元的
新鲜、特别的	新奇的
独有的、与众不同	独特的
按规律连接、排列	有序的
精巧、细密的	精致的
舒服的、安逸的	舒适的
潮流、风尚、时兴的	时尚的
没有危险的	安全的
科学的、未来的、先进的	科技的
容易达到目标的、不烦琐的	便利的

（二）基于感性语义的信息图形设计

球、帐篷或鸟的照片不太可能用作图标或标志，但在某些情况下这些图像可作为符号应用。表 5-4 为感性语义与符号应用，表 5-5 为感性语义与映射。

表 5-4　感性语义与符号应用

图像	图片	图标	标志	符号
○	球	完美计划	字母 O	永恒
□	方糖	地图区域	推（上或关闭）	稳定
△	帐篷	棱镜	警告	三位一体
+	交叉路口	焦点	加号	牺牲
⊔	皇冠	规模	女王	皇冠陶瓷

表 5-5　感性语义与映射

近义词	映射				
导向 + 图标	下楼	上楼	电梯	下电梯	上电梯
标志 + 图标	失物招领	理发店	美容院	货币兑换	酒店信息
人 + 图标	垃圾处理	自动扶梯	饮水机	海关	移民检查
图标 + 图标	地面运输	汽车租赁	商店	行李储物柜	餐厅

（三）基于类比和映射的信息标识设计

图像的功能包括图标（图片，视觉外观的相似，图标，位置序列或定量关系的示意图）和信号（标志，约束系统中重要的图形元素；符号，与指示物具有类比或隐喻关系的图像），图标与信号之间是从具象特征映射向抽象特征映射转变与应用的关系。图像的类比和映射关系，如表 5-6 所示。

表 5-6　图像的类比和映射关系

图像功能	图标	示例 ↑ 抽象 ↓	图片	视觉外观的相似
			图标	位置序列或定量关系的示意图
	信号		标志	约束系统中重要的图形元素
			符号	与指示物具有类比或隐喻关系的图像

四、游客情绪的信息体验设计

根据游客情绪体验模型，可应用情感识别细粒度分析试验，进行情感粒度与感性意象词汇的信息可视化研究。非正向情绪体验图形设计更能唤起愉悦程度发生变化，因此，情感识别与信息图形设计呈正相关性。图 5-4 中红色框区域为非正向情绪唤起和愉悦程度区域。

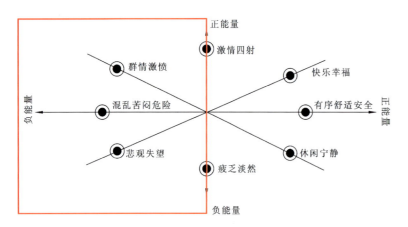

图 5-4　非正向情绪唤起和愉悦程度区域（自绘）

我们将游客情绪体验模型应用在现代豪华邮轮上游客情绪反应对服务设计质量满意度的测评，通过试验总结了 43 个非正向情绪反应的意象语义的可视化图形设计，如图 5-5 所示。将情绪反应的意象语义词汇进行多次试验加以设计表达，得出游客情绪反应的度量指标，然后评价游客对邮轮旅行的满意度，并将这些指标应用于移动终端交互界面，测量游客情绪反应。

情绪图鉴对应的邮轮旅游活动如图 5-6 所示。

图 5-5　非正向情绪图鉴（自绘）

图 5-6　情绪图鉴对应的邮轮旅游活动（局部）

第二节　公共空间的游客行为动线设计

　　功能设计是游客行为设计的基础。基于游客行为动线光流法技术，获得动态数据及路径选择模式，设定信息位置。将游客行为轨迹的数据分析及模型应用于设计实践，设计出游客商业空间、文体空间、娱乐空间等，功能性动线规律可以为标识系统设定位置参照，同时也可以提供智能服务平台设计的游客体验规律。

一、游客购物中心空间活动动线设计
　　购物中心休闲空间具备商业性、参与性、多样性的综合功能特性，体验设计

是邮轮购物中心的创新设计理念，游客行为动线设计可以引导游客体验实体商业和提高购物行为效率，并指导信息标识设计的空间位置关系。我们通过对豪华邮轮第11层购物空间的调研，运用光流跟踪系统和行为映射系统对邮轮公共空间的游客行为动线进行分析，基于位置观察结果，使用注释地图、计划、视频或延时摄影技术，观察包括人员、工作、环境、事件、行为和交互等在内的活动规律，并系统地记录游客活动位置的观察数据。找到被试者的行为规律，获得共性数据。游客购物中心空间活动线如图5-7所示。

图5-7　游客购物中心空间活动动线（自绘）

经过对体验式购物中心的调查发现，高品质的家庭体验虽然对商业活动起到了积极的促进作用，但针对儿童和18~35岁的青年消费者、老年人的体验式购物空间几乎消失。应通过观察记录和访谈获取的资料，研究老年人自由行为的心理，从邮轮体验式购物中心的形态与功能布局、周边资源与行走流线、建筑形象与空间氛围的体验三个方面进行比较分析。在未来的研究中，还应考虑静态障碍物对步行空间的影响，利用大数据挖掘的研究方法，不仅可以了解游客行为，还可以校准和验证解释性微观模拟模型。

二、邮轮甲板的游客行为动线设计

邮轮甲板的游客行为动线设计研究有助于增强基于光流法的行人动线模型建构，在该模型中更能体现行人导航和路线选择行为，可以帮助信息设计师优化设计，同时考虑开放空间中自然行人的行为。可靠的经验数据是了解不同条件下不同地点行人步行行为的关键。此外，需要大量数据来准确模拟复杂的游客行为，因为这些模型和相关模拟软件工具可以帮助规划和设计公共基础设施。

数据可能不代表行人的真实行为，因为被试者知道他们正在被录像和监控。此外，试验参与者如果是学生，可能并不代表真实世界人群的平均样本。因此，试验数据可能存在一些偏差。通过实际观察收集到的数据为探索真实的游客行为提供了无偏见和可靠的依据。然而，在相同的条件下，通过实际观察很难多次捕捉到特定的情况。不过随着传感技术的增强和大容量数据收集和存储设施的进步，大数据也可用于探索游客行为。

我们选择单独行为的游客动线，即每个游客不与任何其他游客交互，因为我们的目的是比较不同的静态甲板，这解释了游客在静态空间（即没有动态障碍物的空间或其他空间）中的动线。游客在单独的动线中，选择了图 5-8 中指向底部的所有游客的行为轨迹，最后通过检查游客是否在每次记录的时间内缩短了他们与甲板的距离，对这些轨迹进行过滤。甲板的动线轨迹是游客行走占用空间的频率，这是可以识别观察到的游客使用的主要路径。使用选定的轨迹分析每个游客在每个记录时间（即时间步长，0.11 s）所覆盖的距离。基于游客行为动线模型数据分析，总结游客空间模式的常用路径数据，并根据游客空间活动模式类型及行为动线的规律，建立行为动线设计模式，如图 5-8 所示。以下是几个行为动线的规律和行为习惯：

（1）从客源地出发的游客习惯在空间较大的甲板活动；

（2）从客源地出发的游客习惯在点对点的重复、复合型回路活动；

（3）游客喜欢随机探索、辐射中枢的路线；

（4）游客喜欢无限制地在目的地范围内移动，不喜欢单一点对点移动，因此动线大多以曲线、环形、茎形、花瓣形为主。

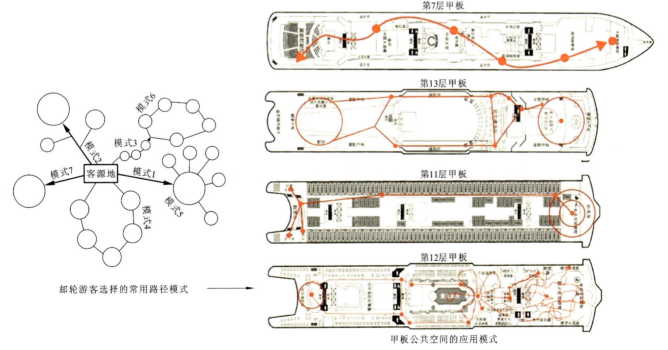

图 5-8　邮轮游客行为动线设计模式（自绘）

第三节 公共信息标识系统的约束性设计

约束性设计是指信息设计在邮轮上受到公共空间功能划分、游客体验质量及工程实现的核心关键技术的约束。公共信息标识设计需要符合邮轮特殊性要求，包括标准化、规范化、系统化、通用性、有序性、安全性、审美性、可持续性等。

一、 标识设计的标准化

现阶段大多数的标识系统属于静态的，不涉及软件或者线上，平台管理更是难以实现。智能标识将是未来信息化邮轮发展的趋势，应具备平台管理、软硬件结合、线上线下一体化等功能，使用前端显示屏、视频采集摄像头、温湿度传感器、气体传感器、一键告警、人车流等将数据传至服务器或云平台，实现对邮轮的标识系统数据连接感知与智慧化、标准化管理。

（一）视知觉的认知约束

研究表明，信息标识与用户行为的视觉认知存在相关性。

（1）视觉加工与特征提取

信息从视觉显示中反映出来，大脑的视觉系统在不同的阶段提取不同的视觉特征。早期的视觉阶段，主要是预感的，并通过自下而上的过程映射出来；到更高的阶段，即指处理过程，将前一阶段的视觉特征与前一阶段的知识结构相结合。Ware 提出了一个三阶段的感知模型：第一阶段，快速并行处理，提取基本特征；第二阶段，模式和结构提取的慢速串行处理；第三阶段，以目标为导向的顺序处理，将信息简化为几个对象，并保存在工作的视觉记忆中，形成视觉思维的基础。为了快速提取基本视觉特征（第一阶段），预先处理信息的速度会非常快（通常少于 10 毫秒）。预先注意的特征是在有意识地注意之前处理的，我们通常称之为"一目了然"的检测。设计可以使用预先注意的特征来增强相关视觉信息的检测，因为这些标记会被弹出。为了说明视觉任务中预先注意的特征的相关性，我们借用并扩展了 Ware 提供的四幅数字图像的示例（图 5-9），这些图像显示了相同的数字序列。假设必须发现的总发生次数在图 5-9 的图像中，我们必须按顺序扫描每个数字，直到找到目标。在这种情况下，色彩的色相（红色）、线宽（粗体）、强度或颜色值（灰色/黑色）的视觉特性有助于我们执行任务，因为它们是预先处理的。图 5-9 使用相同的数字示例，对于数字 3 使用不同的编码，红色数字更容易在干扰中被检

```
18596746321475030608030504090      18596746321475030608030504090
70502769843010215346748950213      70502769843010215346748950213
06057204040503090845064201040      06057204040503090845064201040
70204070835061305080239245798      70204070835061305080239245798


18596746321475030608030504090      18596746321475030608030504090
70502769843010215346748950213      70502769843010215346748950213
06057204040503090845064201040      06057204040503090845064201040
70204070835061305080239245798      70204070835061305080239245798
```

图 5-9 数字图像示例

测到，其次是粗细对比的数字 3，再是明暗关系的颜色值变化的数字 3。

（2）视觉任务的表现方式

预先注意特征可以提高以下任务的性能：目标检测、边界检测、区域跟踪、计数和估计。按形式、颜色、运动和空间位置来组织一系列预先处理的特征。十六组预先注意的视觉特征如图 5-10 所示。

然而，有一些因素可能会影响对预先注意设计的符号的检测，例如干扰源的数量和种类（分化程度），以及它们是否代表目标或非目标（干扰源）。心理学的研究表明，用户的视觉系统偏爱某些视觉特征，而不是其他特征。因此，注意前的特性并不能被同等地感知。层次结构取决于可视化中的其他特征，例如颜色饱和度和与周围标识的区别程度。在图形标识的表示中有意识地利用预先注意的特征，其目的是支持感知推理，增强检测和识别能力。

（二）视觉层次与结构约束

（1）接近性

将彼此接近的视觉元素分成不同的感知单元，分析它们的规律。

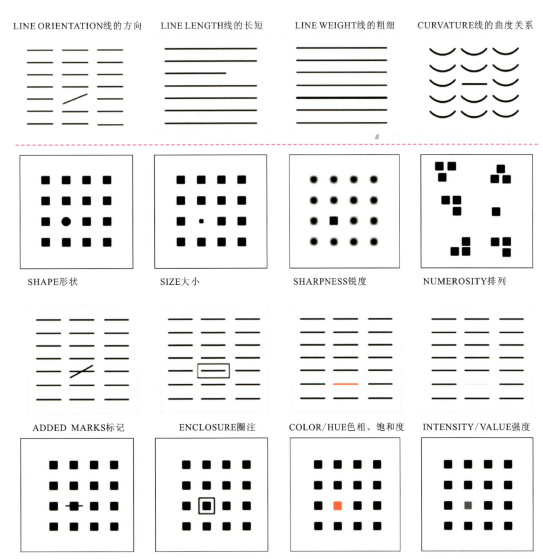

图 5-10　十六组视觉特征

①由一组接近的元素组成图元文件，如 IIIIII = 1 组或 1 个图元； III III = 2 组或 2 个图元，如图 5-11 所示。

②接近度与位置特征有关，特别是对元素的空间关系有至关重要的意义，可以帮助我们更容易地检测，以及帮助我们通过随机生成的点集理解图像中的感知模式。

③图 5-12 所示图像之间的差异是一个相对于另一个旋转 90°，否则它们是一样的。点之间的空间使我们感觉到在水平或垂直方向上分组为线性图元的点。

④在视觉显示中，我们定位在相关概念中的信息在空间上应是接近的，空间接近将有助于人们检测和搜索相关数据。因为在视觉表达中，不管元素的描述是直接的还是隐喻的，空间的使用总是以示意图的方式呈现。

（2）相似性

将相似的视觉元素组合成感知单元，这涉及非局部特征，如颜色、形状和纹理，但也不是绝对的。

有效的可视化层次系统，需要对视觉层次进行编码。视觉元素的层次结构，主要与强调和注意有关。多迪斯在其开创性的视觉素养研究中认为对比是主要的视觉技巧。在视觉清晰度方面，对比度是创造连贯整体的重要力量。对比是一种强有力的表达工具，是强化信息的手段。无论是视觉层次还是对比，为了进一步帮助游客理解视觉含义，首先简要检查视觉感知和认知系统是如何工作的，如处理空间属性

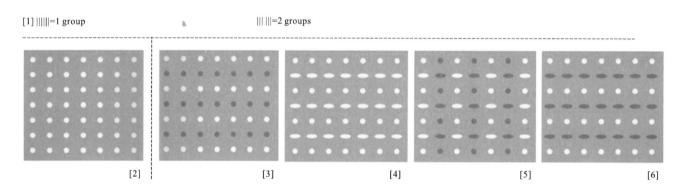

[1] IIIIII=1 group　　　　III III=2 groups

[2]　　[3]　　[4]　　[5]　　[6]

图 5-11　相似度视觉元素

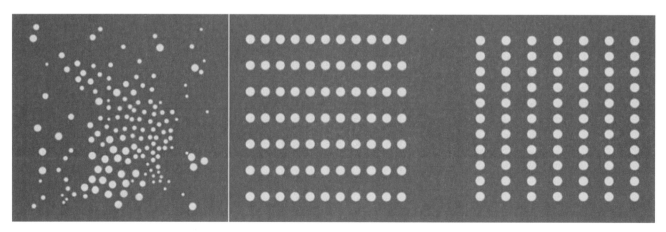

图 5-12　接近性视觉特征

（位置和大小）和对象属性（如形状、颜色、纹理等）。游客在浏览标识符号信息的过程中所执行的认知操作会产生有趣的结果，这有助于找到最佳的空间视觉表现。视觉层次的原则是良好的次序性、延续性、封闭性、简洁性、熟悉性。

二、标识的约束性设计需求解析

连接系统、管理系统、应用系统、体验系统在标识的约束性设计中的产业日趋成熟。国家知识产权局近几年来与智慧、智能标识相关的专利增长迅猛。邮轮标识包括事故预防标识、安全标识、标牌、指示牌、信息牌等。

（1）事故预防标志，也称为危险标牌，是一种特定类别的标签，用于识别和提供可能对船舶人员或设备造成危险的现有或潜在情况的信息。有三种有效的事故预防标志，分别是危险、警告和警报的标志，其使用取决于已识别危害的严重程度。

（2）安全标识用于标记紧急设备、医疗空间和急救站的位置。安全标识中还包括标识紧急出口路线和紧急设备、空间和车站路线的标记。

（3）标牌是一种仅用于识别目的的特定类型的标志，用于标识诸如隔层空间、位置、设备、系统、控制和显示、损坏控制等。

（4）指示牌是一种特定类型的标志，用于显示完成特定任务（与操作或维护相关）的分步指示，并提供与执行任务相关的危险和安全信息。

（5）信息牌提供与健康、卫生、船舶准备就绪、规则、内务管理、一般行为等有关的一般性非程序性信息。信息牌不应用作识别危险的事故预防标识，也不应用作识别危险的安全标志。在应急设备或空间，或代替指示牌，以确定执行任务的程序。

三、标识的约束性设计方法
（一）系统性设计

邮轮服务系统标识的系统化设计体现在标识之间的连贯性和逻辑性，各分类标识功能和信息元素的明确性、秩序性和一致性，即形态、版式、视角、尺度、位置、色彩的关联性和统一性。游客从接受信息标识服务开始，直到顺利实现目标，都由标识的信息服务系统完成。

（二）安全性设计

邮轮空间布局服务需老少咸宜，因此安全性尤其重要。标识系统的安全性主要表现在材料的合理性、结构的稳定性、安装方法的牢固性。

（1）当空间利用达到密集的状态时，将产生复杂的空间信息，邮轮空间中需要设置应对性的标识。

（2）应将安全色彩、适度照明等必要元素引入标识设计，如图5-13所示。

（3）针对危险性较高的高空位置，需要标识空间形状，提醒游客注意。

（4）设计中谨慎应用特定的邮轮安全标识，如安全色彩、特殊含义的图形等，以免造成识别错误。邮轮服务平台设计用色系统可以倾向蓝色、绿色、紫色、灰色、白色、黑色，不适合使用红色、黄色。安全色相和象征语义如表5-7所示。

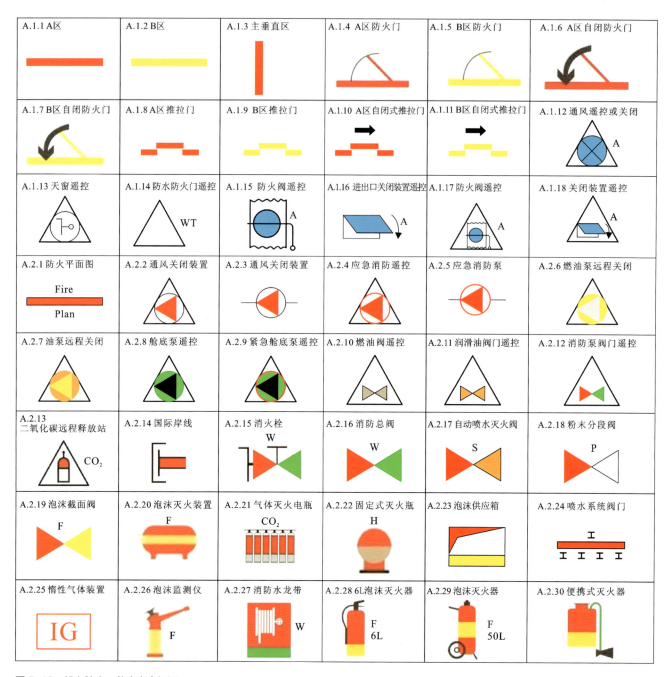

图 5-13　船上防火、救生安全标识

图片来源：日本建筑学会的建筑色彩设计标准

表 5-7　安全色相和象征语义

安全色相	象征语义	安全色相	象征语义
红色	防止、停止、禁止、警告	蓝色	指示、小心
橘黄色	危险、航海的安全设施	紫色	辐射能
黄色	注意	白色	通道、整顿、对比度
绿色	安全、避难、卫生、救护进行	灰色	对比度
黑色	对比度		

注：参考日本建筑学会的建筑色彩设计标准。

（三）有序性设计

无论用户的经验、知识、语言技能或当前的专注程度如何，设计都必须易于理解。

（1）信息主次分明：主要信息和次要信息之间的层次分明，突出信息内容。

（2）信息传达准确：数据、比例、方位、措辞要精准，保证指示的清晰准确。

（3）要素表达清晰：要考虑弱视及视力下降的游客，尤其是老年游客识别信息的能力。在标识设计中考虑光的反射影响，选择易识别的配色系统（图5-14），坚持图式化符号表达信息，使用简洁明了的版式及多种语言标注的方式。

（4）调动五官感知的应用：运用多模态的认知呈现方式对标识设计进行易读性研究，包括视觉、听觉、触觉、嗅觉和味觉的五感综合应用。

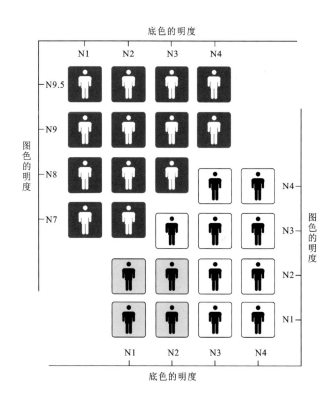

图5-14 底色和图色明度差比较
图片来源：日本建筑学会的建筑色彩设计标准

（四）通用性设计

（1）公平性：对不同游客的喜好和使用能力要公平对待，包括盲人和使用屏幕阅读器技术的人。灵活性设计可感知的信息，无论环境条件或用户的感官能力如何，设计必须有效地向用户传达必要的信息。

（2）误差容限：设计必须将意外或非预期行为的危害以及不利的后果降到最低；当游客做出不适当的选择时应提供指导的软件应用服务。

（3）体力消耗低：信息设计必须使游客能够有效、舒适地使用，并将疲劳降到最低，打造智能服务平台。

（4）接近和使用的尺寸和空间合理：无论游客的身形、姿势或行动能力如何，都必须提供适当的尺寸和空间，供接近、触及、操作和使用。

（五）美学设计

把游客放在比设计本身更重要的位置，并把以人为本作为设计的重要参数。提高游客的审美兴趣和正面情绪反应：研究游客的趣味性与娱乐性；具有深层次的文化内涵；符合人体工程学的造型形式；献给特殊群体一份关爱；注重与消费者的情感交流；人性化品格的传达方式。

（六）可持续性设计

在设计中考虑节约原材料，降低能耗，实现零污染、零损害，不会产生废气，不会对水资源和自然生物资源造成破坏。另外，标识表达的信息内容由于设施形态和运用条件的变化等，有的也会发生变化。因此，邮轮空间标识系统的意象与环境之间应具有可识别性、有序性；人流动线和标识设计存在可持续性、可识别性；约束性设计与标识设计存在正相关性；综合系统、空间布局、功能配置、装饰陈设等核心内容与标识设计存在相关性。

第四节　公共空间的智能信息服务平台设计

公共空间的智能信息服务平台设计就是集功能设计、游客行为动线设计、标识系统的约束性设计等于一体，形成综合服务平台设计思路，解决邮轮公共空间的智能服务管理问题。

一、邮轮游客旅程图设计

邮轮业务中的商业中介的作用是优化邮轮旅游的活动，深入了解其所使用的分销渠道，可以了解邮轮旅游业的整体价值链。为了充分认识价值链的复杂性和新兴企业的特点，有必要确定参与邮轮旅游业务的主体，并确定这些主体之间的互动方式。图 5-15 所示为邮轮游客信息旅程图设计。其实邮轮旅游的主体有两个，最终游客和提供服务的邮轮公司，这两者之间的关系可以通过二者直接建立，也可以通过中间人，如旅行社等来建立。各分销渠道的执行能力如图 5-16 所示。

空间信息、通信技术以及电子分销（互联网和全球派送系统）现在已经进入了邮轮行业，这导致一个新商业模式的出现，即销售点机构与供应商之间直接联系。简而言之，商业分销业正在经历一场革命，整个邮轮旅游业开始了一个新的时代。图 5-17 所示为邮轮套餐价值链设计。事实上，电子分销伴随着 GDS[①]系统继续发挥着中心作用，并为客户提供服务。商家的商业模式是以净价从供应商（酒店、航空公司等）处获取产品库存，从而承担风险。然后，商家以相对于净价高达 40% 或更多的加价销售这些产品。大量的产品和访问组合，允许相互反馈，这是建立在良性循环基础上的整合，提供了邮轮服务可持续的竞争优势。然而，现实情况是，分销商想控制产品和最终价格的想法，再加上降低可变成本的需要，特别是中间成本，平均佣金已经上升到销售价格的 14% 左右，导致了邮轮运营商态度的改变。

---

① GDS（Global Distribution System）：一个电子预订系统。这个系统可以追溯到美国航空公司，其不仅提供机票预订安排，还提供其他旅游服务，如汽车租赁、酒店、旅行社套餐、邮轮等。

为了降低代理佣金的零售价格，大型邮轮公司考虑取消代理佣金，以直销的方式开展自己的网站促销活动。

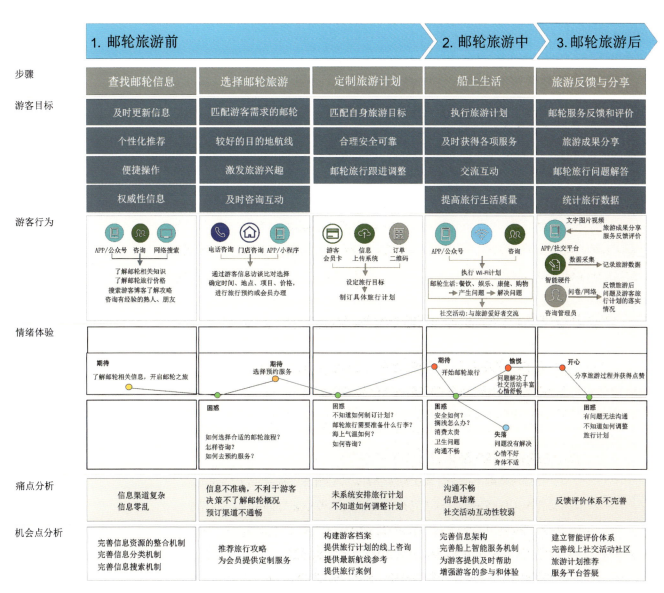

图 5-15 邮轮游客信息旅程图设计

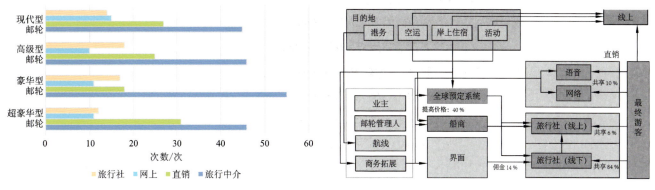

图 5-16 各分销渠道的执行能力

图 5-17 邮轮套餐价值链设计

二、 信息设计策略拟定

信息设计策略拟定需要考虑：行为逻辑和设计如何改变邮轮生活方式，群智创新范式的关键技术如何帮助体系架构、数据感知、评价和传播技术的发展。从设计信息学视角提出创新方法和数据策略，具有重大的时代意义和社会价值。应整合行为动线设计、信息功能设计、标识的约束性设计等，形成整体设计策略。

（一）公共空间信息设计流程

基于游客行为动线设计的研究，主要探讨空间信息服务平台建立的七个递进目标及各目标实现的应用设计策略，如表 5-8 所示。

表 5-8   信息设计目标及应用策略

信息设计目标	应用策略
完善邮轮旅行的信息，改善信息搜索功能，提高浏览效率	统计邮轮信息，应用综合服务平台告知游客邮轮动态、活动、航线、旅行推荐服务，构建邮轮体验的闭环服务； 构建邮轮旅游图片信息库及邮轮品牌信息库，便于游客学习搜索
更迭平台信息架构、层级和布局	区分信息类型； 部署导航逻辑层设计内容； 根据视觉识别研究，对游客视觉信息需求进行可视化的视觉层设计
制订个性化邮轮旅游计划	根据游客用户画像研究，引导页呈现游客旅行偏好及个人信息，建立邮轮、游客档案； 发送游客需求档案至平台管理员； 评估和测试旅行档案
简化游客旅行手续流程	开设在线预订，简化预订流程； 管理员在线服务
完善信息评价和反馈机制	客观地展示服务评级及评价； 游客意见和问题反馈； 提醒和反馈的积分机制
建立游客和游客、游客和邮轮空间环境、游客与服务员的良性互动机制	游客会员互动社区； 服务展示互动社区； 管理员在线服务； 游客动态
引导游客对邮轮品牌的情感化，加强邮轮的游客黏性	VIP 会员排行； 会员信息的定制服务； 会员对邮轮反馈信息的统计

（1）视觉设计：界面元素的图形处理（视觉感受）。

（2）界面设计：人机交互界面元素的设计可促进用户对功能的使用。

（3）信息设计：设计信息表达以便于理解。

（4）交互设计：开发应用程序以方便用户，促进游客对网站功能的认可度。

（5）功能规范：为满足用户需求，网站必须包含详细的功能描述。

（6）用户需求：网站的外部衍生目标；通过用户研究、人种学 / 技术 / 心理图形学确定目标；网络作为软件接口的信息服务导向功能。

（7）网站目标：网站的业务、创意或其他内部派生目标。

公共空间信息设计流程如图 5-18 所示。

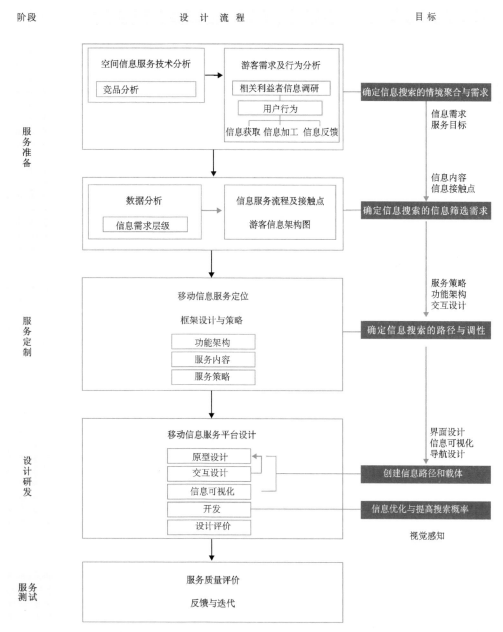

图 5-18 公共空间信息设计流程

（二）平台定位与服务蓝图设计

在移动信息服务系统中，邮轮游客为服务接收方，邮轮船商和邮轮管理者则是服务的供应方。此三者由信息服务平台执行信息传达与互动，邮轮船商和邮轮管理者传达信息后，服务平台通过存储游客的信息和游客的行为动线，有针对性地提供个性化服务，游客从服务平台浏览信息并反馈意见至服务供应方，以更好地满足需求。通过搭建资源整合的信息平台，服务接收方和提供方之间达成可持续的良性互动，同时信息的资源整合有助于构建面向邮轮游客和管理者的良性社交圈，如图 5-19 所示。

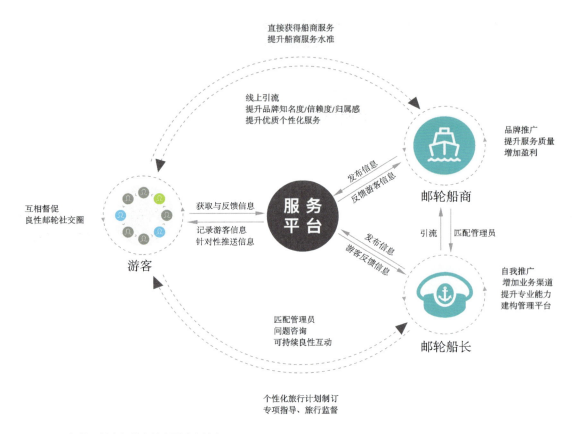

图 5-19 邮轮公共空间信息社交圈（自绘）

　　服务蓝图是在服务流程中构建精准描述的服务系统信息图,展示服务信息过程、员工和游客与服务的相关性,服务蓝图的描述能够便于服务过程中相关利益者客观、精准地了解、理解服务信息的步骤、任务和方法。服务蓝图是详细描绘服务系统和服务流程的地图,是信息设计研究的重要组成部分,对智慧邮轮的服务系统和移动终端 APP 设计起到指导性作用。服务蓝图构成因素包括游客行为、前台员工行为和后台员工行为等。从游客角度描绘服务蓝图的过程如图 5-20 所示。移动终端服务平台的蓝图设计是以游客行为动线为基础的信息流程架构。

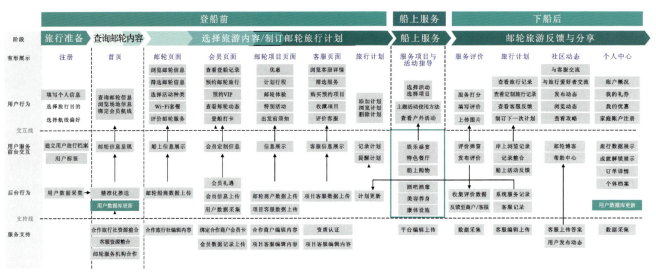

图 5-20 邮轮公共空间信息服务蓝图设计（自绘）

三、邮轮公共空间服务平台信息交互设计

针对现阶段服务平台所存在的一系列问题，我们有必要参照 2010 年国际标准化组织认定的以人为本的交互设计准则，再结合情感记忆的研究，建立移动终端个性化主题标识设计模式。

（一）原型图设计

在任务模型基础上开发原型图设计，为界面设计建立框架和结构，可划分为五个层级：第一层级为启动页、引导页、登录页和注册页设计；第二层级为主页、项目分类、查询页、预订页设计；第三层级为航线查询、美容与健身、预订系统、网络购买设计；第四层级为游客评价、综合服务、餐厅预约系统、酒吧、酒廊；第五层级为个人中心、康健设施（锻炼）等功能页面。移动空间信息服务平台的原型图设计，如图 5-21 所示。

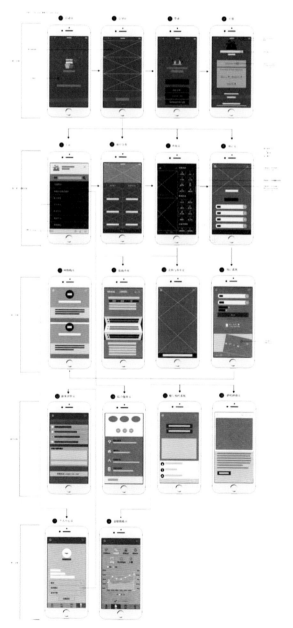

图 5-21 移动空间信息服务平台的原型图设计（自绘）

该原型图设计的特点是突出服务设计理念，将会员服务、游客服务及互动和反馈在每个相关层级均做了部署和设置，加强各环节游客的满意度测评，构建互动、反馈及评价机制；页头和页脚设计悬浮空间，通过 icon 的置入来增强功能性设计；主体数据库以图式化表达，优化用户的识别、体验和互动；统一字体、风格，增加填写框，从结构上进一步考虑游客浏览信息服务的便捷性和可用性。

（二）交互设计

交互设计关注的是信息服务系统的可用性，例如，如何向用户呈现信息、如何响应来自用户的命令和输入。如果设计是可用的，那必须也是可以理解的。美国认知心理学专家唐纳德·诺曼建议，设计符号首先必须是可视化的，这意味着它是显而易见的。其次是要向用户提供反馈，以确认命令已收到或操作已完成。最后是提供性设计，即帮助用户理解功能和潜力。

将用户体验添加到交互式服务设计循环中，这是一种基于角色的设计方法。服务可以定义为应用专门知识和技能为另一实体或实体本身的利益而采取的行动、流程和绩效。现代服务业是在现代科学、信息技术和现代管理的基础上发展起来的，将其与现代管理理论相结合可以显著改变我们的生活和社会。为了加快现代服务业的发展，我们需要将其置于多学科中进行新的研究。研究的总体目标：

（1）将交互设计、用户体验设计和基于场景的设计等相关设计方法整合到服务设计中；

（2）探索服务设计在构建交互计算系统服务设计框架方面的更广泛影响；

（3）将角色合并到面向服务的体系结构中，以解决设计问题，在设计界面时，尽量让所选择的界面元素保持一致性和可预测性。

（三）原型图设计中遇到的问题及解决方法

在设计中实现了信息的录入、主页面的设计构思以及页面跳转，但在展示大段落信息时，容易给人文字过多而无法找到重点的压抑感，以及在处理活动、餐厅等信息时，信息量很大，无法从直观上很好地区分。如何切换日期也是个问题。

大段落信息的页面过长，用户不愿意长时间下拉页面进行翻找，其问题解决方法如下：

（1）用色彩和字体大小来区分信息的重要程度，如用红色加深重点内容、粗体加深活动名称，以及分别用不同的颜色给时间、地点、咨询电话等加以标记，来区分不同信息。

（2）在主页面添加一个下拉菜单来选择不同日期。

（3）纵向加深：把原本放在同一个页面的信息进行拆分，放到不同的页面，增加整体框架的深度。

（四）信息互交设计实现的技术应用

（1）应用平台

对于信息互交设计的具体实现，可以采用微信小程序的形式。微信小程序是腾讯推出的一款不需要下载安装即可在微信平台上使用的应用，主要供企业、政府、媒体、其他组织或个人的开发者在微信平台上使用。用户使用"扫一扫"即可打开便捷应用程序，方便快捷，该特性与信息互交设计的需求十分贴合。

（2）开发工具

开发工具主要为 Mac 平台的微信开发者工具。开发者通过该工具可以进行公众号网页调试，可以调试微信网页授权和微信 JS-SDK；开发者还可以完成小程序的 API 和页面的开发调试、代码查看和编辑、小程序预览和发布等功能。微信开发者工具如图 5-22 所示。

（3）编程语言和设计元素

整个小程序框架系统分为两部分：逻辑层（App Service）和视图层（View）。视图层使用微信自己的描述语言 WXML 和 WXSS；逻辑层使用 Java Script。接口元

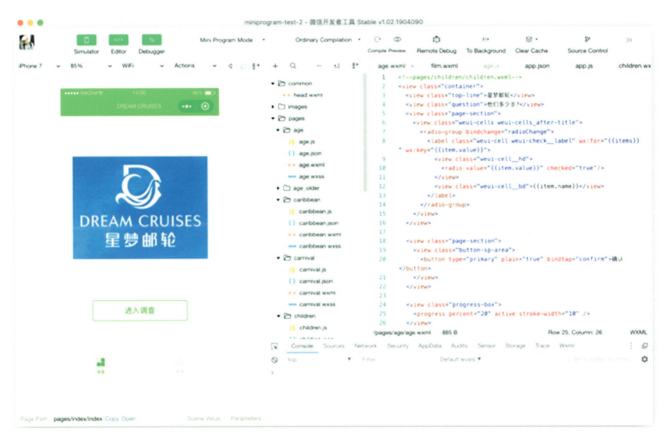

图 5-22　微信开发者工具

素包括：输入控件（复选框、单选按钮、下拉列表、列表框、按钮、切换、文本字段、日期字段）、导航组件（滑块、搜索字段、分页、标签、标识）、信息组件（工具提示、图标、进度条、通知、消息框、模式窗口）。

（4）界面设计工具包

移动框架使用的界面设计工具包，如表 5-9 所示。

表 5-9　移动框架使用的界面设计工具包

移动框架	设计工具	界面工具包
安卓	photoshop，XML	安卓模拟器 SDK
Palm 网络 OS 操作系统	Photoshop、HTML、CSS 和 Java Script	Mojo SDK
移动网络	Photoshop、HTML、CSS 和 Java Script	W3C 移动网络最佳实践
移动部件	Photoshop、HTML、CSS 和 Java Script	Opera 小部件 SDK、Nokia Web Runtime
移动网络应用	Photoshop、HTML、CSS 和 Java Script	iUI、jQtouch、W3C 移动网络应用程序最佳实践

（五）公共空间服务平台的信息可视化设计

（1）色彩系统

各种颜色的特征和象征性，会引起人们的情绪反应和影响游客的旅游行为。在不同的文化中，不同的颜色象征意义不同。在某些情况下，使用相同的颜色在不同的文化中可能有相反的含义，在邮轮公共空间信息设计中更需要考虑这一点。移动界面色彩设计的象征语义如表 5-10 所示。

表 5-10　移动界面色彩设计的象征语义

色相	色彩象征意义（积极）	色彩象征意义（消极）
白色	光、珠穆朗玛峰、雪、和平、空气、生活、海洋（在西方文化中）、希望、平淡	寒冷、缺乏想象力、死亡（在东方文化中）
黑色	谦虚、权力、优雅、富有、可爱、自律、传统、团结、专业主义、庄重	缺席、随地吐痰、拘谨、邪恶、死亡（西方文化）、恐惧、不情愿、无政府主义
灰色	优雅、崇敬、微妙、智慧、圣洁、平衡、中性、形式感	柔弱、衰老、精神病、厌倦、衰败、扭伤、哀悼
黄色	阳光、欢乐、幸福、大地、乐观、财富（黄金）、夏天、希望、空气、易感性、女性、社交、友谊	疏忽、自负、脆弱（隔离）、恐惧、危险、不诚实、贪婪、软弱、衰败或衰老、女同性恋、吸毒、腐败（北美）
绿色	安全、自然、春天、青春、环境、财富、金钱（美国）、好运、活力、慷慨、行动、草、永恒、空气、地球、更新、自然丰富度、生长	疏忽、轻浮、垃圾、
蓝色	海洋、人类、宇宙、星际、天空、和平、单位、和谐、平静、理性、信任、自信、水、冰、可靠、科技、冬天、智慧、皇室、高贵、地球（行星）、力量	阴凉、保守、分离、寒冷、理想主义、保守主义（英国、加拿大和欧洲的强权主义者）、自由主义（美国的强权主义者）
紫色	贵族、感官、创造力、财富、皇室、仪式、神秘、智慧、启蒙、高贵、老鹰	流氓、发霉、亵渎、双性恋、困惑、骄傲
红色	热情、精力、性欲、爱情、浪漫、兴奋、速度、芳香、领导权、美食、权力、华丽、鲜血、革命、尊重、富贵（中国）、到达（印度）	野心、危险、战争、愤怒、保守主义（美国政治）、自由主义（加拿大政治）
橙色	能量、精神、幸福、热度、情绪、食欲、秋天、欲望	氟利昂、警告、危险
粉色	春、美、敬佩、同情、科学、女性、健康、爱情、浪漫、欢乐、天真和孩子般的品质	轻浮
棕色	冷静、深度、自然、质朴的事物、泥土	无政府状态、轻率、专横、软弱、肮脏、贫乏、沉重、贫穷、粗暴、

调色板的设计对于保持移动设计中颜色的一致性使用非常有用。调色板通常由在整个设计中使用的预定义颜色组成。使用的颜色因游客行为特性而定，每种颜色都受到不同技术和策略的影响。可以用以下三种方法来定义调色板：

①相继性。在这种情况下，调色板主要由主色、间色和三级复色组成，通常，原色保留为"品牌"颜色或最接近于品牌含义的颜色，第二色和第三色通常是互补色。

②适应性。自适应调色板是支持图形或图像使用最常见颜色的调色板。当一个设计为了在设备上看起来"本土化"时，可以使用自适应调色板来确保设计的颜色与目标移动平台一致。

③启发性。从一张海报、一张名片等设计图片中获得灵感，提取颜色。

在用户调研阶段，被问到邮轮信息服务应该具有怎样的"气质"时，回答的关键词有有序、精致、安全、多元。平台界面的配色，以蓝绿色为主色调，有理性（有序）、科学、智慧、安全、海洋、多样性（多元）等色彩象征含义，再辅以少量其他色，如灰色（具有精致、优雅、秩序、平衡等主要象征含义，应用于按钮、文字和图形的辅助色）、白色（象征和平、海洋、生活，主要应用于 icon 和字体设计）、紫色（具有高贵、神秘的特性，主要运用于链接的字体）、橙红色（象征开朗、热情、能量、活力、创意等，主要应用于 icon 及特殊活动项目、服务标签）。邮轮信息服务平台色彩设计系统，如图 5-23 所示。

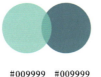
#009999
冰湖蓝
#009999
深水蓝

#666666
砂砾灰
#EEF1F4
石灰白

#FA694F
糖果橙
#DDABAB
肉桂色

#292D30 #4E4E4E #CBCBCB #EEF1F4
辅助色

图 5-23　邮轮信息服务平台色彩设计系统（自绘）

（2）字体系统

平台界面的字体系统应注意编排的逻辑性和清晰度，这有利于信息更加易读易懂。字体的编排应遵循几项原则：字距与行距保持合理的值；上下文对齐；字体清晰，尽可能用等线体；字体统一，可以用粗体进行突出强调；注意不要出现漏字断句的情况；字距永远小于行距。另外，标题统一用宋体（粗），图片标题文本统一采用宋体，字号不做绝对限制，文案如类目、正文、备注等，统一采用宋体，需醒目时可加粗。

（3）图形设计

平台界面中的图形图标是游客行为情感化设计的重要内容元素，最终的设计元素是图形，或者是用来建立或辅助视觉体验的图像。图形可以用来补充外观和感觉的不足，或者作为与文本互为补充显示的内容。移动设计中最常见的图形形式是图标，因此需要对图像学进行深入了解。图像学有助于设计师在有限的视觉空间中向用户传达想法，这样可以确保用户清楚地理解图标的含义。

第五节　本章小结

第一，依据游客行为动线模型和空间体验模型，推导出三个层次的空间功能设计划分，功能的划分中餐饮为最主要的游客需求，占游客需求的 35%~65%，其次为娱乐，占 40%~60%，然后是文体活动和商务系统。

第二，根据情绪体验模型和感性语义的映射，获得信息图形设计方法，并验证了情感识别与信息图形设计呈正相关性。然后，根据行为动线模型、功能设计规律和信息图形的情感识别推导出行为动线设计的规律和习惯：游客喜欢在较大的公共空间活动（如甲板）；游客通常在点对点的重复、复合型回路活动；游客喜欢随机探索、辐射中枢的路线。这些为移动空间的信息设计提供了依据。

第三，基于游客行为动线设计模式，提出有序性、标准化、规范化、系统化、通用性、安全性、审美性、可持续性的约束设计标准。结论是：约束性设计与标识设计存在正相关性，邮轮空间标识系统的空间意象与环境之间具有可识别性、有序性。

第四，综合信息采集、语义提取、情感识别、系统模型、功能设计、设计约束，完成信息平台的整合设计方案（包括依据游客旅程图设计推导出信息设计流程图，依据信息设计策略推导出信息服务设计蓝图，依据服务平台的信息交互设计推导出原型图设计），最终获得空间信息的有序、精致、安全及多元化的系统设计。

邮轮公共空间信息设计的评价方法

本章将解决信息设计服务体验质量的评价问题。基于前面章节的研究，我们对信息设计进行创新科学评价试验，进一步通过识别后台信息和流程来改善前台服务体验效果。对邮轮公共空间的标识系统设计、智能信息服务平台设计等加以评价，验证设计方法的可用性、游客满意度测评的准确性。

第一节　可用性评价概述

基于情感识别及情绪反应模型构建，应用 FAHP 模糊层次法评价模型的有序性、安全性、有效性、可达性指标，并检测分析情绪反应诱发脑电能力的变化，以评价游客情感满意度。

一、可用性评价的重要意义

（一）从产品的角度

对产品生命周期中的生产效率提出更高的要求，并进行可用性测试，了解产品本身的缺陷和后续优化的目标，从而满足用户的需求。梳理原有产品中存在的问题，针对问题的严重程度加以优化与创新，获得产品在竞争中的优势。

（二）从环境的角度

对于社会环境而言，能耗与污染是可用性测试需要针对的问题。例如，有研究报告，全球数千万个炉子没有进行可用性测试，每年有 400 万人因使用生化物质或其他污染燃料做饭而过早死于室内空气污染。检测和保证产品可用性，可减少其对社会环境造成的破坏和对人类的伤害。

（三）从用户的角度

可用性测试主要用于对用户需求的本质理解，而不是依靠专家经验作出的设计策略与判断。可用性测试在日常生活中发挥着重要作用，其可在人与空间、环境的体验与交互关系中提供重要的量化依据，影响不同用户的行为，也影响工业产品，包括互联网产品的软件、新技术、新形态的开发。因此，从用户使用的情景出发，通过可用性测试了解用户遇到的问题，有针对性地为产品的改进指明方向，全面提升用户体验。

二、可用性评价的常用方法

国际标准化组织在 1998 年提出人机交互的人类工效学，它将可用性描述为系统满足用户需求的有效性、效率和满意度。尼尔森在其著作《可用性工程》中扩展了可用性的定义，包括可记忆性、可学习性和对用户错误的考虑。更广泛的可用性定义还包括易用性、学习曲线、美观性和安全性等因素。我们可以发现，所有的定义都有一个共同的核心思想，即在给定的语义中，预期用户的需求必须以某种方式指导产品的设计。可用性评价常用的方法有以下几种：

（一）现场试验

大多数可用性原则都来自实验室设计。有一种评估方法被称为"快速可用性测试"，它们是为控制程度较低、测试时间和资源有限的场景而设计的。还有一种方法叫作"极其快速的可用性测试"，其是为商业展览而设计的，通过让每个用户参与产品的实际任务并记录他们的动作和评论来增加与每个用户的有限接触时间。第三种方法是"产品可用性快速评估和通用设计"，它结合了通用设计原则，有助于解决用户和测试管理员之间任何不熟悉或不理解的问题。

此外，还有远程可用性测试，从计算机应用程序和网站远程收集真实世界的使用数据，这也与消费品的现场测试相关。这些测试可以评估真实世界用户对产品的使用情况，有助于避免因实验室中创建的可能不太具有代表性的使用场景而引入的不需要的变量。虽然在实验室以外进行可用性测量具有局限性，但远程评估已经证明了其价值，并且有可能获得实验室未捕获的补充信息。

（二）尼尔森启发式评估法

现代市场研究专家尼尔森在 1994 年提出启发式评估方法，包括以下 10 个原则：

（1）系统状态的可视度：系统应该通过合理的反馈，在合理的时间内保持用户对系统状态的充分了解。

（2）系统与真实世界的统一性：系统应该表达用户的习惯语言、习惯词汇、术语和思维，而不是专业术语。遵循用户需求，增强空间信息的客观性和逻辑性。

（3）以用户为中心：以使用者为驱动，解决焦点问题，主要关注用户体验需求和数据分析，了解用户不需要的状态，支持撤销和重做功能。

（4）一致性和标准：构建平台约定，用户不需要质疑系统语言表达的差异、系统状态问题或认知表达的行为差异。

（5）防止错误：分析与排除易出错的地方，检测出错的条件，为用户制定正确选项。细致是预防错误发生的方法之一。

（6）识别与检索：通过识别对象、操作和选项，简化用户认知信息的记忆过程，系统自动进行情感识别和信息检索。

（7）灵活性和使用效率：良好的界面体验是既能满足新手用户的体验需求，也会满足具有经验的用户的不同需求，了解用户使用习惯和动作。

（8）技术美学和简约设计：减少无关或不需要的信息，提高可读性和效率。从用户审美需求出发研究美学设计方法、主题创意设计等。

（9）优化用户识别、诊断错误修复：对错误应用进行情感化语义表达，或使用简洁明了的提示方式，针对共性问题与个性问题，提出优化解决方案。

（10）帮助和文档：用户搜索有关用户行为、个性与共性、文化与风格、主题创意、美感、情感、形式等内容时，系统文档可以给用户提供帮助，设计具体执行方法与路径。

（三）情境访谈法

在访谈中，通常不设计特定的用户任务或场景，只需要观察用户的工作反应，就可以了解用户真实的行为和思想，可以在用户浏览网站时对其进行问卷调研。情境访谈的数据收集是定性的、观测的数据，而不是定量的、测量的数据。通过观察和访谈，可以获得用户对真实环境的感知和系统操作中遇到的实际技术问题。因此，可以通过用户体验回答以下问题：用户面对系统的操作问题；用户习惯使用的设备性能；用户对空间信息是如何设置和表达的；鼠标和键盘之间的首选项是哪些；用户操作的互联网连接类型；完成一般任务或目标任务需要多长时间；用户能否通过帮助完成操作指令；等等。

（四）测量法

测量法主要有系统可用性测量、眼动跟踪技术测量、生理信号指标测试及主观评价法等，根据产品的不同性能和被试者的不同属性来选择不同的测试方法。

（1）系统可用性量表

系统可用性尺度（SUS），根据语义差异（SD），由 10 个指标，以及从强烈同意到强烈反对 5 个选项来进行评分。它可以评估各种各样的产品和服务，包括硬件、软件、移动设备、网站和应用程序等，10 个指标分别如下所示：

①我会经常使用这个系统。

②我发现这个系统有不必要的复杂问题。

③我觉得这个系统很容易使用。

④我需要技术人员的支持才能使用这个系统。

⑤我发现这个系统的各种功能都很好地集成在了一起。

⑥我认为这个系统有太多的不一致。

⑦我认为大多数人都会很快学会使用这个系统。

⑧我发现这个系统使用起来很麻烦。

⑨我对使用这个系统很有信心。

⑩在开始使用这个系统之前，我需要学习很多东西。

SUS 是一个很容易管理的量表，可用于小样本，结果有效、可靠；但它不是诊断性的，它的用途是对被测试的站点、应用程序或环境的易用性进行分类。

（2）眼动跟踪法

当参与者观看网页时，眼动跟踪装置会聚焦于参与者的瞳孔，并确定其注视的方向和集中度。软件以热力图和眨眼间隔的形式生成这些动作的数据。热力图表示参与者集中注意力的地方，以及他们在给定点上注视的时间。通常，从蓝色到红色移动的色标表示焦点的持续时间。因此，页面的某个区域上的红色点可能指示参与者或一组参与者在较长时间内注意力集中于这一部分；眨眼间隔，即追踪眼睛在焦点区域之间的运动，集中注意力然后快速移动。是否决定在网站上进行眼动跟踪，需考虑目标和资源以及测试方法的能力和局限性。

优势：可以知道用户是在阅读还是在扫视内容；明确用户对网页不同部分的相

对关注强度；确定用户是否正在搜索某些内容，当用户不确定要查找的单词时，瞳孔直径会增大；可以比较不同用户组的扫描模式。

局限性：不能反映用户是否认真地看到了一些东西；不能在用户没有意识的情况下短时间内瞄准他们的眼睛；不能明确用户有没有看到什么东西，因为眼动追踪不能捕捉到周围的情况；无法确定用户为什么要查看某些内容；不能有效地测试每个人。

（3）主观评价法

让被试者在测试任务结束后描述他们在任务过程中的主观感受，或者将试验任务进行排序，根据试验中所识别的指标，收集几种类型的数据，在分析收集的数据时，仔细阅读被试者所描述的主观感受，寻找趋势，并记录被试者之间出现的不同问题，然后来衡量绩效和主观（偏好）指标。人们的表现和偏好并不总是一致的。用户通常表现不佳，但他们的主观评价非常高；相反，他们可能表现良好，但主观评价非常低。绩效指标包括成功、时间、错误等。主观指标包括用户自述满意度和舒适度评分。在评价测试过程中需要注意：尊重被试者，让他们感到舒适；保持中立，测量者只需要在那里听和看；如果被试者提出问题，请回答"你认为如何？"或者"我对你会做什么很感兴趣"，不要立即介入并帮助被试者，也不要引导被试者；如果被试者放弃并请求帮助，你必须决定是否结束测试，给出暗示，或者给予更多实质性帮助；做好笔记，记笔记的人应该尽可能详细地记录被试者所做的事情以及他们所说的话。

第二节　复杂空间的可达性评价

复杂空间的可达性评价，主要应用于标识设计系统中，这里的可达性也就是空间标识图形到达游客视觉认知的容易程度。邮轮标识系统在引导游客行为和提供认知判断上具有不可或缺的作用。邮轮标识系统体系的完善不仅可以方便游客的出行，而且可以正确引导游客行为，保障游客安全，甚至可以在紧急时刻起到疏散游客和维持秩序的作用。邮轮标识系统的主观评价采用李克特量表和复杂空间可达性因子分析进行，运用 IBM SPSS Statistics 进行统计计算。

一、复杂空间可达性因子分析

确定邮轮复杂空间的因变量、自变量的指标，如表 6-1 所示。

表 6-1　可达性测量指标（自绘）

因变量	自变量
邮轮复杂空间可达性	游客的性别、年龄、收入、家庭等个人因素； 邮轮的认知等因素； 标识系统的认知、所在位置、所处环境等因素； 邮轮整体环境、邮轮设施满意度等因素

（一）量表度量标准

量表信度系数如表 6-2 所示。导出同质性信度系数值为 0.93，远超标准信度值 0.8，这说明量表信度符合标准，达到可信度。

表 6-2 量表信度系数

信度系数	基于标准化的信度系数	项数
0.930	0.903	63

（二）系数检测与因子分析

KMO 系数和巴特利特球形检验，如表 6-3 所示。

表 6-3 KMO 和巴特利特球形检验

KMO		0.495
巴特利特球形检验	近似卡方	611.919
	自由度	325
	显著性	0.000

由表 6-3 获得，KMO 系数是 0.495，系数在 0.4~0.5 区间表明量表之间存在相关性，但结构有变化。巴特利特球形检验显著性值远低于 0.001，符合因子提取标准。公因子方差如表 6-4 所示。

表 6-4 公因子方差

因子	酒吧	娱乐场所	康乐场所	瞭望台甲板	景观长廊	洗手间	医务室	服务接待处	外观美观度	色彩对比度	地域文化	易发现	年龄	性别
初始	1.000	1.000	1.000	1.000	1.000	1.000	1.000	1.000	1.000	1.000	1.000	1.000	1.000	1.000
提取	0.791	0.814	0.815	0.659	0.845	0.692	0.715	0.737	0.824	0.832	0.731	0.845	0.747	0.737

二、游客相关特征分析

主要分析游客性别和有无邮轮经历两种因素对复杂空间可达性的影响。

对性别和有无邮轮经历做独立样本 T 检验，如表 6-5 所示。由表 6-5 数据推导出性别和有无邮轮经历对空间可达性没有显著影响。样本的整体频数统计如表 6-6 所示。问卷样本的整体有效数为 45 个，所采集的样本中被试者年龄在 15~25 岁的人数居多，占整体的 33%，26~50 岁的占 26.7%，而 51~70 岁的占 31.4%，最少的是 71 岁以上的老年人，只占 8.9%。性别比例方面，男性占整体样本总量的 37.8%，女性占整体样本总量的 55.6%，样本的失效率为 6.6%。登船情况方面，在 45 个样本中仅有一个人是独自登船的，以家庭为单位登上邮轮的样本占整体样本的 24.4%，多数是以旅游团队为单位登船，占整体样本的 62.2%。携带 4 岁以下小孩登船的数量仅占整体样本的 11.1%。对于初次体验邮轮的旅客，他们对于邮轮的陌生和好奇程度要远远高于曾经体验过邮轮的旅客。我们对有无邮轮经历也做了详细调查，发现初次登上邮轮的旅客占比竟然高达 80%（表 6-7）。

表6-5　对性别和有无邮轮经历做独立样本 T 检验（自绘）

		F	显著性	T	自由度	显著性双尾	平均值差值	标准误差差值	差值95% 置信区间	
									下限	上限
性别	假定等方差	0.013	0.910	−1.998	41	0.052	−0.357	0.179	−0.718	0.004
	不假定等方差			−1.987	37.864	0.054	−0.357	0.180	−0.721	0.007
有无邮轮经历	假定等方差	0.792	0.379	−0.444	41	0.659	−0.056	0.127	−0.321	0.200
	不假定等方差			−0.443	40.128	0.660	−0.056	0.127	−0.321	0.201

表6-6　样本的整体频数统计

有效	年龄频数统计		性别频数统计		登船情况频数统计	
	年龄	频数	性别	频数	登船情况	频数
	15~25 岁	15	男	17	个人	1
	26~50 岁	12			家庭	11
	51~70 岁	14	女	25	团体	28
	71 岁以上	4			携带 14 岁以下儿童	25
总计		45		42		45

对个体文化程度进行分析，大多数旅客的文化程度是大学本科；高于本科的仅占 6.7%。对个体经济实力进行分析发现，收入在 2000~5000 元的人数最多，其次是 2000 元以下的，然后是 5000~8000 元的，8000 元以上的占比最少（图6-7）。

表6-7　收入、文化程度及邮轮经历频数统计

	收入情况频数统计		文化程度频数统计		邮轮经历频数统计	
	收入情况	频数	文化程度	频数	邮轮经历	频数
有效	2000 元以下	13	小学及以下	1	初次	36
	2000~5000 元	15	高中	8		
	5000~8000 元	10	本科	33	多次	9
	8000 元以上	7	研究生	3		
总计		45		45		45

在整体样本中，我们针对视觉信息识别的一些详细影响因素也做了一些相关的因素分析，如每个个体的视力情况。由视力情况的统计频数可知（表 6-8），视力非常好的人、视力很好的人和视力不太好的人所占比例相同，视力情况一般良好的占样本整体的绝大多数。

表 6-8　视力情况频数统计

	视力情况	频数	百分比 /%	有效百分比 /%	累计百分比 /%
有效	非常好	10	22.2	22.2	22.2
	很好	10	22.2	22.2	44.4
	一般良好	13	29	29	73.3
	不太好	10	22.2	22.2	95.6
	很差	2	4.4	4.4	100.0
总计		45	100.0	100.0	

邮轮标识系统美观度评价，因性别不同而有显著差异，如表 6-9 所示。由数据可知，标识系统的外观美观度与男女性别相关性假设不成立；标识系统背景颜色和文字对比感强弱与男女性别呈显著相关性；地域文化特色感强弱与男女性别呈显著相关性；标识易发现性与男女性别无显著相关性；无障碍设计标识与男女性别相关性较弱（表 6-10）。

表 6-9　美观度频数统计

因素	性别	个案数	平均值	标准差	标准误差平均值
外观美观度	男	17	3.18	0.809	0.196
	女	25	3.60	0.913	0.183
背景颜色与文字对比感	男	17	3.71	1.105	0.286
	女	25	3.88	0.833	0.167
地域文化特色感	男	17	4.12	0.600	0.146
	女	25	4.12	0.927	0.185
标识易发现性	男	17	3.94	0.899	0.218
	女	25	3.88	1.054	0.211
无障碍设计标识	男	17	3.82	0.809	0.196
	女	25	3.92	0.862	0.172

表 6-10　莱文方差等同性检测

莱文方差等同性检测		F	显著性	平均值等同性 T 检测					差值 95% 置信区间	
				T	自由度	显著性双尾	平均值差值	标准误差差值	下限	上限
外观美观度	假定等方差	1.165	0.287	−1.544	40	0.131	−0.424	0.274	−0.978	0.131
	不假定等方差			−1.580	37.141	0.123	−0.424	0.268	−0.966	0.119
背景颜色与文字对比感	假定等方差	4.958	0.032	−0.582	40	0.564	−0.174	0.299	−0.778	0.430
	不假定等方差			−0.552	27.966	0.585	−0.174	0.315	−0.820	0.472

续表 6-10

		莱文方差等同性检测		平均值等同性 T 检测					差值 95% 置信区间	
		F	显著性	T	自由度	显著性双尾	平均值差值	标准误差差值	下限	上限
地域文化特色感	假定等方差	6.157	0.017	-0.009	40	0.993	-0.002	0.255	-0.519	0.514
	不假定等方差			-0.010	39.941	0.992	-0.002	0.236	-0.479	0.474
标识易发现性	假定等方差	1.290	0.263	0.196	40	0.846	0.061	0.313	-0.571	0.693
	不假定等方差			202	37.832	0.841	0.061	0.303	-0.553	0.675
无障碍设计标识	假定等方差	0.844	0.364	-0.365	40	0.717	-0.096	0.264	-0.631	0.438
	不假定等方差			-0.369	35.960	0.714	-0.096	0.261	-0.626	0.433

三、复杂空间可达性试验

（一）试验准备阶段

在试验准备阶段，检查与审核被试样本的条件、基本信息以及完成能力（被试样本数量为 40 人，平均年龄 21 岁，本科学历，视力水平优秀，身体健康，喜爱旅行，有一定邮轮旅游经验）；确保试验所用的无线网络信号正常；确保眼动仪器、设备的正常运行；准备好测试所需的文件和调研问卷；选择一间光线好但不太明亮的办公室，光线太强会影响眼动跟踪器；让被试者坐在没有轮子、倾斜的椅子上。

（二）试验介绍阶段

试验前被试者必须知晓试验的任务、程序以及主要关注点；可以对被试者做一次试验培训，填写试验登记任务表；向被试者简单介绍眼动仪和试验的相关事项，这样做的目的是使被试者将状态调整到适合试验的程度，消除被试者的陌生感和紧张感；测试过程中要正确引导被试者操作并解答操作问题；反复强调操作任务的重点和路径；解释操作任务的正确方法，使被试者不要产生太大的技术压力；检查和引导被试者的正确坐姿，包括如何正确操作鼠标才能达到更好的试验效果；引导被试者主要关注屏幕的重点区域；尽量按照被试者的穿戴习惯调整眼动仪的位置和角度，为被试者营造一个舒适、放松的测试环境。

（三）正式测试阶段

按下 Tobii Studio 软件的开始按钮记录眼动活动。了解被试者在遇到问题时的想法所引起的实时反馈和情绪反应；不干扰可用性度量，理解被试者试图完成任务时的想法；试验人员大声朗读任务情景，并在思考的同时开始处理情景；记录者记录被试者在每项任务中的行为、评论、错误和完成情况（成功或失败）；会话继续进行，直到完成所有任务场景或已到规定的时间。

（四）用户访谈阶段

访谈往往更自然，也没有实验室测试那么正式。在访谈中考虑情景，监视被试者在其环境中完成工作的行为；在可用性测试中采访被试者，找出他们的各种问题和任务。让用户完成他们自己的任务的同时，也让他们完成试验人员要求的一些任务；可用性测试通常是非正式的，可用性测试的范围可以从非正式和定性到正式和定量。

（五）被试样本视频采集

选取40个被试者进行试验，被试者佩戴仪器观察目标，实时记录采集视频样本，如图6-1所示。

（六）视频分析过程

被试者持续、集中关注测试目标，容易造成认知的紧张和疲劳，因此在测试和采集信息时会比较困难，要经过多层筛选才能获得可靠的信息，如图6-2所示。

（七）Gaze plot 视线轨迹图与 Heatmap 热力图样本生成

这一步的主要任务是主导被试者观察样本的注视时间和重点区域。图6-3所示是对空间寻找样本的行为轨迹的重点关注区域进行测试，图6-4所示是对具体标识牌信息元素的关注度和时长进行测试。

（八）Gaze Plot 视线轨迹对比图

通过排列式扫描路径来测量视线轨迹会更为简洁，对三组样本的测量效率更高，也比较聚焦，轨迹分布呈现一定相关性，形成一定的空间规律，呈现出左右和上下交替规律性扫视轨迹。其他两组页面眼动轨迹分布较为分散，没有明显的眼动规律，这与页面的信息排布有一定关系。图6-5所示为样本视线轨迹对比图。

上述眼动试验全部在现场（即"探索梦"号大型邮轮）完成，采集了相关数据，

图6-1　被试者试验过程（自绘）

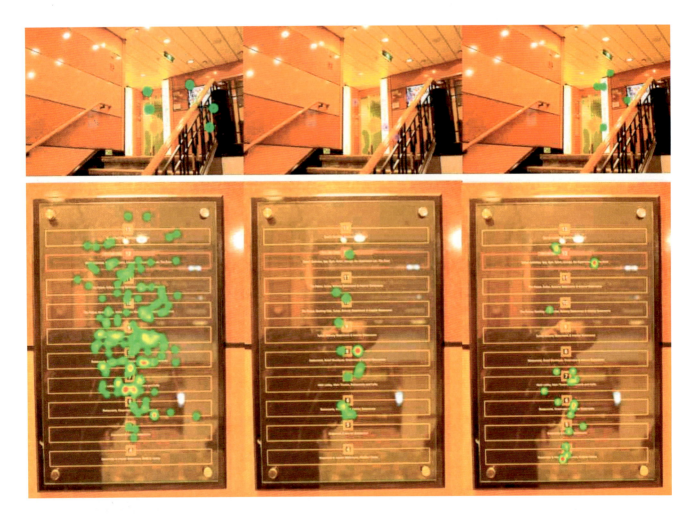

图 6-2　试验分析过程（自绘）

图 6-3　样本视线轨迹图 1（自绘）

图6-4　样本视线轨迹图2（自绘）

图6-5　样本视线轨迹对比图（自绘）

包括眼动分析数据、无人机拍摄的视频、游客的调研评价表格以及试验人员的现场记录。将采集的原始记录与数据整理、归类、统计，并应用分析软件导出数据，为后续评价指标提供比较精准的数据依据。

第三节　FAHP 模糊层次定量分析

基于生理信号检测分析游客情感识别、应急信息系统设计与管理、游客行为动线采集的科学性与准确性、复杂空间信息设计的可用性方法、智能邮轮的信息服务平台设计，可有效地应对公共空间信息问题。我们使用模糊数来表示游客的认知强度。

一、FAHP 模糊层次的多准则决策方法

构建模糊层次分析结构，获得高效的邮轮信息标识的可用性指标。在第五章我们将样本筛选为 P1、P2、P3，具体的计算方法如下：

（1）设三角模糊数 $\tilde{A} = (a_1, a_2, a_3)$，$\tilde{B} = (b_1, b_2, b_3)$。定义如下两种运算法则：

$$\tilde{A} \oplus \tilde{B} = (a_1 + b_1, a_2 + b_2, a_3 + b_3) \qquad (1)$$

$$\tilde{A} \otimes \tilde{B} = (a_1 \times b_1, a_2 \times b_2, a_3 \times b_3) \qquad (2)$$

那么模糊数的计算如式（2）所示。

（2）设模糊评判矩阵 $\boldsymbol{A} = (\tilde{a}_{ij})_{m \times n}$，模糊权重矢量 $\boldsymbol{W} = (\tilde{w}_j)_{1 \times n}$，其中 $\tilde{a}_{ij}$ 与 $\tilde{w}_j$ 均为维度相同的矢量，分数矢量 $\boldsymbol{R}$ 的计算方式如下：

$$\boldsymbol{R} = \boldsymbol{A} \otimes \boldsymbol{W}^{\mathrm{T}}$$

$$= \begin{bmatrix} \tilde{a}_{11} \cdots \tilde{a}_{1n} \\ \vdots \quad \vdots \\ \tilde{a}_{m1} \cdots \tilde{a}_{mn} \end{bmatrix} \otimes \begin{bmatrix} \tilde{w}_1 \\ \vdots \\ \tilde{w}_n \end{bmatrix} = \begin{bmatrix} \tilde{a}_{11} \otimes \tilde{w}_1 \oplus \tilde{a}_{12} \otimes \tilde{w}_2 \cdots \oplus \tilde{a}_{1n} \otimes \tilde{w}_n \\ \vdots \\ \tilde{a}_{n1} \otimes \tilde{w}_1 \oplus \tilde{a}_{n2} \otimes \tilde{w}_2 \cdots \oplus \tilde{a}_{mn} \otimes \tilde{w}_n \end{bmatrix} = \begin{bmatrix} \tilde{r}_1 \\ \vdots \\ \tilde{r}_n \end{bmatrix}$$

（3）对于模糊数的排序，设三角模糊数 $\tilde{r}_i = (l, m, u)$，那么其平均数 $\overline{x}(\tilde{r}_i)$ 和标准差 $\sigma(\tilde{r}_i)$ 的计算方法如下：

$$\overline{x}(\tilde{r}_i) = \frac{1}{4}(l + 2m + u)$$

$$\sigma(\tilde{r}_i) = \frac{1}{80}(3l^2 + 4m^2 + 3u^2 - 4lm - 2lu - 4mu)$$

（4）对各方案的可用性评价分数矢量进行去模糊化处理，可得到最终的可用性综合评价结果，如表 6-11 所示。通过可用性综合评价模型，我们得出"探索梦"号邮轮导识系统标志 3 个方案中的最优方案为 P2。

表 6-11　方案的可用性综合评价得分及排序

排名	样本	三角模糊数参数			去模糊化	
		l	m	u	$\overline{x}$	σ
1	方案 P2	49	79	98	79.6	117.12
2	方案 P3	38	61	77	61.4	71.14
3	方案 P1	31	48	65	48.9	63.06

综上所述，可用性评价体系的建立、评价指标的度量和可用性综合评价模型的构建，可以为邮轮导识系统的可用性评价提供帮助。运用层次分析法和可用性理论将邮轮导视系统进行分级分解，提取潜在可用性评价指标，把应用效率、有效性和用户满意度作为邮轮可用性维度，量化分析绩效度量和问卷调查、设计测试任务等潜在数据，通过试验数据得出最优方案。这一研究过程不仅对游客的信息标识系统潜在需求作出客观性的分析，也对未来标识系统的创新设计提供了新的设计手段。

二、信息标识设计的可用性评价

对邮轮公共空间的信息标识进行试验性设计，获得 40 组信息标识方案，通过可用性指标的标准化应用，对 40 组设计方案作出可用性评价，筛选出标准化方案。

（一）邮轮空间信息标识的眼动试验

研究用户在观察信息标识时的客观眼动数据与主观满意度之间的关系，进而评价图形符号的标准化应用。

（1）被试者

由于被试者对试验材料的熟悉程度不同，因此会影响试验的完成情况和满意度评价，不利于对眨眼间隔和主观满意度之间的相关性进行研究。对被试者的要求为具备一定的 APP 操作经验但未使用过邮轮数字服务平台 APP。

另外，被试者感到身体疲劳、主观精神状态不济会对眼动数据造成影响，眨眼时间变长，眨眼间隔增大，因此被试者在开始测试任务前应没有感到困倦、疲惫，精神状态良好。根据上述要求，有 40 名被试者参与了可用性测试，其中男性 20 人，女性 20 人，年龄在 20~25 岁，所有被试者视力（或矫正视力）正常，均为右利手，此前未使用过眼动仪，且计算机使用时间为 3~7 年。

（2）试验设备

Tobii T60 台式眼动仪和试验样本，如图 6-6 所示。

图 6-6　Tobii T60 台式眼动仪和试验样本（自绘）

（3）试验测试流程

　　每个被试者按照试验样本的顺序观察图标，观察每个图标的间隔时间为5秒钟，收集数据，试验设备会记录相关操作的眼动数据。随后提供一份满意度问卷给被试者，完成主观满意度评价之后，将采集好的试验数据和主观满意度评分作相关分析，寻找眼动数据与用户满意度之间的映射关系。图6-7所示为第一组40个标识图形的热力图，图6-8所示为第二组40个标识图形的凝视点位置，图6-9所示为第三组整体对比热力图和凝视点位置。

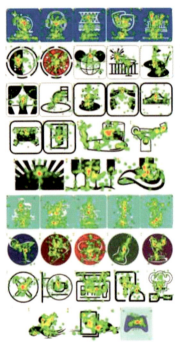

图6-7　第一组40个标识图形的热力图

图6-8　第二组40个标识图形的凝视点位置

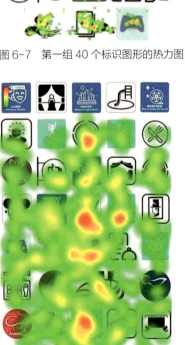

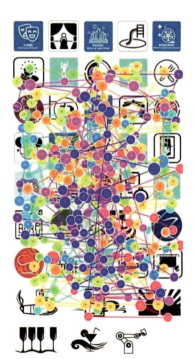

图6-9　第三组整体对比热力图和凝视点位置（自绘）

（4）注视时长与用户满意度相关分析

每位被试者针对测试标识图标的满意度评价如图 6-10、图 6-11 所示。将注视时长最大值与满意度进行相关性分析，如表 6-12 所示。

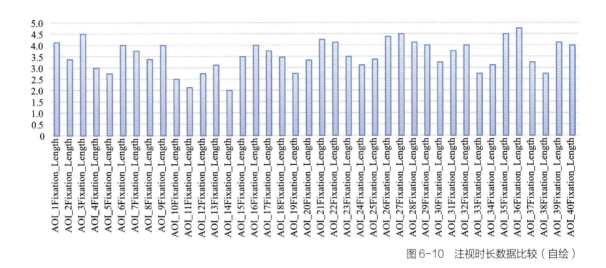

图 6-10　注视时长数据比较（自绘）

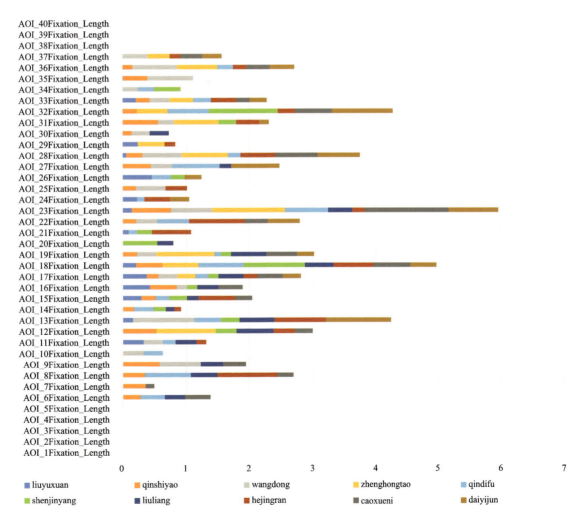

图 6-11　眼动 AOI 注视时长图表（见附录 G）

表 6-12　注视时长最大值与满意度相关性分析（见附录 G）

		满意度	最大值增幅测试
满意度	皮尔森相关系数 显著性（两侧检验）	1	-0.333 0.000
	N	40	40
最大值增幅测试	皮尔森相关系数 显著性（两侧检验）	-0.333 0.000	1
	N	40	40

（二）试验分析与小结

试验结果显示，皮尔森数性相关系数是 0.401，位于 (0.3，0.5)，显著性值 =
0.000< 0.05，表明满意度与注视时长之间存在中度相关性，测试过程的可用性问
题给被试者增加了较大的信息负载，为了寻找认知识别信息，被试者无意中增加了
注视时间。注视时长的最大值增幅与满意度的相关性分析如表 6-13 所示。

表 6-13　注视时长最大值增幅与满意度相关性分析（见附录 G）

		满意度	最大值增幅测试
满意度	皮尔森相关系数 显著性（两侧检验）	1	-0.253 0.044
	样本含量	40	40
最大值增幅测试	皮尔森相关系数 显著性（两侧检验）	-0.253 0.044	1
	样本含量	40	40

将满意度与注视时长最大值增幅进行相关性分析，结果显示皮尔森数性相关系
数为 0.253，位于 (0.1，0.3)，显著性值 =0.03<0.05，二者之间相关性不高，注
视时长最大值增幅数据无法作为依据来判断任务起止的满意度状况及存在的可用性
问题。然后进行注视时长最小值与满意度的相关性分析，如表 6-14 所示。

表 6-14　注视时长最小值与满意度相关性分析（见附录 G）

		满意度	最小值增幅测试
满意度	皮尔森相关系数 显著性（两侧检验）	1	-0.279 0.054
	样本含量	40	40
最小值测试	皮尔森相关系数 显著性（两侧检验）	-0.279 0.054	1
	样本含量	40	40

　　计算结果显示，皮尔森相关系数是 0.067，位于 (0，0.09)，显著性值 =0.570>0.05，二者之间没有相关性，无法通过注视时长最小值增幅判断被试者在完成测试任务起止的满意度状况及存在的可用性问题，如表 6-15 所示。

表 6-15　注视时长最小值增幅与满意度相关性分析

		满意度	最小值增幅测试
满意度	皮尔森相关系数 显著性（两侧检验）	1	-0.067 0.570
	样本含量	40	40
最小值增幅测试	皮尔森相关系数 显著性（两侧检验）	-0.067 0.570	1
	样本含量	40	40

　　测试平均注视时长与满意度的关系，不同满意度的注视时长均值统计如表 6-16 所示。将注视时长平均值与满意度进行相关性分析，如表 6-17 所示。计算结果显示，皮尔森相关系数为 0.702，位于 (0.5，1)，显著性值 = 0.000<0.05，满意度和注视时长之间呈负相关性，也就是说，注视时长的平均值降低时，任务相应的满意度数值升高；反之亦然。基于模糊综合层次法分析，试验中的可用性问题对被试者产生了很大的信息忧虑，这些信息忧虑来自信息设计元素的可用性问题，如信息结构的无序性、信息标识映射关系模糊、色彩的视觉层次混乱等。造成信息设计元素识别混乱的原因是，游客对公共空间的感知、学习出现偏差，也就是说，游客的行为动线影响空间的布局，从而影响游客的信息学习效率。空间行为动线与信息标识的有序性存在正相关性。

表 6-16　不同满意度的注视时长均值统计（自绘）

满意度	算数平均值（M）	样本含量（N）
1	6.004	0
2	3.473	17
3	2.798	10
4	2.683	9
5	1.798	4
总计	3.855	40

表 6-17　平均注视时长与满意度相关性分析（自绘）

		满意度	平均提取方差值
满意度	皮尔森相关系数显著性 （两侧检验）	1	-0.702 0.000
	样本含量	40	40
平均提取方差值测试	皮尔森相关系数显著性 （两侧检验）	-0.702 0.000	1
	样本含量	40	40

因此，基于以上试验和视觉感知理论，筛选出以下 10 个标识为满意度测评数值较高的设计方案，如图 6-12 所示。

注视时间显著变长的时段很可能是被试者遇到较为严重的可用性问题的时间。经相关性分析发现，满意度和注视时长最高值之间的相关性只有中等，但在此时间段内被试者的操作内容和方式也应该引起研究人员的关注，仔细分析这些内容将有助于了解标识设计中可用性标准化问题，提升用户体验感。

图 6-12　标识设计满意度评价筛选结果（自绘）

第四节　公共空间信息服务平台设计的满意度评估

设定满意度评价指标，根据情绪反应模型原理，将指标定为积极情绪和消极情绪。界面设计满意度量表如表 6-18 所示。

表 6-18　界面设计满意度量表（自绘）

项目	非常满意	满意	一般满意	失望	非常失望
满意度	5	4	3	2	1

一、　可用性功能标准的建立

界面可用性研究是评价用户满意度的重要依据。可用性是针对界面本身，满意度评价是针对用户的体验与反馈，它们之间存在因果关系。基于前文游客情绪及满意度测评的模型研究，确立界面设计的可用性指标，为满意度测评研究提供依据，为试验设计制定目标。

根据测试任务设定李克特心理量表，如表 6-19 所示。设定喜欢度、美观度、实用性、可用性四个指标，并对应积极情绪和消极情绪的反应进行评价。

表 6-19　界面设计满意度测评指标

积极情绪	消极情绪	类别
快乐	悲伤	喜爱度
欲望	厌恶	美观度
魅力	无聊	实用性
满意	不满意	可用性

二、游客满意度评价结论

（一）可用性测试是影响用户满意度的主要因素

可用性在邮轮公共空间中用来描述空间与信息的相关性问题，也用来描述满足游客和船员利益相关者的需求问题，这也意味着用户的需求可以通过或多或少的友好的系统沿着单一维度来描述，以增强游客的情感愉悦度。实际上，不同的游客有不同的需求，一个对游客"友好"的系统对另一个游客来说可能会非常乏味。可用性测试的目的是建立良好的，同时适用于所有游客的界面设计。可用性不是用户界面的单一属性，通常与 5 个属性相关。

（1）可学习性

系统需要用户易于操作学习，以便用户能够快速使用系统并完成一些工作。可学习性是最基本的可用性属性，因为大多数系统都需要人们易于学习，而且大多数人对新系统的第一次体验就是先学会使用它。当然，有些系统可以为用户提供广泛的培训，以克服难以学习的困难。

（2）使用效率

这里的使用效率指用户在学习曲线变平滑时的稳定性能水平，这种稳定的性能水平对用户来说可能不是最优的，因为用户通过学习一些附加的高级功能，在使用系统的过程中，有时可以节省更多的时间。衡量使用效率的一个典型方法是确定专业知识的定义，获取具有该专业知识的用户的代表性样本，并测量这些用户执行某些典型测试任务所需的时间。

（3）可记忆性

在很大程度上，提高可学习性能使界面易于记忆，界面可记忆性很少像其他可用性属性那样被彻底测试，原则上有两种主要的测量方法：一种是对离开系统一段时间的临时用户执行标准用户测试，并测量他们执行某些典型测试任务所需的时间；另一种是在用户完成与系统的测试会话后，对他们进行内存测试，并要求他们解释各种命令的效果，或者命名执行某个操作的命令（或绘制图标）。界面的可记忆性得分就是用户给出的正确答案的数量。

（4）减少错误

用户在使用计算机系统时应尽量减少错误。通常错误被定义为没有完成预期目标的任何操作，系统的错误率是通过统计用户在执行某个特定任务时所执行的此类操作的数量来衡量的。因此，错误率测量可以作为其他可用性属性测量试验的一部分。不能简单地将错误定义为任何不正确的用户操作，因为并没有考虑到不同错误的不同影响，有些错误会被用户立即更正，除了降低用户的事务处理速度之外没有其他影响。这类错误不需要单独计算，但应注意努力将其频率降至最低。

（5）主观满意度

这里的主观满意度指使用系统的愉快程度。原则上，可以使用某些客观的度量来评估用户使用界面的愉悦性，如通过脑电图、瞳孔扩张、心率、皮肤传导性、血压和血液中肾上腺素水平等来评估使用者的压力和舒适程度。如果测试多个系统，则可以直接询问用户更喜欢哪个系统，或者通过对不同系统的偏好程度来衡量主观满意度。对于正在使用的系统，则可以通过询问用户，为什么选择使用该系统而不是选择其他任何可替代系统，来衡量主观满意度。

（二）生理指标测量是满意度选取的方法

在可用性测量过程中，被试者需要完成预先设定好的测量任务、调研问卷，会表现出多种情绪反应，捕捉和记录被试者的反应，如喜悦、惊讶、厌烦、紧张、锁眉、瞪眼、握拳等，同时还可用同步视频记录被试者的快速动作，如脸部表情。另外，眼睛无法判断的生理状态可以用仪器测量，如心率、血压、呼吸、眼跳、眨眼、体温等指标，在可用性测试中这些指标是很重要的分析数据。

用户眼动的数据表明：

（1）扫视路径可呈现眼球活动的轨迹与在节点位置停留的时长；扫视路径长度解释为各关注点间的总长度；扫视路径时间是用户在扫视过程中所持续的时间。运用视觉眼动仪等设备捕捉用户的眼球扫视轨迹及最小化扫视路径，可以增强捕捉信息的效度，也可以获得扫描路径总长度的数据，来比较不同用户界面的搜索效度。研究表明，扫视路径的长度与用户的搜索效度成反比，扫视路径越长，搜索效度越低；扫视时间与路径长度成正比，扫视时间越短，搜索效度越高。

（2）注视时间是目光聚焦在某个点持续的时长，与用户搜索信息难度呈正相关性，当认知的内部表征匹配时间较长，说明认知信息特征搜索的难度较大，注视时间会较长；反之亦然。因此，界面设计的视觉元素表达直接影响认知行为，图式化意象语义表达与注视时间呈显著的负相关性，图式化语义表达越充分，学习效率越高，注视时长越短；文字表达效果要低于图式化语义，因此，注视时长较长。注视时间越短，说明视觉元素的清晰度越高。

（3）注视次数是用户在关注目标后需要反复求证而呈现的次数。注视次数过多，表明目标信息的界面设计可能存在一定问题，造成传播路径不畅，如标识隐喻不明确、过于抽象造成认知歧义，识别度降低造成反复注视。因此，注视次数的统计和计算可以对满意度的可用性指标作出客观评价。

（三）眼动生理指标的准确性

（1）试验设计

本试验通过观察被试者眨眼间隔获得眼动生理指标数据，来求证眨眼间隔与用户主观满意度之间的关系。

将数据分类：①用户满意度评价；②眨眼间隔最大值；③眨眼间隔最小值；④眨眼间隔平均值；⑤眨眼间隔标准差。

在试验开始前，首先对眼动仪进行检查与校正，如图 6-13 所示。其次，准备一张风景照片和一首背景音乐，让被试者关注 1 分钟来放松他们的心情。再次，让被试者了解测试的主要目标和过程，回答被试者的问题，并快速完成测试任务。被试者依次观察图 6-14 所示的 12 张图片，每张的观察时间为 30 秒。最后，测试完成后，完成李克特调研量表的满意度评价。

（2）测试过程

被试者要求具备一定的 APP 操作经验但未使用过邮轮数字服务平台 APP，

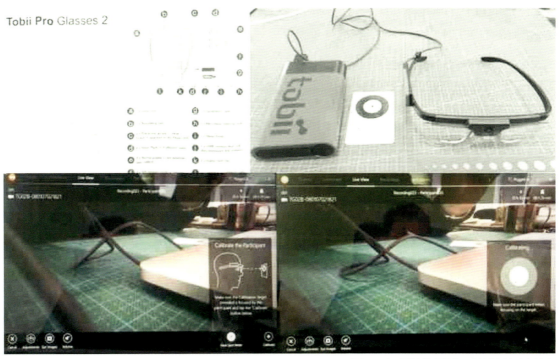

图 6-13　测试仪器设备及被试方法（自绘）

图 6-14　邮轮公共空间信息服务平台界面设计测评样本（自绘）

测试过程设定如图 6-15 所示。把每位被试者观察每张图片的眼动记录作为一条完整、独立的记录，试验总计获得 336 条记录（28 人 ×12 图）。每条记录需计算眨眼间隔最大值、眨眼间隔最小值、眨眼间隔平均值、眨眼间隔标准差，这 4 项数值用于后续的分析之中。根据上述要求，筛选出 28 位被试者，其中男女各 14 人，年龄在 20~25 岁，所有被试者视力（或矫正视力）较好，均为右手持鼠标，之前没有使用过眼动仪的经历，计算机使用经验为 8~10 年。

图 6-15　测试过程设定（自绘）

（3）数据收集

　　在设计基于屏幕的信息时，可能需要考虑几个数字平台。从传统的屏幕交付平台（如网站或电视）到移动技术（如平板电脑和智能手机）平台，都有不同的尺寸和分辨率，并且在设计过程中可能会有需要修改的特殊限制。第一组测试分析：热力图、AOI 兴趣区块图、扫视轨迹图，如图 6-16 所示，第一组测试关注时间数据，如图 6-17 所示。

图 6-16　第一组测试分析：热力图、AOI 兴趣区块图、扫视轨迹图（自绘）

			Time to First Fixation DSC_5322.jpg					
			Rectangle 1			Rectangle 2		
Recordings	Age	Gender	N(Count)	Mean(Second)	Sum(Second)	N(Count)	Mean(Second)	Sum(Second)
huangbohan	21-30	Male			-	-		
liaiwei	21-30	Male	1	1.31	1.31	1	0.93	0.93
Peter	41-50	Male	1	0.03	0.03	1	2.94	2.94
syt	<20	Male	1	0	0	1	1.21	1.21
wangcais	<20	Female	1	0	0	1	3.97	3.97
YiHangSiow	<20	Male	1	0	0	1	0.73	0.73
曾天生	21-30	Male			.			
陈曦	214 30	Female	1	0	0	1	0.69	0.69
陈圆佳	21-30	Female	1	0	0	1	0.53	0.53
陈子薇	21-30	Female	1	0.07	0.07	1	0.45	0.45
方颖	21-30	Female	1	0	0	1	0.86	0.86
何山昂	21-30	Male	1	0	0	1	1.18	1.18
贺靖然	21-30	Male	1	0.04	0.04	1	2.19	2.19
李佳琪	21-30	Female	1	0.01	0.01	1	0.92	0.92
刘婷	21-30	Female	1	0	0	1	0.7	0.7
罗铃滢	<20	Female	1	0.29	0.29	1	0.66	0.66
沈劲阳	21-30	Male	1	0.24	0.24	1	0.74	0.74
宋紫杉	21-30	Female	1	0	0	1	0.7	0.7
覃荻夫	21-30	Male	1	0.48	0.48	1	0.81	0.81
王栋	21·30	Male	1	0.44	0.44	1	0.77	0.77
王萧博	21-30	Male	1	0	0	1	1.63	1.63
吴佳林	21-30	Male	1	0	0			
吴双	21-30	Female	1	0	0			
徐绮	21-30	Female	1	0	0	1	0.47	0.47
张密	21-30	Female	1	2.88	2.88	1	3.8	3.8
张明华	21-30	Male	1	0	0	1	0.9	0.9
朱典	21-30	Female	1	0	0	1	1.08	1.08
朱佳意	21-30	Female	1	0.01	0.01	1	0.71	0.71
All Recordings	-	-	26	0.22	5.8	24	1.23	29.59

图 6-17 第一组测试关注时间数据（自绘）

第二组测试分析：热力图、AOI 兴趣区块图和扫视轨迹图，如图 6-18 所示，第二组测试关注时间数据，如图 6-19 所示。

第三组测试分析：热力图、AOI 兴趣区块图和扫视轨迹图，如图 6-20 所示，第三组测试关注时间数据，如图 6-21 所示。

（4）眨眼间隔与用户满意度相关分析

眨眼间隔与用户满意度相关分析的试验数据分别如图 6-22、图 6-23、图 6-24、图 6-25 所示。

试验前应向被试者介绍任务的具体要求。当被试者自然观看场景并顺利完成任务时，收集眼球运动数据，包括被试者从开始操作到完成任务的持续时间（T），被试者眼睛睁开、闭上和睁开的眨眼周期持续眨眼时间（T_b），任务过程中眨眼计数（N），然后通过问卷调查得到满意度评价得分。眨眼结束到眨眼开始的时间间隔为 I，通过测量将眨眼间隔最大值与满意度进行相关性分析，如图 6-26 所示。

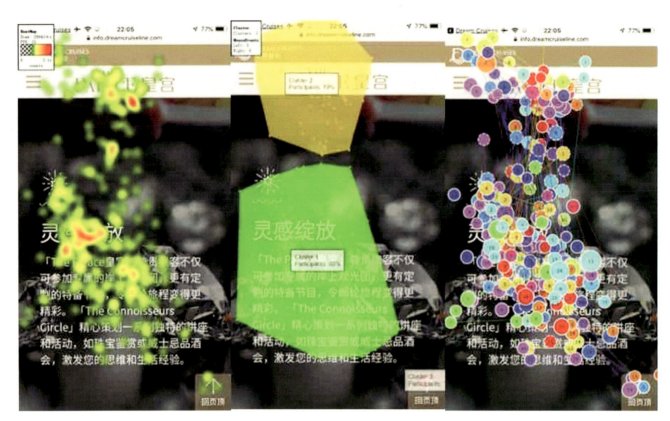

图 6-18　第二组测试分析：热力图、AOI 兴趣区块图、扫视轨迹图（自绘）

Recordings	Age	Gender	Time to First Fixation DSC_5620.jpg								
			Rectangle 1			Rectangle 2			Rectangle 3		
			N(Count)	Mean(Second)	Sum(Second)	N(Count)	Mean(Second)	Sum(Second)	N(Count)	Mean(Second)	Sum(Second)
huangbohan	21-30	Male									
liaiwei	21-30	Male									
Peter	41-50	Male	1	0.89	0.89	1	0.23	0.23	1	7.29	7.29
syt	<20	Male	1	1.45	1.45	1	0.23	0.23	1	0.07	0.07
wangcais	<20	Female	1	1.15	1.15	1	0	0	1	2.29	2.29
YiHangSiow	< 20	Male	1	0.61	0.61	1	0	0	1	1.42	1.42
曾天生	21-30	Male				-	.		-		
陈曦	214 30	Female	1	0.09	0.09	1	0.27	0.27	1	1.12	1.12
陈圆佳	21-30	Female	.						1	0.8	0.8
陈子薇	21-30	Female	.			1	0.03	0.03			
方颖	21-30	Female	1	1.56	1.56	1	0	0	1	0.69	0.69
何山昂	21-30	Male	1	0.66	0.66	1	0	0			
贺靖然	21-30	Male	.			1	1.19	19	1	4.32	4.32
李佳琪	21-30	Female				1	0	0	1	1.09	1.09
刘婷	21-30	Female				1	0	0	1	2.36	2.36
罗铃滢	<20	Female				1	0.27	0.27	1	1.12	1.12
沈劲阳	21-30	Male				1	0.26	0.26	1	1.89	1.89
宋紫杉	21-30	Female				1	0	0	1	4.26	4.28
覃荻夫	21-30	Male				1	0	0			
王栋	21-30	Male									
王萧博	21-30	Male	1	2.07	2.07	1	0	0	1	2.65	2.65
吴佳林	21-30	Male				1	0	0			
吴双	21-30	Female	1	0.31	0.31	1	0.57	0.57			
徐绮	21-30	Female	-			1	0	0	1	0.75	0.75
张密	21-30	Female	-			1	0	0			
张明华	21-30	Male	1	2.23	2.23	1	0	0	1	0.68	0.68
朱典	21-30	Female	1	0.86	0.86	1	0.19	0.19	1	0	0
朱佳意	21-30	Female				1	0.04	0.04	1	0.96	0.98
All Recordings	-		11	1.08	11.88	23	0.14	3.29	18	1.88	33.8

图 6-19　第二组测试关注时间数据（自绘）

图 6-20　第三组测试分析：热力图、AOI 兴趣区块图、扫视轨迹图（自绘）

			Time to First Fixation DSC_ 5499 .jpg					
			Rectangle 1			Rectangle 2		
Recordings	Age	Gender	N(Count)	Mean(Second)	Sum(Second)	N(Count)	Mean(Second)	Sum(Second)
huangbohan	21-30	Male						
liaiwei	21-30	Male						
Peter	41-50	Male	1	0	0	1	0.8	0.8
syt	<20	Male	1	0.25	0.25	1	1.51	1.51
wangcais	<20	Female	1	0	0	1	0.6	0.6
YiHangSiow	< 0	Male	1	0	0	1	0.73	0.73
曾天生	21-30	Male						
陈曦	214 30	Female	1	0.03	0.03	1	0.52	0.52
陈圆佳	21-30	Female	1	0.25	0.25			
陈子薇	21-30	Female	1	0	0	1	0.59	0.59
方颖	21-30	Female	1	0	0	1	0.97	0.97
何山昂	21-30	Male	1	0	0	1	0.84	0.84
贺靖然	21-30	Male	1	1.23	1.23	1	2.15	2.15
李佳琪	21-30	Female	1	0.02	0.02	1	2.47	2.47
刘婷	21-30	Female	1	0	0	1	0.82	0.82
罗铃滢	<20	Female	1	0.08	0.08	1	0.76	0.76
沈劲阳	21-30	Male	1	0	0	1	2.54	2.54
宋紫杉	21-30	Female	1	0	0	1	0.97	0.97
覃荻夫	21-30	Male	1	0.13	0.13	1	1.1	1.1
王栋	21 30	Male	1	0	0	1	2.12	2.12
王萧博	21-30	Male	1	0	0	1	1.11	1.11
吴佳林	21-30	Male	1	0	0			
吴双	21-30	Female	1	0.28	0.28	1	0.75	0.75
徐绮	21-30	Female	1	0	0	1	0.77	0.77
张密	21-30	Female	1	0	0	1	0.76	0.76
张明华	21-30	Male	1	0.2	0.2	1	0.75	0.75
朱典	21-30	Female	1	0.17	0.17	1	0.77	0.77
朱佳意	21-30	Female	1	0.23	0.23	1	0.76	0.76
All Recordings	-	-	25	0.11	2.87	23	1.12	25.7

图 6-21　第三组测试关注时间数据（自绘）

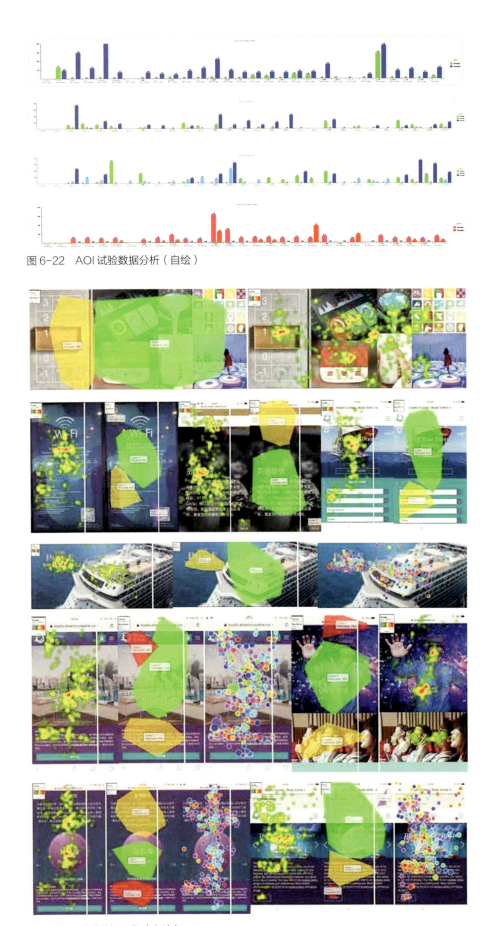

图 6-22　AOI 试验数据分析（自绘）

图 6-23　试验数据汇集（自绘）

Time to First Fixation DSC_5480.jpg								
			Rectangle 1			Rectangle 2		
Recordings	Age	Gender	N(Count)	Mean(Second)	Sum(Second)	N(Count)	Mean(Second)	Sum(Second)
huangbohan	21- 30	Male						
liaiwei	21-30	Male						
Peter	41-50	Male	1	0.49	0.49	1	0	0
syt	<20	Male	1	0.49	0.49	1	0	0
wangcais	<20	Female	1	0.43	0.43	1	0	0
YiHangSiow	<20	Male	1	0.44	0.44	1	0.09	0.09
曾天生	21-30	Male						
陈曦	214 30	Female	1	0.31	0.31	1	0	0
陈圆佳	21-30	Female	1	0.48	0.48	1	0.06	0.06
陈子薇	21-30	Female	1	0.8	0.8	1	0.2	0.2
方 颖	21-30	Female	1	0.37	0.37	1	0	0
何山昂	21-30	Male	1	0.39	0.39	1	0	0
贺靖然	21-30	Male	1	3.14	3.14	1	1.24	1.24
李佳琪	21·30	Female	1	1.43	1.43	1	0	0
刘婷	21-30	Female	1	0.49	0.49	1	0	0
罗铃滢	<20	Female	1	0.54	0.54	1	0.24	0.24
沈劲阳	21-30	Male	1	0.55	0.55	1	0.21	0.21
宋紫杉	21-30	Female	1	0.47	0.47	1	0	0
覃荻夫	21-30	Male	1	0.56	0.56	1	0	0
王栋	21· 30	Male	1	0.45	0.45	1	1.91	1.91
王萧博	21-30	Male	1	0.73	0.73	1	0	0
吴佳林	21-30	Male				1	0	0
吴双	21-30	Female	1	0.4	0.4	1	0.85	0.85
徐绮	21-30	Female				1	0	0
张密	21-30	Female	1	0.72	0.72	1	0	0
张明华	21-30	Male	1	0.45	0.45	1	0	0
朱典	21-30	Female	1	0.45	0.45	1	0.2	0.2
朱佳意	21·30	Female	1	0.41	0.41	1	0	0
All Recordings	-	-	23	0.65	15	25	0.2	5.01

图6-24 第四组测试关注时间数据（自绘）

Time to First Fixation DSC_5471.jpg								
			Rectangle 1			Rectangle 2		
Recordings	Age	Gender	N(Count)	Mean(Second)	Sum(Second)	N(Count)	Mean(Second)	Sum(Second)
huangbohan	21-30	Male						
liaiwei	21-30	Male						
Peter	41-50	Male	1	0.35	0.35	1	0.78	0.78
syt	<20	Male			-	1	0.23	0.23
wangcais	<20	Female	1	1.21	1.21	1	0.26	0.26
YiHangSiow	<20	Male	1	1.01	1.01	1	0.44	0.44
曾天生	21-30	Male						
陈曦	214 30	Female	1	0	0	1	0.75	0.75
陈圆佳	21-30	Female			1	1	0.53	0.53
陈子薇	21-30	Female	1	1.9	1.9	1	0.3	0.3
方 颖	21-30	Female	1	0.91	0.91	1	0.28	0.28
何山昂	21-30	Male	1	1.24	1.24	1	0.48	0.48
贺靖然	21-30	Male	1	0.72	0.72	1	0.24	0.24
李佳琪	21-30	Female	1	1.43	1.43	1	0.32	0.32
刘婷	21-30	Female		-	.	1	0.45	0.45
罗铃滢	<20	Female	1	0	0	1	0.76	0.76
沈劲阳	21-30	Male				1	0.42	0.42
宋紫杉	21-30	Female				1	0.4	0.4
覃荻夫	21-30	Male		.		1	0.27	0.27
王栋	21·30	Male	1	0.69	0.69	1	0.42	0.42
王萧博	21-30	Male	1	0.5	0.5	1	0.25	0.25
吴佳林	21-30	Male				1	0	0
吴双	21-30	Female	1	0.01	0.01	1	0.43	0.43
徐绮	21-30	Female	1	1.39	1.39	1	0.42	0.42
张密	21·30	Female				1	0.23	0.23
张明华	21-30	Male				1	0.26	0.26
朱典	21-30	Female	1	0.96	0.96	1	0.4	0.4
朱佳意	21·30	Female	1	1.29	129	1	0.36	0.36
All Recordings	-	-	16	0.85	13.62	25	0.39	9.66

图6-25 第五组测试关注时间数据（自绘）

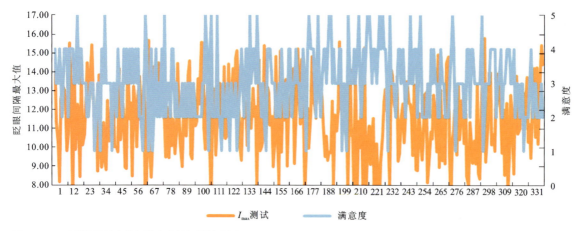

图 6-26　眨眼间隔最大值与满意度的相关性分析

如表 6-20 所示，皮尔森数性相关系数是 0.310，位于 (0.3，0.5)，显著性值 = 0.000<0.05，表明满意度和眨眼间隔的最大值之间存在中度相关性，测试过程中的可用性问题给被试者带来了很大的信息负载，为了寻找认知识别信息，被试者无意中增加了间隔时间。由相关性分析结果表明，满意度和眨眼间隔最大值间的相关系数为中等偏上。研究人员应该充分关注被试者的任务执行过程，并核检界面设计元素传播的有效性。

表 6-20　眨眼间隔最大值与满意度相关性分析结果

		满意度	最大值测试
满意度	皮尔森相关系数 显著性（两侧检验）	1	-0.310** 0.000
	样本含量	336	336
最大值测试	皮尔森相关系数 显著性（两侧检验）	-0.310** 0.000	1
	样本含量	336	336

注：** 表示相关性在 0.01 水平上显著（双尾）。

如图 6-27 所示，分析眨眼间隔最小值与满意度之间的相关性关系，眨眼间隔最小值与满意度的相关性分析结果如表 6-21 所示。皮尔森数性相关系数是 0.278，

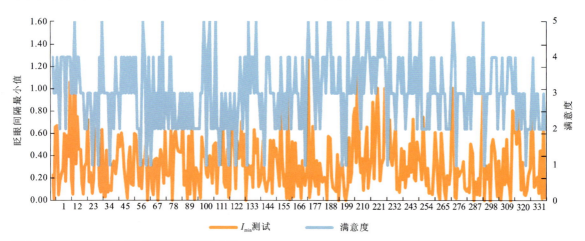

图 6-27　眨眼间隔最小值与满意度的相关性分析

位于 (0.1，0.3)，显著性值 = 0.000 > 0.05，表明满意度和眨眼间隔最小值的相关性很低，运用眨眼间隔最小值的增幅数值来判断满意度程度没有充分依据，因此也无法获得可用性的问题。

表 6-21　眨眼间隔最小值与满意度相关性分析结果

		满意度	最小值测试
满意度	皮尔森相关系数 显著性（两侧检验）	1	-0.278 0.094
	样本含量	336	336
最小值测试	皮尔森相关系数 显著性（两侧检验）	-0.278 0.000	1
	样本含量	336	336

分析平均眨眼间隔与满意度的相关性关系，试验结果如图 6-28 所示，不同满意度的眨眼间隔均值统计如表 6-22 所示。

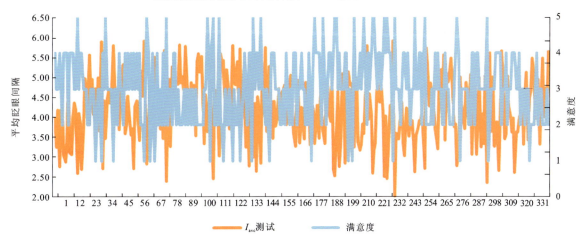

图 6-28　平均眨眼间隔与满意度的相关性分析

表 6-22　不同满意度的眨眼间隔均值分析

满意度	平均值	眨眼次数
1	5.27	19
2	4.85	84
3	4.21	124
4	3.66	85
5	2.90	24
合计	4.18	336

将眨眼间隔平均值与满意度进行相关性分析，结果如表 6-23 所示。皮尔森数性相关系数是 0.729，位于（0.5，1)，显著性值 = 0.000<0.05，表明满意度和平均眨眼间隔之间存在显著负相关性，也就是说，平均眨眼间隔数值处于高位时，满意度数值将处于低位；反之亦然。

表6-23　平均眨眼间隔与满意度相关性分析结果

		满意度	平均值测试
满意度	皮尔森相关系数 显著性（两侧检验）	1	-0.729 0.000
	样本含量	336	336
平均值测试	皮尔森相关系数 显著性（两侧检验）	-0.729 0.000	1
	样本含量	336	336

（5）试验数据分析及满意度模型建构

本书选取的眼动生理数据没有受到意外干扰，获取的数据真实有效，比较充分客观地展示了被试者的满意度评价情况；通过研究者正确引导，避免了被试者因为主观意见而造成的评价偏差或认知不一致的影响；评价界面信息中没有极端刺激性语言文字信息，因此，被试者的情绪反应是稳定有效的。

在试验过程中，研究人员已经考虑到生理信号采集方法中，外界因素对眨眼的影响和干扰，因此，特别关注被试者的身体状况、精神面貌、场景环境条件（光线强度、温度、风力、噪声）等，并对不利于试验操作的因素、影响被试者眨眼的外界因素及时调整，以达到最佳的试验效果。

进一步将眨眼间隔平均值与满意度结果绘制成曲线图，如图6-29所示。同时，进行眨眼间隔平均值与满意度曲线估计，如表6-24所示，推导出满意度拟合方程。其结果显示，三次方程的拟合优度最高，为 $R^2=0.531$，因此选取三次方程的拟合优度值推导出满意度模型（拟合方程）：$S=11.626-4.633x+0.927x^2-0.074x^3$。应用该模型获得界面满意度的标准，并进行排序，筛选出优先方案，建立界面设计评价标准。相应的界面设计满意度列表如表6-25所示，满意度平均值如图6-30所示。

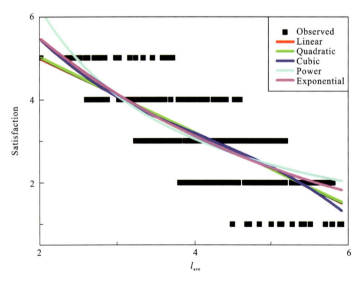

图6-29　眨眼间隔平均值与满意度曲线估计

表6-24 眨眼间隔平均值与满意度曲线估计

方程式	模型摘要		参数估计			
	拟合优度	显著性	常数	参数1	参数2	参数3
线性方程	0.530	379	6.770	-0.890		
二次方程	0.529	189	6.929	-0.970	0.009	
三次方程	0.531	127	11.626	-4.633	0.927	-0.074
乘幂方程	0.499	3178	12.640	-1.024		
指数方程	0.520	3326	9.626	-0.281		

表6-25 相应的界面设计满意度列表（自绘）

界面	满意度顺序	原始顺序	满意度	界面	满意度顺序	原始顺序	满意度
	1	8	3.5		7	10	2.8
	2	2	3.4		8	7	2.7
	3	1	3.3		9	11	2.7
	4	12	3.2		10	9	2.6
	5	5	3.1		11	4	2.6
	6	6	3		12	3	2.55

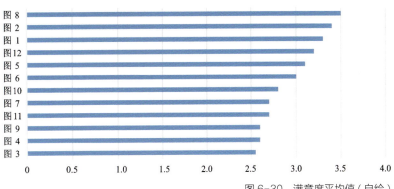

图6-30 满意度平均值（自绘）

三、 脑电生理指标的用户满意度验证

采用机器学习的方法来验证脑电生理指标的用户满意度，评估情绪识别过程中脑电图（EEG）随时间的稳定模式，以研究情绪识别中脑电稳定性的识别。为了验证机器学习算法的效率，使用 DEAP 数据集和一个新开发的数据集，系统地评估各种常用的特征提取、特征选择、特征平滑和模式分类方法的性能。上海交通大学开发的情绪脑电图数据集 SEED（SJTU Emotion EEG Dataset，交大情绪脑电图数据集）公开用于研究，以评估跨学科和课程的稳定模式和图像。这个研究表明利用脑电图建立情绪识别计算模型是具有有效性和可行性的。

（一）情感识别试验

（1）被试者为 15 人（7 男、8 女），每个被试者以一周或更长的时间间隔进行 3 次情感试验。可以使被试者暴露在更真实的场景中，并引发强烈的主观和生理变化。所有被试者均为上海交通大学中国籍学生，自述视力正常或矫正视力正常，听力正常。在试验开始之前，被试者会被告知试验情况，并被要求舒服地坐着，目不转睛地观看即将播放的设计作品，而不会将注意力从视频上转移出去，并且尽可能地避免过度动作。

（2）素材为 12 张界面设计作品。

（3）脑电采集设备：DSI-24 干电极采集设备，可采集 18 个脑电信号，电极布局采用"Normal international 10-20 system"，采集的电极信号为 FP1、FP2、F1、F3、FZ、F4、F8、T3、C3、CZ、C4、T4、T5、P3、P4、T6、O1、O2，脑电频段（从低到高）为 Delta、Theta、Alpha、Beta、Gamma，参考电极为 A1、A2，DSI-24 脑电采集系统如图 6-31 所示。

眼动采集设备：Tobii-Pro X3-120 桌面式眼动仪，非接触式，采集频率为 120Hz。

（4）15 名被试者被要求根据分数（1~5 分）和关键词（正面、中性和负面）评估他们在观看所选界面设计作品时的情绪。

（5）选择作品的标准：

①所选作品应使整个试验的长度不太长，以免使被试者视觉疲劳；

②作品应使被试者理解界面设计而无须解释；

③作品界面应引出单一的期望目标情感。

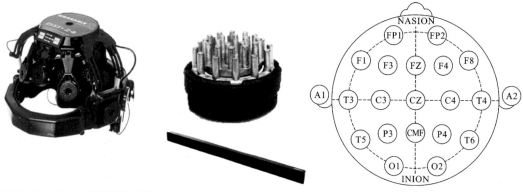

图 6-31　DSI-24 脑电采集系统

（6）从材料库中选择 12 个积极、中立和消极情绪的界面设计作品，得到了被试者 3 个或 3 个以上的平均评分。每种情绪在一个试验中对应 5 个界面设计作品，每件作品持续关注时间约为 10 秒。每件作品都精心编辑，以产生连贯情感启发。

（7）反馈。要求被试者在观看每一界面设计时立即填写问卷，报告他们对每一件作品的情绪反应。问题如下：

①在观看界面设计时的实际感受；

②在观看界面设计时的具体感受；

③以前是否看过这类界面设计风格；

④是否理解界面设计。

根据他们在任务中的实际感受，还使用李克特量表来评估主观情绪唤醒的强度。

（二）采集过程

运用一个多模态数据集来分析用户的情感状态。通过眼动测试进行界面满意度评价，再用脑电测试验证其可靠性、可行性，如图 6-32 所示。记录 12 名被试者的脑电图（EEG）和生理信号，每名被试者观看 12 张界面设计作品。

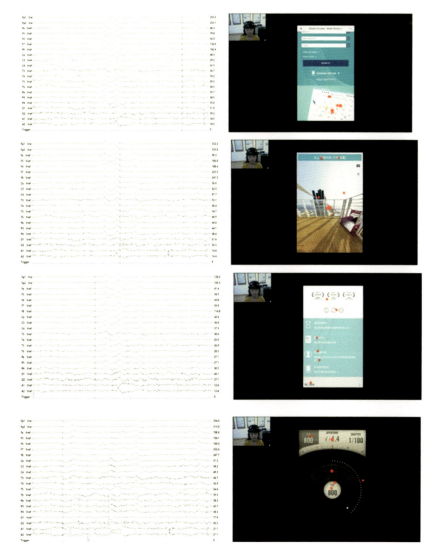

图 6-32　脑电同步眼动测试任务（自绘）

被试者对每一界面素材设计作品的评价标准包括：唤醒程度、好坏程度、支配程度和熟悉程度。对试验过程中被试者的评分进行广泛的分析，研究脑电图信号频率与被试者评分之间的相关性。采用脑电图、外周生理信号、多媒体内容分析等方法，对唤醒、效价和喜欢、不喜欢程度进行单次试验分类。最后，对不同模式的分类结果进行决策融合。被试者佩戴脑电和眼动采集设备，同时采集被试者观看图片时的脑电信号和眼动信号。

（三）情绪刺激脑电、眼动试验分析

（1）主观评价分析

分析情感刺激对被试者主观评分的影响。首先，提供描述性的统计数据，以记录喜欢、效价、唤醒、支配和熟悉度的评分。其次，分析不同评级之间的变协关系。情绪的模糊边界和被试者评分的变化可能与个体评分量表的差异有关。

统计刺激物在效价唤醒空间的四个象限（LALV 低效价低唤醒度、HALV 高效价低唤醒度、LAHV 低效价高唤醒度和 HAHV 高效价高唤醒度）中所分布的诱导情绪。这四种影响诱发条件产生的刺激通常导致目标情绪在选择刺激时被激发，从而确保大部分唤醒效价平面（AV 平面）被覆盖（图6-33）。情绪激发在高激发条件下特别有效，对各自的刺激产生相对极端的评价；在低激发条件下，刺激效果较差。各种情况下的个体评分分布（图6-34）表明，由于刺激和被试者之间的变化，

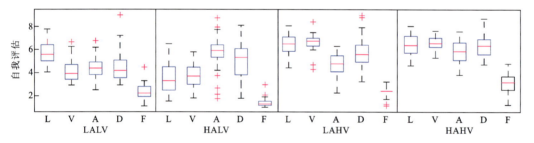

图6-33　被试者的主观评分分布

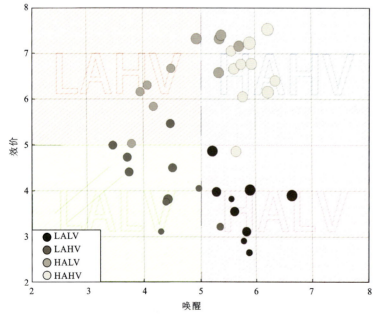

图6-34　刺激物在激发效价平面上的平均位置

条件内的差异很大，这可能与刺激特征或个体间对界面设计品位、一般情绪或视觉元素的差异有关。

不同尺度和条件下的评级分布表明，评级之间存在着复杂的关系。我们研究了被试者不同尺度的平均相互关系，这些关系可能预示着习惯化和疲劳带来的混淆或不必要的影响。结果显示，喜欢和效价之间，以及优势和效价之间都高度正相关。表面上，在没有任何因果关系的情况下，人们喜欢图形，因为这给了他们一种积极或一种赋能的感觉。唤醒与显性、唤醒与喜爱呈中等正相关；熟悉度与喜欢度和效价呈中度正相关。效价和唤醒的尺度不是独立的，但是它们的相关性很低，这表明被试者能够区分这两个重要概念，说明调研报告的数据是有效的。对 4 种影响诱发条件（LALV、HALV、LAHV、HAHV）的主观评分（L—一般评分；V—效价；A—觉醒；D—优势；F—熟悉度）的分布，以及效价唤醒空间的刺激点位置、优势和喜欢度矩阵进行分类。喜欢是由颜色编码的：深灰色是低喜欢，淡灰色是高喜欢。优势是由圆形符号大小编码的：小径圆形符号代表低优势，大径圆形符号代表高优势。刺激顺序对喜欢度和优势度的影响很小，与其他评分没有显著关系，说明习惯化和疲劳的影响保持在可接受的最小值。

总之，虽然低价态条件部分受到中等价态反应和较高唤醒的影响，但影响诱发是成功的。其余的量表相互关系在强度上是小的或中等的，这表明被试者很好地区分了量表概念，即验证了主观评价方法的真实有效性、可行性。

（2）评分与脑电图的相关性分析

运用脑电图数据研究主观评分与脑电图信号的相关性。α 能量与一般唤醒水平之间的反向关系，在所有分析的频带中都发现了相似的关联。对于 θ 和 α 能量，我们观察到左额中央皮质的增加，喜欢可能与接近动机有关。因此，在界面设计作品的刺激背景下，它们可以作为情感状态的有效指标。

（四）数据依据

已有相关研究表明，脑电对情绪的表达具有稳定的模式。试验发现有 6 种不同的特征和电极组合对基于脑电图的情绪识别是有效的：功率谱密度（PSD）、差分熵（DE）、差分不对称（DASM）、理性不对称（RASM）、不对称（ASM），以及脑电图的不同尾状特征。根据 Delta，δ（1~3Hz）；Theta，θ（4~7Hz）；Alpha，α（8~13Hz）；Beta，β（14~30Hz）；Gamma，γ（31~50Hz）五个频段计算 PSD 特征。对于不同的脑电频段，高频段对于情绪具有清晰的表达模式。图 6-35 描述了积极、中立和消极情绪的平均神经模型。

（五）试验结果

试验结果表明，与积极、中立和消极情绪相关的神经信号确实存在，如图 6-36、图 6-37 所示。侧颞区对姿势性情绪的激活作用大于 β 和 γ，而前额区对负性情绪的激活作用大于 β 和 γ 对正性情绪的激活作用。中性情绪的神经模式与消极情绪相似，两者在颞区的激活程度较低，而中性情绪的神经模式在顶叶和枕部有较高

的 α 反应。对于负性情绪，神经模式在顶叶和枕部有显著较高的 δ 反应，在前额叶有显著较高的 γ 反应。正向情绪诱发对应素材如图 6-38 所示。

现有研究表明，脑电图 α 活动反映了注意力处理，β 活动反映情感和认知过程。当被试者观看中性刺激时，他们往往更放松，注意力更少，这会引起 α 反应。当处理积极的情绪时，β 和 γ 反应的能量增强。正向情绪，颞叶能量明显较高；负向情绪，颞叶能量明显较低。非正向情绪诱发对应素材如图 6-39 所示。试验结果表明，稳定模式在不同时间段表现出一致性；外侧颞区对正性情绪的激活程度大于 β 和 γ 对负性情绪的激活程度；中性情绪的神经模式在顶叶和枕部有较高的 α 反应。对于负性情绪，神经模式在顶叶和枕部有显著较高的 δ 反应，在前额叶有较高的 γ 反应。情绪识别系统的性能表明，在试验期间，神经模式相对稳定。将

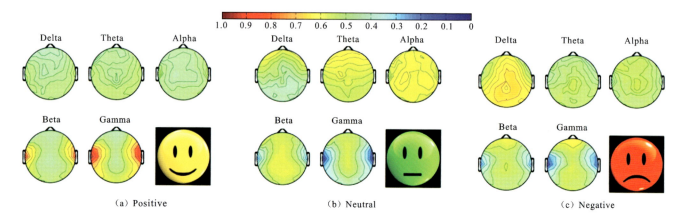

图 6-35　不同情绪状态下的大脑能量分布图（脑壳图）

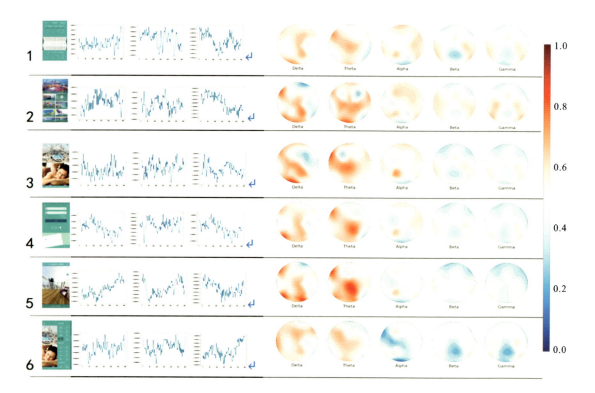

图 6-36　正向情绪诱发脑壳图（自绘）

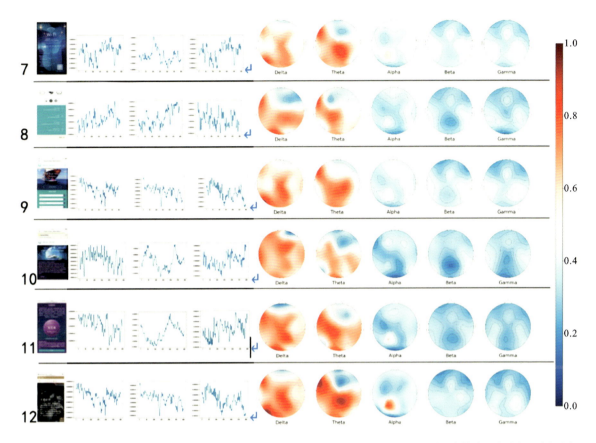

图 6-37　非正向情绪诱发脑壳图（自绘）

图 6-38　正向情绪诱发对应素材（自绘）

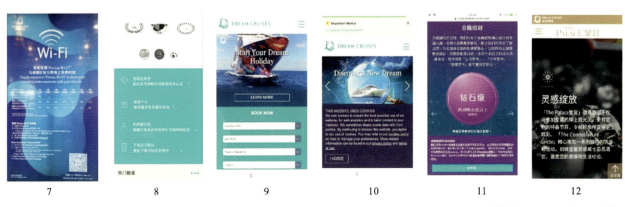

图 6-39　非正向情绪诱发对应素材（自绘）

脑电和眼动的满意度平均值检测进行比较,可获得客观、准确的评价成果,如图6-40所示。

界面	眼动测试满意度顺序	脑电测试满意度顺序	差异性	界面	眼动测试满意度顺序	脑电测试满意度顺序	差异性
	1	3	0.50		7	7	0.00
	2	1	0.33		8	9	0.06
	3	6	0.33		9	8	0.06
	4		0.33		10	4	0.42
	5		0.00		11	10	0.04
	6	11	0.29		12	12	0.00

图6-40　脑电和眼动测试满意度平均值比较(自绘)

第五节　本章小结

第一,提出尼尔森可用性工程研究的可靠性和参照指标,并结合情感识别的生理识别、心理识别理论获得生理信号指标,依据指标对信息标识设计系统进行复杂空间的可达性测试,将数据进行模糊层次的定量分析。基于试验和视觉感知理论,筛选出 10 个标识图形为游客满意度测评数值较高的设计方案。从而获得结论:情感注视时长显著变长的时间段很可能是被试者遇到较为严重的可用性问题的时间。相关性分析发现,满意度和注视时长最大值之间只有中等相关性。同时,我们还验证了情感识别模型构建的正确性。

第二,将成功测试标识设计的眼动跟踪方法,进一步应用到信息服务系统设计的游客满意度评价中,将脑电研究(生理信号)、眼动研究(生理信号)与情感认知(心理识别)试验相结合,得出眨眼间隔平均值与满意度存在很高的相关性,眨眼间隔平均数值处于高位时,满意度数值将处于低位;反之亦然。建立了界面设计满意度评价模型:$S=11.626-4.633x+0.927x^2-0.074x^3$。

第三，通过脑电测试生理指标来验证眼动跟踪试验的准确性，首先主观分析喜欢、效价、唤醒、支配和熟悉度的评分的客观性、科学性，验证了主观评价方法的真实有效性、可行性。在界面设计作品的刺激背景下，它们可以作为情感状态的有效指标。运用不同情绪状态下的大脑能量分布图测试设计方法，试验结果表明，与积极、中立和消极情绪相关的神经信号确实存在，正向情绪诱发类别中，高频段颞叶能量普遍较高，非正向情绪诱发类别中，高频段颞叶能量普遍较低，从而客观判断情感反应的效果，评价界面设计素材的优劣性，验证设计方法的正确性。

第四，通过对眼动技术测试方法和脑电技术测试方法的界面设计满意度排序比较，证实了眼动技术和脑电技术运用在主观评价界面设计的真实性、精准性，从而验证了智能信息服务平台建立的有序性。正向情绪诱发的设计素材是：信息图形符号、图片、3D 动画图形。非正向情绪诱发的设计素材是：混乱的排列次序、大篇幅文字、暗淡的色彩、过大的空间排列。

结论

第一节　研究结论

本书是以大型邮轮为场域，以游客行为研究为对象，探讨公共空间的信息设计方法，运用大数据分析邮轮信息化旅游面临的问题，结论是：游客情感识别是解决邮轮复杂空间信息设计服务系统的可用性问题，并建立邮轮智能信息服务平台的科学研究方法。图 7-1 为本书研究内容的相关性结构图。

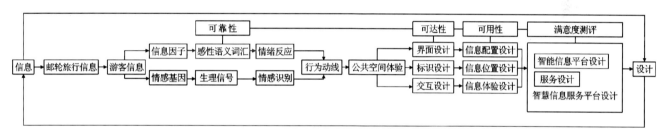

图 7-1　本书研究内容的相关性结构图

本书的研究结论如下：

（1）情感识别是判断游客行为的标准，游客行为动线的研究与空间信息设计存在很强相关性，情绪反应对游客满意度具有强烈影响。有序的、安全的、多元的、精致的情绪识别是邮轮游客的旅游行为认知标准。

情绪对记忆、储存和评价的影响是不对称的，游客处于积极状态比处于中立或消极状态更容易做出市场刺激反应。游客情感是多维度的，"有序的"认知呈现"快乐"的情感维度。只有在正确的信息旅游中，积极的情感体验才普遍存在，这一发现确立了邮轮旅游业信息旅游的独特性。另外，情绪与游客体验、可用性研究呈正相关性。

游客的正向情绪反应对行为动线有积极影响，且个人行为习惯在决定意图中具有显著作用。游客行为动线图可直接反映邮轮空间布置关系，提高空间流线与游客动线的契合度和真实性。游客倾向于在靠近信息标记点时步行并调整运动方向，游客的行为与其动机存在相关性；推导出在信息体验设计研究中游客的行为动线设计是研究核心。

（2）约束性设计与标识设计存在正相关性，邮轮空间标识系统的空间意象与环境之间具有可识别性和有序性。

基于游客行为动线设计模式，提出有序性、标准化、规范化、系统化、通用性、安全性、审美性、可持续性的约束设计标准。标识系统的外观美观度与男女性别相关性假设不成立；标识系统背景颜色和文字对比感强弱与男女性别呈显著相关性；地域文化特色感强弱与男女性别呈显著相关性；标识易发现性与男女性别没有显著相关性；以游客为中心的设计技术与设计信息密集型应用程序，是信息服务系统设计的创新方法。本书基于文献综述和大数据分析，遵循信息服务平台策略，获得服务平台的关键成功因素：有序性、个性化、开放性、诚实性和长期社交媒体策略。

（3）基于认知心理学和生理信号试验来测量邮轮信息设计更具有有效性。游客的行为认知与信息设计存在很强的相关性；感性语义与公共空间的信息设计存在很强的相关性。生理信号识别与心理识别相结合的研究方法可以有效评价空间信息设计。运用层次分析法（AHP）和模糊集理论模型构建，求解隶属函数，分析层级权重，具有很强的普适性、科学性。应用因子分析方法，求证游客性别和有无邮轮经历对空间可达性没有显著影响；运用脑电和眼动跟踪技术相结合的试验方法，能有效评价用户满意度。建立眼动生理指标及用户主观满意度模型，得出被试者眨眼间隔平均值与满意度相关性很高，眨眼间隔时间越短，满意度测评值越高；脑电诱发用户唤醒效价空间的喜欢度、满意度评分与脑电图具有很强的正相关性；验证颞叶能量明显较高的为正向情绪；反之相反。正向情绪诱发的设计素材是：信息图形符号、图片、3D 动画图形。非正向情绪诱发的设计素材是：混乱的排列次序、大篇幅文字、暗淡的色彩、过大的空间排列。

第二节　研究启示

本书虽然结合了最新的创新研究方法和理论，但研究主要从信息设计的角度展开，实际上，作为信息设计的智慧邮轮，影响游客接受和使用的因素还有很多。

（1）数据采集和样本提取受到客观条件和仪器设备的限制，需要要克服很大困难；未来研究可以在相关方面有所突破，特别是在价值、负担能力、社会支持、独立性、经验和信心方面，希望能起到补充、促进作用。

（2）本书针对邮轮的信息设计方法进行了研究，但邮轮网络性能的专业化程度越来越高，这对以服务为导向的智能技术提出了挑战。

（3）本书仅以国内旅游者为研究对象，研究得还不够全面。这是因为之前的研究证实，与国际游客相比，国内游客对目的地形象和满意度的认知有所不同。

（4）脑电试验、眼动分析技术及软件在迅速迭代方面与设计研究存在矛盾。评价参数存在优化问题，后续要增加被试者数量，采集更多的数据，除了采集眼动跟踪、脑电生理信号的指标数据外，还可以增加其他仪器测量，如生理多导仪、VR 虚拟场景技术等。

参考文献

（一）中文文献

[1] 王圻，王思义 . 三才图会 [M]. 万历刊本，1609.

[2][法] 列维·布留尔 . 原始思维 [M]. 丁由，译 . 北京：商务印书馆，1981.

[3] 辞海编辑委员会 . 辞海 [M]. 上海：上海辞书出版社，1987.

[4][德] 凯特林·勒德雷尔 . 人的需要 [M]. 邵晓光 . 孙文喜 . 王国伟，等译 . 沈阳：辽宁大学出版社，1988.

[5][日] 长町三生 . 感性工学 [M]. 东京：海文堂出版社，1989.

[6] 湖北省文物考古研究所 . 江陵九店东墓 [M]. 北京：科学出版社，1995.

[7][日] 川喜田二郎 . KJ 法 [M]. 东京：中央公论社，1996.

[8] 尹均生 . 中国写作学大辞典（第一卷）[M]. 北京：中国检察出版社，1998.

[9] 陈中梅 . 柏拉图诗学和艺术思想研究 [M]. 北京：商务印书馆，1999.

[10][英] 大卫·休谟 . 人类理智研究 [M]. 吕大吉，译 . 北京：商务印书馆，1999.

[11] 朱序璋 . 人机工程学 [M]. 西安：西安电子科技大学出版社，1999.

[12] 林玉莲，胡正凡 . 环境心理学 [M]. 北京：中国建筑工业出版社，2000.

[13] 仇德辉 . 数理情感学 [M]. 长沙：湖南人民出版社，2001.

[14][英] 杰斯泽佐尔特 . 语义学与语用学：语言与话语中的意义（影印本）[M]. 北京：北京大学出版社，2004.

[15][美]Z. 嘉杰克 . 线性动态系统与信号 [M]. 王立琦，康欣，译 . 西安：西安交通大学出版社，2004.

[16][荷] 亚历山大·佐尼斯 . 勒·柯布西耶：机器与隐喻的诗学 [M]. 金秋野，王又佳，译 . 北京：中国建筑工业出版社，2004.

[17][美] 诺曼 . 情感化设计 [M]. 付秋芳，程进三，译 . 北京：电子工业出版社，2005.

[18][法] 罗兰·巴尔特，让·鲍德里亚 . 形象的修辞：广告与当代社会理论 [M]. 吴琼，杜予，译 . 北京：中国人民大学出版社，2005.

[19] 郑锡煌 . 中国古代地图集 [M]. 西安：西安地图出版社，2004.

[20] 于雷 . 空间公共性研究 [M]. 南京：东南大学出版社，2005.

[21] 符淮青 . 词义的分析和描写 [M]. 北京：外语教学与研究出版社，2006.

[22] 中国标准出版社 . 信息技术词汇国家标准汇编 [M]. 北京：中国标准出版社，2007.

[23][德]汉斯·约阿西姆·施杜里希.世界哲学史(第17版)[M].吕叔君,译.济南：山东画报出版社,2006.

[24][美]肯尼思·科尔森.大规划——城市设计的魅惑和荒诞[M].游宏滔,饶传坤,王士兰,译.北京：中国建筑工业出版社,2006.

[25][美]葛凯.制造中国：消费文化与民族国家的创建[M].黄振萍,译.北京：北京大学出版社,2007.

[26][英]比尔·希利尔.空间是机器——建筑组构理论(原著第三版)[M].杨滔,张佶,王晓东,译.北京：中国建筑工业出版社,2008.

[27]邓胜利.基于用户体验的交互式信息服务[M].武汉：武汉大学出版社,2008.

[28][美]李欧梵.上海摩登：一种新都市文化在中国 1930—1945[M].毛尖,译.上海：上海三联书店,2008.

[29]孙晶.视觉范式[M].南京：江苏美术出版社,2008.

[30][法]加斯东·巴什拉.空间的诗学[M].张逸婧,译.上海：上海译文出版社,2009.

[31][英]席勒.人本主义研究[M].麻乔志,等译.上海：上海人民出版社,2010.

[32]叶文心.上海繁华：都会经济伦理与近代中国[M].香港：时报文化出版公司,2010.

[33]刘纯.旅游心理学[M].北京：高等教育出版社,2011.

[34]修刚.外来词汇对中国语言文化的影响[M].天津：天津人民出版社,2011.

[35]于建中.船艇美学与内装设计[M].上海：上海交通大学出版社,2011.

[36][美]詹姆斯·卡拉特.生物心理学(第10版)[M].苏彦捷,等译.北京：人民邮电出版社,2011.

[37]肖勇,张尤亮.信息图形设计[M].哈尔滨：黑龙江美术出版社,2011.

[38]李定信.四库全书堪舆类典籍研究[M].上海：上海古籍出版社,2011.

[39][美]克劳.四万万顾客[M].夏伯铭,译.上海：复旦大学出版社,2011.

[40][法]勒·柯布西耶.模度[M].张春彦,邵雪梅,译.北京：中国建筑工业出版社,2011.

[41]欧阳丽莎.信息时代的信息设计[M].武汉：华中师范大学出版社,2012.

[42]孙时进,王金丽.心理学概论[M].上海：复旦大学出版社,2012.

[43][英]斯帕克.设计与文化导论[M].钱凤根,于晓红,译.南京：译林出版社,2012.

[44][英]贡布里希.艺术与错觉：图画再现的心理学研究[M].3版.杨成凯,李本正,范景中,译.南宁：广西美术出版社,2012.

[45][美] 温特斯 . 建筑初步：建筑概念下的视觉思考 [M]. 沈阳：辽宁科学技术出版社，2013.

[46] 陆雄文 . 管理学大辞典 [M]. 上海：上海辞书出版社，2013.

[47] 刘光远，温万惠，陈通，等 . 人体生理信号的情感计算方法 [M]. 北京：科学出版社，2014.

[48][美] 霍华德·加德纳 . 智能的结构 [M]. 沈致隆，译 . 杭州：浙江人民出版社，2013.

[49] 庄力群 . 技术的思想方法 [M]. 厦门：厦门大学出版社，2013.

[50][加] 埃文·汤普森 . 生命中的心智：生物学、现象学和心智科学 [M]. 李恒威，李恒熙，徐燕，译 . 杭州：浙江大学出版社，2013.

[51] 梁景和 . 社会·文化与历史的思想交汇：中国现当代社会文化学术沙龙辑录 . 第 2 辑 [M]. 北京：社会科学文献出版社，2013.

[52] 龚之允 . 图像与范式：早期中西绘画交流史（1514—1885）[M]. 北京：商务印书馆，2014.

[53] 李振华 . 船舶信号与 VHF 通信 [M]. 大连：大连海事大学出版社，2014.

[54][美]Jeff Johnson. 认知与设计：理解 UI 设计准则 [M]. 2 版 . 张一宁，王军锋，译 . 北京：人民邮电出版社，2014.

[55][瑞] 希格弗莱德·吉迪恩 . 空间·实践·建筑 [M]. 王锦堂，孙全文，译 . 武汉：华中科技大学出版社，2014.

[56][以] 尤瓦尔·赫拉利 . 人类简史：从动物到上帝 [M]. 林俊宏，译 . 北京：中信出版社，2014.

[57] 王林生 . 图像与观者：论约翰·伯格的艺术理论及意义 [M]. 北京：中国文联出版社，2014.

[58] 石鑫 . 产品设计过程的本体表示与重用 [M]. 北京：电子工业出版社，2014.

[59] 何洁 . 广告与视觉传达 [M]. 北京：中国轻工业出版社，2015.

[60] 顾一中 . 游艇邮轮学 [M]. 武汉：华中科技大学出版社，2015.

[61] 李彬彬 . 产品设计心理评价研究 [M]. 北京：中国轻工业出版社 .2015.

[62] 龙迪勇 . 空间叙事学 [M]. 北京：生活·读书·新知三联书店，2015.

[63] 田雨波，陈风，张贞凯 . 混合神经网络技术 [M]. 2 版 . 北京：科学出版社，2015.

[64][古] 柏拉图 . 柏拉图全集第一卷 [M]. 王晓朝，译 . 北京：人民出版社，2015.

[65] 曹国忠，檀润华 . 功能设计原理及应用 [M]. 北京：高等教育出版社，2016.

[66][英] 安东尼·肯尼 . 牛津西方哲学史（第三卷）：近代哲学的兴起 [M]. 杨平，译 . 长春：吉林出版集团股份有限公司，2016.

[67] [美] 唐纳德 · A. 诺曼 . 设计心理学 [M]. 梅琼，译 . 北京：中信出版社，2016.

[68] 王连娟，张跃先，张翼 . 知识管理 [M]. 北京：人民邮电出版社，2016.

[69] 苏彦捷 . 环境心理学 [M]. 北京：高等教育出版社，2016.

[70] 陈超萃 . 风格与创造力：设计认知理论 [M]. 天津：天津大学出版社，2016.

[71][美] 布鲁斯 · 布朗，理查德 · 布坎南，卡尔 · 迪桑沃，等 . 设计问题（第二辑）[M]. 孙志祥，辛向阳，代福平，译 . 北京：清华大学出版社，2016.

[72][英] 大卫 · 休谟 . 人性论 [M]. 关文运，译 . 北京：商务印书馆，2017.

[73] 蒋谦 . 人类科学的认知结构：科学主体性解释的"类脑模型"[M]. 北京：北京师范大学出版社，2017.

[74] 李松，刘力军 . 混沌时间序列智能预测方法及其应用 [M]. 北京：科学出版社，2017.

[75][瑞] 斯坦尼斯劳斯 · 冯 · 穆斯 . 勒 · 柯布西耶：元素之融合 [M]. 天津：天津大学出版社，2017.

[76] 姜美 . 色彩学传统与数字 [M]. 上海：上海社会科学院出版社，2017.

[77][印] 普拉迪帕塔 · 米什拉 . R 语言数据挖掘：实用项目解析 [M]. 黄芸，译 . 北京：机械工业出版社，2017.

[78][韩] 权善英 . 我遇到的"怪"建筑与勒 · 柯布西耶的跨时空建筑之旅 [M]. 陈一新，译 . 上海：上海人民美术出版社，2017.

[79] 黄丽华，邢淑慧，魏亚平 . 邮轮概论 [M]. 青岛：中国海洋大学出版社，2018.

[80] 中船第九设计研究院工程有限公司 . 邮轮设计风格 [M]. 上海：同济大学出版社，2018.

[81] 刘艳 . 邮轮运营管理 [M]. 北京：化学工业出版社，2018.

[82] 胡国生 . 色彩的感性因素量化与交互 [M]. 北京：中国建筑工业出版社，2018.

[83][俄] 彼得 · 邬斯宾斯基 . 人可能进化的心理学 [M]. 郭静，孙霖，译 . 北京：中央编译出版社，2018.

[84] 谢平 . 探索大脑的终极秘密：学习、记忆、梦和意识 [M]. 北京：科学出版社，2018.

[85][美] 赫伯特 · 西蒙 . 认知：人行为背后的思维与智能 [M]. 荆其诚，张厚粲，译 . 北京：中国人民大学出版社，2019.

[86] 梁吟藻，戴贵亮 . 信息系统设计方法学 [J]. 计算机研究与发展，1989 (7)：61-66.

[87] 叶东升 . 多媒体信息咨询系统的设计方法 [J]. 多媒体世界，1995(3)：4-6.

[88] 杨新军，牛栋，吴必虎．旅游行为空间模式及其评价 [J]. 经济地理，2000(4)：105-108，117.

[89] 朱斌，宋先忠．非结构化数据的信息服务系统设计方法 [J]. 计算机时代，2001(7)：35-36.

[90] 陈路．博览空间与信息设计 [J]. 装饰，2002(4)：9-10.

[91] 付志勇．信息设计中的感性研究方法 [J]. 装饰，2002(6)：20-21.

[92] 周尚意，李淑方．行为地理与城市旅游线路设计 [J]. 旅游学刊，2002(5)：66-70.

[93] 李箐，赖茂生．信息空间构建相关问题探讨——用户体验和系统可用性 [J]. 情报理论与实践，2003(1)：8-10.

[94] 张颖，罗森林．情感建模与情感识别 [J]. 计算机工程与应用，2003，39(33)：98-102.

[95] 蒋祖华．产品设计约束知识管理的研究与实践 [J]. 工业工程与管理，2004，9(2)：14-17.

[96] 陈继华，李岚，钱坤喜．基于多生理信号的情绪初步识别 [J]. 生物医学工程研究，2006，25(3)：141-146.

[97] 鲁晓波．信息设计中的交互设计方法 [J]. 科技导报，2007(13)：18-21.

[98] 罗仕鉴，潘云鹤．产品设计中的感性意象理论、技术与应用研究进展 [J]. 机械工程学报，2007(3)：8-14.

[99] 张涛，李睿明，杉刚直，等．不同类型神经生理信号的实时评价系统 [J]. 生命科学仪器，2007(9)：43-46.

[100]夏叶,刘清,雷发林,等.豪华邮轮亚洲形态报告海上巴比伦[J].商务旅行，2008(6)：76-79.

[101] 徐琳宏，林鸿飞，潘宇，等．情感词汇本体的构造 [J]. 情报学报，2008，27(2)：180-185.

[102] 刘飞，蔡厚德．情绪生理机制研究的外周与中枢神经系统整合模型 [J]. 心理科学进展，2010，18(4)：616-622.

[103]高海燕，余玲．当代中国公共空间导视设计 [J]. 文艺争鸣，2010（20）：78-80.

[104] 陈波．豪华邮轮设计流行趋势 [J]. 中国船舶，2011 (3)：54-58.

[105] 赵愿愿，魏峰群．基于空间句法的景区旅游服务设施布局探析——以潼关古旅游城规划为例 [J]. 安徽农业科学，2011(30)：18687-18689.

[106] 姜媛，林崇德．情绪测量的自我报告法评述 [J]. 首都师范大学学报，2010(6)：135-139.

[107] 刘松林，牛照东，陈曾平，等．基于加权 Lucas-Kanade 算法的目标跟踪 [J]. 光电工程，2011(38)：37-42.

[108] 温万惠，刘光远，熊鹓．基于生理信号的二分类情感识别系统特征选择

模型和泛化性能分析 [J]. 计算机科学，2011，38(5)：220-223.

[109] 聂聃，王晓，段若男 . 基于脑电的情绪识别研究综述 [J]. 中国生物医学工程报，2012，31(4)：595-606.

[110] 朱强，罗俊卿，曹春霞，等 . 意象对话心理咨询技术中焦虑意象特征因子结构的分析 [J]. 中国医师杂志，2013(5)：609-612.

[111] 李大卫 . 信息设计在新媒体展示空间中的识别性测试报告——《质量效应 3》游戏交互界面信息设计体验报告 [J]. 电子制作，2013(20)：109.

[112] 齐磊磊 . 复杂系统的研究方法 [J]. 系统科学学报，2014，22(2)：24-27.

[113] 王驰明，章新智，郭昂，等 . 豪华邮轮空间划分设计原则 [J]. 船舶标准化工程师，2014(6)：31.

[114] 张华 . 基于 BP 神经网络的旅游需求预测研究 [J]. 电子测试，2014(1)：100-102.

[115] 张毅，游克思 . 基于信息设计的道路交通标志设置方法理论研究 [J]. 城市道桥与防洪，2014 (3)：114-118.

[116] 杨建明 . 邮轮旅行研究的回顾与前瞻 [J]. 世界地理研究，2015，24(1)：130-139.

[117] 方思敏 . 豪华邮轮，中国制造——意大利船级社 (RINA) 中国区总经理曹之腾先生谈豪华邮轮在中国 [J]. 船舶工程，2016，38(5)：93-96.

[118] 李晟，胡洁，柴新禹，等 . 基于视觉信息处理的视觉假体研究与设计 [J]. 生物医学工程学杂志，2012，29(4)：754-759.

[119] 辛向阳 . 交互设计：从物理逻辑到行为逻辑 [J]. 装饰，2015(1)：58-62.

[120] 张迪 . 基于生理信号的情绪识别研究进展 [J]. 生物医学工程学杂志，2015，32(1)：229-234.

[121] 郑筱颖，张露芳 . 基于模糊层次分析法的购票网站可用性评估体系研究 [J]. 科技经济导刊，2015(18)：67-68.

[122] 王亮，李秀峰 . 综合性知识平台中知识地图的构建研究 [J]. 情报科学，2016，34(9)：27-30.

[123] 吴晓星 . 信息设计中交互设计的原则及方法 [J]. 艺术科技，2016，29(6)：57.

[124] 张广超，孙翠翠 . 大数据时代城市公共空间信息可视化设计 [J]. 中国建材科技，2016，25(1)：34.

[125] 柴春雷 . 多维感性语义识别模型构建研究 [J]. 机械设计，2017(3)：105-110.

[126] 陈月芬，崔跃利，王三秀 . 基于生理信号的情感识别技术综述 [J]. 系统仿真技术，2017，13(1)：1-5.

[127] 梁启章，齐清文，梁迅 . 中国 11 件享誉世界的古—近代地图多元价值 [J].

地理学报，2017，72(12)：2295-2309.

[128] 汪哲皞，姜磊.公共空间中的视觉信息设计研究 [J]. 建筑与文化，2017：196-197.

[129] 蒋旻昱.跨文化视角下邮轮中庭空间服务设计研究 [J]. 艺术评论，2017：172-175.

[130] 潘长学，杨祥祥，邵健伟.公共设施设计的标准化维度 [J]. 设计，2017(16)：112-124.

[131] 王双全，王思豫.中国传统文化符号在豪华邮轮内舾装中的应用探究 [J]. 美术大观，2017（8)：130-131.

[132] 张红红.经营南海诸岛邮轮市场准入指标体系研究 [J]. 大连海事大学学报 (社会科学版)，2017，16(2)：48-53.

[133] 覃京燕，马晓驰.认知科学与信息认识论指导下的单词记忆软件信息设计方法 [J]. 包装工程，2018，39(10)：86-90.

[134] 邵健伟，潘长学，邓菲洁.基于游客行为的中国豪华邮轮个性化设计路径 [J]. 包装工程，2018(10)：140-142.

[135] 潘长学，王兴宇，张薇茹.基于游客流线行为构建邮轮导识服务系统——以海洋量子号邮轮为例 [J]. 装饰，2018(9)：32-36.

[136] 潘长学，张蔚茹，王兴宇.用户黏度搭建与维护：心流理论视角下大型邮轮导识系统研究 [J]. 南京艺术学院学报 (美术与设计)，2019(1)：61-65.

[137] 赵毅平，赵华.关于信息时代设计的思考——尹定邦教授访谈 [J]. 装饰，2019(5)：22-25.

[138] 王斐，吴仕超，刘少林，等.基于脑电信号深度迁移学习的驾驶疲劳检测 [J]. 电子与信息学报，2019，41(9)：2264-2272.

[139] 周瑞鸿，林俊亭.基于光流法检测来车的轨旁作业安全防护策略 [J]. 铁道标准设计，2019，63(1)：153-158.

[140] 郑刚.基于特征的图像匹配算法研究 [D]. 长沙：国防科学技术大学，2011.

[141] 顾东盼.采用核磁共振图像的心脏 2D 运动分析新方法 [D]. 天津：天津理工大学，2012.

[142] 杨瑾.基于眼动数据的可用性测试方法研究：眨眼间隔的用户满意度评价方法 [D]. 北京：北京邮电大学，2012.

[143] 陈雪梅.网络购物、实体店购物的情绪体验差异及其与心理需求的关系 [D]. 昆明：云南师范大学，2013.

[144] 齐风英.图表在信息传达中的艺术设计方法研究 [D]. 齐齐哈尔：齐齐哈尔大学，2013.

[145] 强玮怡.城市地下空间导向标识系统设计研究 [D]. 上海：华东师范大学，2014.

[146] 刘靓 . 基于 FAHP 的生物荧光共聚焦显微镜的可用性评价研究 [D]. 哈尔滨：哈尔滨工业大学，2017.

[147] 肖旺群 . 结合生理信号与 VR 技术的智能工业机器人设计方法研究 [D]. 上海：华东理工大学，2018.

[148] 徐洁漪 . 基于用户体验的移动信息服务设计研究——以健身信息服务设计为例 [D]. 上海：上海交通大学，2018.

[149] 张凤姣 . 基于传统元素的产品情感化设计研究 [D]. 绵阳：西南科技大学，2018.

（二）英文文献

[1]LYNCH K. The Image of the City[M]. Massachusetts：The MIT Press，1960.

[2]KENNY A. Action，Emotion and Will[M]. London： Routledge & Kegan Paul，1963.

[3]PERNICI B. Mobile Information Systems[M]. Berlin： Springer-Verlag，2006.

[4]LYONS D. Emotion[M]. Cambridge：Cambridge University Press，1980.

[5]NIELSEN J. Usability Engineering[M].California：Morgn Kaufmann Press，1993.

[6]LAZARUS R S. Emotion and Adaptation. [M]. New York：Oxford University Press，1994.

[7]BISHOP C M. Neural Networks for Pattern Recognition[M]. Oxford：Clarendon Press，1995.

[8]STOCKER M. Valuing Emotions[M]. Cambridge： Cambridge University Press，1996.

[9]U.S. Department of Health and Human Services. Heathy people 2010[M]. Washington D.C.：U.S. Government Printing Office，2000.

[10]ROBERT C S. Handbook of Emotions [M]. New York： The Guilford Press，2007.

[11]FULLER M，MANOVICH L，WARDRIP-FRUIN N. Software and Everyday Life[M].Expressive Processing：Digital Fictions，Computer Games，and Software StudiesNoah Wardrip-Fruin，2009.

[12]CHAM，PETTERSSON S，RUNE. Information Design，Institute for Infology[M].Sweden： Tullinge，2013.

[13]WEEDEN C. Responsible Tourist Behaviour[M]. New York：Routledge，2014.

[14]COATES K，ELLISON A. An Introduction to Information Design[M]. London：Laurence King Publishing，2014.

[15]MARCUS，AARON. Mobile Persuasion Design：Changing Behavior by Combining Persuasion Design with Information Design[M]. London：Springer，2015.

[16]MEIRELLES I，Design for Information[M]. Beverly：Rockport Publishers，2016.

[17] PONTIS，SHEILA. Making Sense of Field Research：A Practical Guide for Information Designers[M]. Milton：Routledge，2018.

[18]RUSSELL J A. A Circumplex Model of Affect[J] Journal of Personality and Social Psychology，1980(39)：1161-1178.

[19]HARRIS C，STEPHENS M. A Combined Corner and Edge Detector[J]. The Plessey Company plc. 1988：34-43.

[20]ARCHER J. Sex Differences in Aggression between Heterosexual Partners：A Meta analytic Review[J]. Psychological Bulletin，2000，126：651-680.

[21]TIEDENS L Z. Anger and Advancement versus Sadness and Subjugation：The Effect of Negative Emotion Expressions on Social Status Conferral[J]. Journal of Personality and Social Psychology，2001，80：86-94.

[22]SORABJI R. Emotion and Peace of Mind[M]. New York：Oxford University Press，2003.

[23]HARMON-JONES E. Clarifying the Emotive Functions of Asymmetrical Frontal Cortical Activity[J]. Psychophysiology，2003，40：838-848.

[24]HAAG A，GORONZY S，SCHAICH P，et al. Emotion Recognition Using Bio-sensors：First Steps towards an Automatic System[J]. Springer，2004：36-48.

[25]SPOOR J R，KELLY J R. The Evolutionary Significance of Affect in Groups：Communication and Group Bonding[J]. Group Processes and Intergroup Relations，2004，7：401-415.

[26]BOWEN D J，ALFANO C M，MCGREGOR B A，et al. The Relationship between Perceived Risk，Affect，and Health Behaviors[J]. Cancer Detection and Prevention，2004，28(6)：409-417.

[27]SIRAKAYA E，PETRICK J. The Role of Mood on Tourism Product Evaluations[J]. Annals of Tourism Research，2004，31（3）：517-539.

[28]O' DONNELL B F，VOHS J L，HETRICK W P. Auditory Event-

Related Potential Abnormalities in Bipolar Disorder and Schizophrenia[J]. International Journal of Psychophysiology, 2004(53): 45-55.

[29]BOTTURI L, CANTONI L, Tardini S. Introducing a Moodle LMS in Higher Education: The e-Courses Experience in Ticino Switzerland [J]. Je-LKS-Journal of e-Learning and Knowledge Society, 2006, 2(1): 123-130.

[30]GORDIJN E, YZERBYT V Y, WIGBOLDUS D, et al. Emotional Reactions to Harmful Intergroup Behavior: The Impact of being Associated with the Victims or the Perpetrators[J]. European Journal of Social Psychology, 2006, 36: 15-30.

[31]ETZEL J A, JOHNSEN E L, DICKERSON J, et al. Cardiovascular and Respiratory Responses during Musical Mood Induction[J]. International Journal of Psychophysiology, 2006, 61: 57-69.

[32]BARRETT L F. Solving the Emotion Paradox: Categorization and the Experience of Emotion[J]. Personality and Social Psychology Review, 2006, 10: 20‑46.

[33]KIM J, ANDRE E. Emotion Recognition Based on Physiological Changes in Music Listening [J]. IEEE Trans Pattern AnalMach Intell, 2008, 30(12): 2067-2083.

[34]MAAOUI C, PRUSKI A. Emotion Recognition through Physiological Signals for Human-Machine Communication[J]. Cutting Edge Robotics, 2010: 317-333.

[35]KESSOUS L, CASTELLANO G, CARIDAKIS G. Multimodal Emotion Recognition in Speech-Based Interaction Using Facial Expression, Body Gesture and Acoustic Analysis[J]. Journal on Multimodal User Interfaces, 2010, 3: 33-48.

[36]KONSTANTINIDIS E, FRANZIDISCA, PAPPASC, et al. Real time Emotion Aware Applications: A Case Study Employing Emotion Evocative Pictures and Neuror Physiological Sensing Enhanced by Graphic Processor Units [J]. Comput Meth ods Programs Biomed, 2012, 107(1): 16-27.

[37]MU HL C, ALLISON B, NIJHOLT A, et al. A Survey of Affective Brain Computer Interfaces: Principles, State-of-the-Art, and Challenges[J]. Brain-Computer Interfaces, 2014(1): 66-84.

[38]FRANCESCO P, GIOVANNI S, LARA P, et al. Destination Satisfaction and Cruiser Behaviour: The Moderating Effect of Excursion Package[J]. Transportation Business & Management , 2014, 13: 53-64.

[39] HAN Y. Encoding Complex Data in Popular Science Genetics Illustrations[J]. Information Design Journal, 2014, 21(3): 189-206.

[40]LIU J S, SHENG HSHIUNG TSAUR. We are in the Same Boat: Tourist Citizenship Behaviors[J]. Tourism Management, 2014(42): 88-100.

[41]SLACK T, MICHAEL R C, JENSEN L, et al. Social Embeddedness, Formal Labor Supply, and Participation in Informal Work[J]. International Journal of Sociology and Social Policy, 2017, 37(3/4): 31-35.

[42]WANG K, WANG S, ZHEN L, et al. Cruise Service Planning Considering Berth Availability and Decreasing Marginal Profit[J]. Transportation Research Part B, 2017: 95-96.

[43]LYU J, HU L, HUNG K, et al. Assessing Servicescape of Cruise tourism: The Perception of Chinese Tourists[J]. International Journal of Contemporary Hospitality Management, 2017, 29(10): 58-63.

[44]ESTEVE-PEREZ J, GARCIA-SANCHEZ A. Dynamism Patterns of Western Mediterranean Cruise Ports and the Coopetition Relationships Between Major Cruise Ports[J]. Polish Maritime Research, 2018, 25(1): 60-66.

[45]KOCKA F, JOSIASSEN A, GEORGE ASSAF A. On the Origin of Tourist Behavior[J]. Annals of Tourism Research, 2018 (73): 180-183.

[46]SOROUSH M Z, MAGHOOLI K, SETAREHDAN S K, et al. Emotion Recognition through EEG Phase Space Dynamics and Dempster-Shafer Theory[J]. Medical Hypotheses, 2019 (127) : 34-45.

[47]FU L, XU G Z, ZHANG S. Electroencephalogram Characteristics Induced by Different Magnetic Stimulation Modes of Acupuncture Point[J]. IEEE Transactions on Magnetics, 2019(55): 6-9.

[48]ZHEN L, OBA S, ISHII S. An Unsupervised EEG Decoding System for Human Emotion Recognition[J]. Neural Networks, 2019, 116: 257-268.

[49]KATSIS C D, KATERTSIDIS N, GANIATSAS G, et al. Toward Emotion Recognition in Car-Racing Drivers: A Biosignal Processing Approach[C]//IEEE Transactions on Systems,Man,and Cybernetics Part A: Systems and Humans, 2008, 38: 502-512.

[50]AGRAFIOTI, HATZINAKOS F D, ANDERSON A K. ECG Pattern Analysis for Emotion Detection[C]//IEEE Transactions on Affective Computing, 2012, 3: 102-115.

附录 A

邮轮发展的本体演进简表（自绘）

时间	事件
1492 年	克里斯托弗·哥伦布到达西印度群岛，发现了新大陆
1497 年	葡萄牙探险家瓦斯科·达伽马发现了通往印度的非洲航线和好望角
1819 年	美国桨轮船萨凡纳从佐治亚州萨凡纳穿过大西洋，到达英国利物浦
1829 年	24 千米长的巴尔的摩—埃利科茨—米尔斯第一段航线在美国开通
1840 年	跨大西洋轮船服务由塞缪尔·库纳德的英国和北美皇家邮轮邮包导航公司提供
1847 年	HAPAG 由著名船东和商人组成的集团在阿布堡成立
1852 年	P&O 从新加坡开始到澳大利亚提供轮船服务，并在乔治国王海峡、墨尔本和悉尼停靠
1877 年	东线经好望角，经苏伊士运河返回澳大利亚，为乘客和移民提供服务
1899 年	白星客轮"海洋号"建成，成为世界上第一艘船长超过大东海岸总长的客轮
1907 年	9 月 7 日至 13 日，库纳德的卢西塔尼亚完成了从利物浦到纽约的创纪录处女航
1907 年	11 月 16 日至 22 日，库纳德的毛雷塔尼亚完成了从利物浦到纽约的处女航
1912 年	4 月 14 日至 15 日晚上，白星线的泰坦尼克号在与一座冰山相撞后沉没，造成 1635 人丧生
1912 年	丹麦船塞拉迪亚号是世界上第一艘成功运行的深海柴油动力船
1913 年	10 月 10 日，巴拿马运河开通，巴拿马海峡连接了大西洋和太平洋
1914 年	5 月 29 日，加拿大太平洋班轮爱尔兰皇后号在雾中与挪威货轮斯托斯塔德相撞后在圣劳伦斯河沉没，造成 1023 人死亡
1915 年	5 月 8 日下午，一艘德国潜艇在爱尔兰海岸的金赛尔老船头击沉了库纳德号客轮卢西塔尼亚号，造成 1198 人死亡
1915 年	12 月 11 日，瑞典—美国航线开通，斯德哥尔摩是从哥德堡到纽约的第一艘船
1917 年	4 月 6 日，美国宣布对德国开战，在美国港口停泊的德国船只被扣押，船员被拘留
1934 年	9 月 26 日，库纳德的玛丽女王号在约翰布朗公司克莱德班克造船厂下水
1935 年	5 月 29 日至 6 月 3 日，CGT 诺曼底创纪录地完成从勒阿弗尔和南安普敦到纽约的跨大西洋航行
1936 年	5 月 25 日至 6 月 1 日，库纳德白星线的玛丽女王号首次前往纽约
1936 年	8 月 20 日至 24 日和 8 月 26 日至 30 日，玛丽女王号创下了大西洋西行和东行的纪录
1937 年	5 月 6 日，在完成十次跨大西洋航行后，德国兴登堡飞艇在新泽西州莱克赫斯特着陆时爆炸，造成 37 名乘客和机组人员死亡
1938 年	9 月 27 日，库纳德的伊丽莎白女王号在克莱德班克的约翰布朗造船厂下水
1939 年	7 月 8 日，泛美世界航空公司开始计划在纽约和南安普敦之间提供跨大西洋波音 314 航空邮轮和客运服务
1939 年	9 月 3 日，英国向德国及其盟国宣战。1940 年 2 月 27 日，库纳德的伊丽莎白女王号秘密地从克莱德班克直接驶往纽约

续表

时间	事　件
1940 年	7 月，美国航线开始运送美军，进行巡航
1941 年	12 月 7 日，美国太平洋舰队在檀香山的基地被 360 架日本战机突然袭击，美国参加第二次世界大战。英国于第二天向日本宣战
1941 年	12 月 12 日至 16 日，诺曼·迪伊和其他 13 艘停在美国港口的法国船只被美国海事委员会扣押，法国船员被拘留在阿泰利斯岛
1942 年	10 月 2 日，皇家海军防空巡洋舰库拉科亚号沉没，造成 300 名船员死亡，事故发生在昆曼梅号航行的曲折航道上，导致军舰被班轮分成两部分
1946 年	10 月 16 日至 21 日，经过 6 年的战时服役和全面检修，库纳德的伊丽莎白女王号完成了从南安普敦到纽约的处女商业航行
1950 年	2 月，新的美国超级班轮开始建设
1953 年	1 月 14 日，意大利在第二次世界大战后的第一艘北大西洋班轮安德里亚·多里亚从热那亚来到纽约
1956 年	7 月 25 日，安德里亚·多利亚在南塔基特与从瑞典到美国的斯德哥尔摩号相撞
1960 年	6 月 17 日，意大利生产的达·芬奇号开始了从热那亚到纽约的处女航
1961 年	6 月 2 日，堪培拉号从南安普敦启航前往悉尼、奥克兰、檀香山、温哥华和旧金山
1965 年	7 月 2 日，约翰布朗公司在克莱德班克铺设了 736 号船坞的第一块龙骨
1967 年	9 月 20 日，库纳德的伊丽莎白女王 2 号在约翰布朗公司克莱德班克造船厂下水
1968 年	伊丽莎白女王号在夏季结束时退出服务，并出售给美国利益集团。挪威船东 Leif Hvegh&Co. 收购了这项业务，形成了挪威—美国航线
1980 年	9 月，苏联班轮亚历山大普希金号在美国抵制莫斯科夏季奥运会期间度过了一个平淡的夏季，从蒙特利尔出发，进行了最后一次跨大西洋航行
1982 年	5 月 12 日，伊丽莎白女王 2 号被征召服役时在马尔维纳斯群岛发生冲突，经过一次航行后，于 8 月 14 日恢复商业服务
1982 年	7 月 11 日，堪培拉号回到了家乡南安普敦港并受到欢迎，在海上连续航行 94 天，航程达 25245 海里。9 月 11 日，堪培拉号在南安普敦进行了全面整修后，继续其 1982 年巡游计划的剩余部分
1982 年	11 月 21 日至 22 日，拉斐尔号在布什尔被伊拉克飞机轰炸并沉没在 40 米深的水中
1983 年	Leif Hoegh&Co. 将挪威—美国邮轮出售给 Trafalgar House，Cunard Line 的所有者，创建了 Cunard Norwegian America 巡洋舰，带着 Safafjord 和 VistafjordTransferred 到巴哈马注册处
1986 年	2 月 15 日，米哈伊尔·莱蒙托夫在从澳大利亚悉尼出发的游轮上，游轮行驶到新西兰南部岛屿戈尔港附近撞到水下的岩石，一名船员报告失踪
1989 年	1 月 17 日，嘉年华公司收购荷兰—美国线完成
1997 年	9 月 30 日，堪培拉号在最后一次航行结束时返回南安普敦，并在其 36 年的使用寿命结束时退役
1997 年	9 月 30 日，荷兰—美国线最后一艘专门建造的北大西洋班轮鹿特丹号从该航线的邮轮舰队中撤出，改为高级邮轮，成为伦勃朗号
1998 年	5 月，库纳德线被嘉年华公司从以前的所有者克瓦内尔集团手里收购回来

续表

时间	事件
2003 年	4 月 14 日，挪威邮轮宣布收购美国班轮，两者都将在美国领海改装为邮轮
2003 年	12 月 23 日，库纳德的玛丽女王 2 号在法国圣纳扎伊尔的大西洋造船厂被移交至卡纳尔航线，圣诞节期间在海上进行最后的技术试验，12 月 27 日抵达南安普敦
2004 年	1 月 8 日，英国女王伊丽莎白二世在英国南安普敦的母港举行了一个晚间仪式，正式为新的库纳德号客轮玛丽女王 2 号实施洗礼
2004 年	1 月 12 日至 26 日，库纳德的玛丽女王 2 号从南安普敦启航，经马德拉、特内里费、拉斯帕尔马斯、巴巴多斯和圣托马斯到达劳德代尔堡
2004 年	4 月 16 日至 22 日，玛丽女王 2 号完成了从南安普敦到纽约的西向跨大西洋航行
2004 年	4 月 25 日至 5 月 1 日，玛丽女王 2 号与伊丽莎白女王 2 号一道完成了从纽约到南安普敦的首次东行跨大西洋航行

附录 B

邮轮用户访谈记录表（自绘）

用户 ID	游客类型	时间	缺点	良好印象	特殊需求
森林里的秘密	四人间	2018/3/23	免费的餐厅都要排队，帆船自助的东西一般，每个餐厅营业时间不一样，过去一定要看好时间，双人房加了个沙发，有点拥挤，阳台挺大的，在上面看看海景不错，船上很多项目是自费的，快到日本的时候晃得有些厉害	宝宝在游泳池玩得很开心，北极星挺值得一看，整个行程总体比较平稳	宝宝，家庭，旅途平稳
脆弱的蓝	个人	2018/1/31	人还是很多，大多都是老人和小孩，总体感受就是人多，到处要排队，推销多，到处推销产品	装修风格现代化，餐厅很多，还有剧场、赌场、酒吧、商场，就是一个移动的综合体	清静，推销，现代
暴躁的麦小粒	个人	2018/1/30	免费的餐厅真的还不如单位食堂，食物寡淡，如果你想有好的旅游体验，那么请你去自费餐厅吃饭，去玩自费项目，去皇家广场购物。免费的活动除了看表演几乎也没什么可期待的	三星给大海和每晚的主秀，15 楼一家迷你的免费热狗店里的热狗意外的很好吃	食物，表演
小澪	个人	2018/1/15	上岸行程据说很坑，于是下船自由行了，收费的可以玩玩，免费的就是等，无尽的推销	上岸自费自由行比较好玩	免费项目一般，推销，岸上行
万里归来年愈少		2018/1/14	量子号上的餐厅质量严重下降，东西少、味道差，甚至还要排队，陆陆续续坐了五六次邮轮，体验了各个不同邮轮公司的特色	两年前去过量子号，当时的量子号吃得好玩得好，在我心里是当之无愧的国内第一邮轮	食物太差，排队
Cissy928		2017/12/13	没有 24 小时餐厅真的弱爆了，该找服务员的时候还是比较难找，碰碰车、北极星、甲板跳伞都是收费的，可以去一下	表演挺精彩的	找服务员，24 小时餐厅，表演
aokaga	家庭	2017/11/26	没啥我感兴趣的娱乐活动，船上的观景台叫北极星，是受到英国伦敦眼的启发设计而成的，其吊杆臂可 360° 旋转，将玻璃舱内的游客送往海平面 88.6 米的全新高度。基本体验 20，全景体验 40。恐高症患者慎入		别人的游记有意思，自己逛觉得一般
小无敌的准吃货笨笨和槑		2017/11/13	感觉一般般，没有想象中那么高大上	据说有 4000 名乘客、1000 名工作人员，长时间不停歇轮转，还能保持这样的水准，也是可以了	管理，档次
不就不就不就		2017/10/15	国庆去的，价格是平时的两倍，真的太贵了，回程的时候开得太快，很多项目都取消了，冲浪没有了，我等了三天，就这样因为开得太快取消了，很多人都去了医务室，晃荡晃荡。下了船去玩的日本景点都不能称为景点，真的没啥看的	演出很好看，魔术老套，不喜欢	价格高，新奇娱乐，平稳，景点差

续表

用户 ID	游客类型	时间	缺点	良好印象	特殊需求
dpuser		2017/10/13	岸上游的总体感觉就是比较水，而且无论长崎还是宫崎，全市都没有能够接待众多游客的餐厅饭店，因而两天的午餐都只能在便利店买些便当，导游事先对各类活动未作告知和提醒，上船后我们又未及时仔细查看文字视频等各类介绍，以至于有些需预约的项目我们上船当天下午及晚上没有预约，在船上的日常体验就是人多，几乎所有的餐饮娱乐消费场所皆拥挤嘈杂，中文服务有待改进提高		清静，西餐不舒服，娱乐表演刺激吵闹，不知道该什么时候预约且预约不到
LOWIE 爱吃小馄饨		2017/10/12	餐饮标准真心太差了，自助餐厅居然规定时间，娱乐设施基本上都是收费的，什么都要靠预约，服务不主动，客舱服务员没有主动打招呼	房内舱居然是有沙发的，所以住宿还是可以的	餐饮，娱乐收费，预约，服务差，住宿好
刷新 _6429	家庭	2017/8/1	岳父洗澡不小心把皮肤弄破，打电话给医务室，对方很不专业，这样的服务和措辞水平太差了	总体感觉还行，餐饮服务都不错	医疗服务差，客房
早小姐的日食月食		2017/6/24	服务员都是外国人，很多时候会把菜上错，中国学生打工，去赌场转了一圈，没什么人玩，跟着自己团队的导游上大巴车，走规定的行程，一天的时间两个景点、两个购物点	在海上很平稳，我没有晕船的症状，餐盘放门口会有服务员来收拾	语言服务，平稳
小 y 已被注册		2017/6/11	很多老年人和小孩子，非常吵闹，船的娱乐性好差，餐饮差、挤	甲板吹吹风	清静，饮食
懵 ~_6373		2017/6/9	吃饭什么的建议早点去，可以预约好，不然只能按房卡上的时间去吃饭，看教练在里面换姿势很帅，然而你只能浮在中间，初学者没多大意思，只是能体验一下。出发时船很平稳，回程时简直晃得不行，上岸我们去的八代，这个真的没意思，非常偏	晚上表演很棒哦，每天房间都有人整理，还会用毛巾叠小动物	预约吃饭，学习新娱乐，平稳，岸上行，服务
机智的 LL		2017/5/30	服务生招呼大概只有国外服务生做到了，特色餐厅里的服务生态度倒是不错。岸上行程负分	船自身的质量五星，无论是装潢还是设施	服务员，岸上行
爱贪吃的猪八戒		2017/5/26	活动适合年轻人，西餐我们都吃不惯，游泳池有点小，稍微蹬两下就到头了，游不开，冲浪体验很棒，回来想好好学习一下	活动还是很丰富的	饮食习惯，游泳池，娱乐
宝宝爱喝柠檬水		2017/5/18	还有两个保险箱，小巧、使用很方便，每天至少打扫两次，叫餐服务也算可以，尤其是后面的两个节目，真的没话说	看了蛮多攻略，大部分都蛮有用的，船上大部分都是外籍职员，感觉外籍职员的素质普遍可以，坐在靠窗一边，吃饭的时候心情真的会很好	攻略，景色，保险箱，叫餐
妖精的旋舞		2017/5/7	下船旅行就是坑多货了，最好脱团自己走，不过托儿带老就太平点算了	带老人和小孩最好，因为不会走丢	迷路，岸上行
开开心心 1915			服务员与孩子互动，没有智能手环	金卡免排队	孩子互动，智能穿戴，排队
lucy 要变成一只玥饼		2017/4/16	难吃，排队，只有第一天送免费的矿泉水两瓶，后面都要自己付款买	甜品不错	饮食，饮水

用户 ID	游客类型	时间	缺点	良好印象	特殊需求
kittysunny		2017/4/15	吃的真的是如传说中一样，太差了，水果烂得很明显那种，龙虾是有人在旁边不断兜售的，感觉很不好，玩的地方基本都要排队	享受无敌海景，无障碍措施也做得相当棒	景色，饮食，排队
木木尒滢滢		2017/4/4	乱，从托运行李到换船票，一会儿让我们先去托运行李，一会儿又说让我们先换船票，吃的第一顿跟猪食似的，每隔两三分钟就有一个人来推销，吃不好、睡不好，岸上行离景点远	房间里汇报每天的报纸，会有活动安排和一些注意指南，唯一满意的就只有客房服务	手续，吃饭，推销，岸上行，客房服务
于之天清		2017/4/1	70% 都是中老年人，各种素质差，软件与硬件不匹配，各种插队也没人维护秩序		秩序维持
恋之喵喵	家庭	2017/3/24	卫生间没有专门晾衣服的设备，免费餐厅吃得很心累，每顿都需要先排队，食物味道真心一般	房间设施，Royal iQ 软件不错，可以直接在手机上看第二天的活动安排，也可以预约活动	晾衣服，排队，饮食，房间设施，软件导引
收藏夹大王		2016/12/26	同行的娃被送去 11F 托管，呕吐，估计太疯了，陪带去购物的地方都不要买，免税店真心小了	客房送餐，小朋友都很嗨，可以托管，也可以去按摩池泡泡，吃点自助水果、薯条、蛋糕、牛奶，很满足	船小，晕船，小朋友托管，导游岸上行
Junyiiiii		2016/12/26	上来的菜都不怎么热，食材也不算新鲜，调味也不好	对邮轮尾单来说，性价比还可以	船票打折，服务，饮食
纪佳嘉		2016/12/23	岸上观光建议需要购物的或者真的想观光的直接放弃	船是最先进的船，设施也是最完备的，领班超级搞笑，服务手法也很专业	设施，服务，岸上行
shinycrystal		2016/12/16	先找领队报到，房卡还没领到，所以要自己到大厅领取。人实在太多，而且很乱，虽然船很大，还是明显感到晃动，尤其是船尾餐厅。岸上游，就是购物游，东西还比外面贵		手续，乱，平稳，岸上行
唯安		2016/12/9	房间服务实在太差，没有牙刷、牙膏、洗发水、沐浴露	天空、大海景色还是很不错的	日用品，景色

附录 C

邮轮标识系统调查问卷（自绘）

您好！

本次调研是上海交通大学设计学院信息设计研究所针对邮轮标识系统的用户调研。

您的回答将直接影响调查报告的有效性，本问卷采用无记名方式，所有的数据仅作为学术分析使用，绝不对外公布，请您按照实际情况和真实想法回答这些问题。

谢谢您的合作！祝您身体健康，事事顺心！

上海交通大学设计学院 信息设计研究中心

（一）基本信息：

Q1 年龄：

Q2 性别：□男　　　　　□女

Q3 视力情况：□非常好　　□很好　　□一般

Q4 登船情况：□个人　　　□家庭　　□团体　　□很差　　□非常频繁　　□几乎不乘坐　　□不太好

Q5 邮轮出行频率：□每月 1~2 次　　□每季度 1~2 次　　□每年 1~2 次

Q6 邮轮经历：□初次　　□多次

Q7 文化程度：□小学及以下　　□初中　　□高中　　□本科　　□研究生

Q8 您的收入情况：□ 2000 元以下　　□ 2000~5000 元　　□ 5000~8000 元　　□ 8000 元以上

Q9 主要选择邮轮出行的因素：□考虑到出行航线　　□考虑到出行天数　　□旅行　　□度假　　□寻找新的生活方式

（二）邮轮标识系统的需求调研（多选）

常遇到的标识设置问题主要有哪些？

□标识牌位置设置不合理，不好找；

□标识信息量太少或者太多，影响风景；

□标识过少，不方便；

□被标识误导，无法正确指引与引导；

□标识颜色退化；

□标识上汉字太小，模糊、混乱；

□标识中英文翻译不对应；

□不同区域的标识牌指示方式不一致。

（三）位置与邮轮标识系统的评价调查表

对您所在位置的标识理解程度进行评价，请在合适的项目下打钩。

调查项目	非常好	很好	一般	不好	非常不好
客房	☐	☐	☐	☐	☐
餐厅	☐	☐	☐	☐	☐
酒廊	☐	☐	☐	☐	☐
康乐场所	☐	☐	☐	☐	☐
购物场所	☐	☐	☐	☐	☐
瞭望台甲板	☐	☐	☐	☐	☐
景观长廊	☐	☐	☐	☐	☐
服务接待处	☐	☐	☐	☐	☐
医务室	☐	☐	☐	☐	☐
洗手间	☐	☐	☐	☐	☐

（四）邮轮标识系统美观度评价调查表

对您见过的标识美观度进行评价，请在合适的项目下打钩。

调查项目	非常好	很好	一般	不好	非常不好
标识牌外形美观度	☐	☐	☐	☐	☐
背景颜色与文字对比感	☐	☐	☐	☐	☐
地域文化特色感	☐	☐	☐	☐	☐
应急标识是否容易发现	☐	☐	☐	☐	☐
无障碍设计满意度	☐	☐	☐	☐	☐

（五）邮轮环境舒适度评价调查表

请您评价所处位置的环境情况，并对每项指标在您认为合适的项目下打钩。

调查项目	非常好	很好	一般	不好	非常不好
四周声音是否舒适	☐	☐	☐	☐	☐
四周灯光是否刺眼	☐	☐	☐	☐	☐
当前温度如何	☐	☐	☐	☐	☐
四周整体环境如何	☐	☐	☐	☐	☐

（六）邮轮休息环境舒适度评价调查表

请您评价邮轮休息环境的情况，并对每项指标在您认为合适的项目下打钩。

调查项目	非常好	很好	一般	不好	非常不好
四周声音是否舒适	☐	☐	☐	☐	☐
四周灯光是否刺眼	☐	☐	☐	☐	☐
当前温度如何	☐	☐	☐	☐	☐
四周整体环境如何	☐	☐	☐	☐	☐

本问卷至此全部结束，感谢您的热情协助！

附录 D

游客的度假原因和收获调研问卷（自绘）

1. 通过邮轮度假我想（动机）

调查项目	非常重要	重要	有些重要	不重要	不知道
拓展知识	☐	☐	☐	☐	☐
远离尘嚣	☐	☐	☐	☐	☐
建立友谊	☐	☐	☐	☐	☐
挑战自我	☐	☐	☐	☐	☐
发挥想象力	☐	☐	☐	☐	☐
享受宁静	☐	☐	☐	☐	☐
建立亲密友好关系	☐	☐	☐	☐	☐
锻炼运动技能	☐	☐	☐	☐	☐
放松身体	☐	☐	☐	☐	☐
获得归属感	☐	☐	☐	☐	☐
发现新事物	☐	☐	☐	☐	☐
放松精神	☐	☐	☐	☐	☐
社交参与	☐	☐	☐	☐	☐
与朋友共度美好时光	☐	☐	☐	☐	☐

2. 度假中我能（收获）

调查项目	很大程度	一定程度	小程度	根本没有	不知道
拓展知识	☐	☐	☐	☐	☐
远离尘嚣	☐	☐	☐	☐	☐
建立友谊	☐	☐	☐	☐	☐
挑战自我	☐	☐	☐	☐	☐
发挥想象力	☐	☐	☐	☐	☐
享受宁静	☐	☐	☐	☐	☐
建立亲密友好关系	☐	☐	☐	☐	☐
锻炼运动技能	☐	☐	☐	☐	☐
放松身体	☐	☐	☐	☐	☐

调查项目	很大程度	一定程度	小程度	根本没有	不知道
获得归属感	☐	☐	☐	☐	☐
发现新事物	☐	☐	☐	☐	☐
放松精神	☐	☐	☐	☐	☐
社交参与	☐	☐	☐	☐	☐
与朋友共度美好时光	☐	☐	☐	☐	☐

3. 度假结束时满意度

调查项目	很大程度	一定程度	小程度	根本没有	不知道
食宿	☐	☐	☐	☐	☐
快乐过程	☐	☐	☐	☐	☐
建立友谊	☐	☐	☐	☐	☐
是否推荐给朋友	☐	☐	☐	☐	☐

为了便于分类，请您填写以下个人信息。非常感谢您的合作！

您   已婚 ☐

　　单身 ☐

您是 男性 ☐

　　女性 ☐

您所属的年龄范围 0~15 岁 ☐

　　　　　　　　16~24 岁 ☐

　　　　　　　　25~35 岁 ☐

　　　　　　　　36~65 岁 ☐

　　　　　　　　66~75 岁 ☐

　　　　　　　　75 岁以上 ☐

附录 E

旅游活动的标准化符号

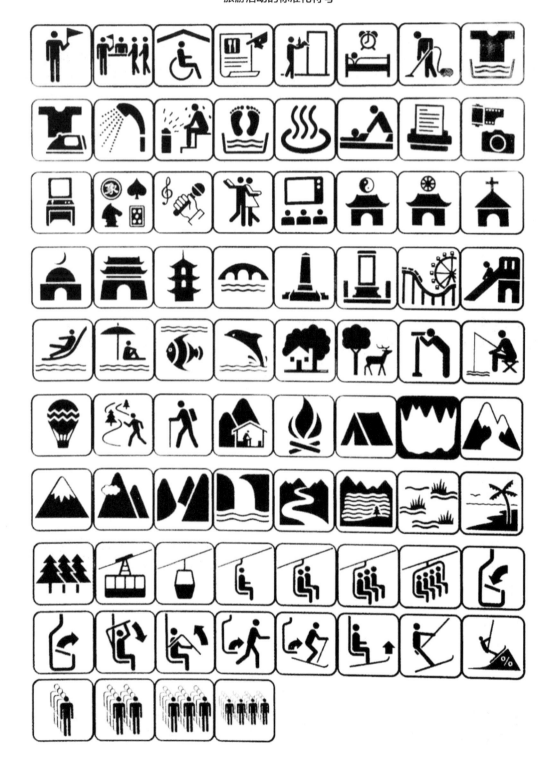

附录 F

世界各大邮轮档案数据

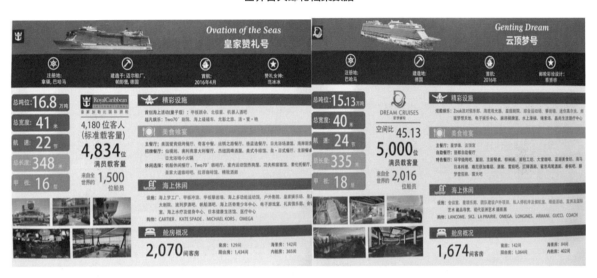

附录 G

眼动测试关注时间的试验数据（自绘）

第六组：

			Rectangle 1			Rectangle 2			Rectangle 3			Rectangle 4			Rectangle 5			Rectangle 6			Rectangle 7	
Recordings	Age	Gender	N(Count)	Mean(Second)	Sum(Second)	N(Count)	Mean(Second)	Sum(Second)	N(Count)	Mean(Second)	Sum(Second)	N(Count)	Mean(Second)	Sum(Second)	N(Count)	Mean(Second)	Sum(Second)	N(Count)	Mean(Second)	Sum(Second)	N(Count)	Mean(Second)	Sum(Second)
huangbohan	21-30	Male	1	7.8	7.8	1	5.62	5.62	1	9.02	9.02	-			1	400	4	1	3.35	3.35	1	3.62	3.62
liaiwei	21-30	Male	-			-			1	10.39	10.39	1	10.61	10.61	1	9.62	9.62	-		
Peter	41-50	Male	1	6.49	6.49	1	0	0	1	0.53	0.53	1	1.09	1.09	1	2.48	2.48	1	1.46	1.46	-		
syt	<20	Male	1	1.58	1.58	1	0	0	1	0.29	0.29	1	7.9	7.9	1	6.76	6.76	1	7.63	7.63	1	7.25	7.25
wangcais	<20	Female	1	0.68	0.68	-	0.33	0.33	1	1.28	11.28	-			-								
YiHangSiow	<20	Male	1	4.1	4.1	1	0.27	0.27	-	0.09	0.09	1	4.74	4.74	1	0.49	0.49	1	4.95	4.95	1	3.17	3.17
曾天生	21-30	Male	-																				
陈曦	214-30	Female	1	5.45	5.45	1	0.28	0.28	1	0	0	1	2.91	2.91	1	2.08	22.08	1	7.03	7.03	1	8.73	8.73
陈圆佳	21-30	Female	-															1	1.33	1.33	1	1.04	1.04
陈子橘	21-30	Female	1	0.62	0.62	1	0	0	1	1.12	1.12	1	5.83	5.83	1	3.5	3.5	1	3.98	3.98	1	4.23	4.23
方颖	21-30	Female	1	1.25	1.25	1	0.29	0.29	1	0	0	1	6.55	6.55	-			1	1413	1413	1	2.8	2.8
何山昂	21-30	Male	1	0.87	0.87	1	0	0	1	2.75	2.75	1	1.6	1.6	-			1	9.21	9.21	1	13.68	13.68
贺靖然	21-30	Male	1	8.86	8.86	1	0.07	0.07	1	4.08	4.08	1	6.21	6.21	1	0.72	0.72	1	15.19	15.19	-		
李仕祺	21-30	Female	1	2.1	2.1	1	0.77	0.77	1	0	0	1	3.02	3.02	1	4.2	4.2	-					
刘婷	21-30	Female	1	1.31	1.31	1	0.35	0.35	1	0	0	1	1.63	1.63	1	0.71	0.71	1	3.44	3.44	1	3.64	3.64
罗铃淩	<20	Female	1	0.36	0.36	1	0.03	0.03	-														
沈劲阳	21-30	Male	1	3.45	3.45	1	0.83	0.83	1	0	0	1	11.06	11.06	1	7.98	7.98	1	7.38	7.38	1	854	854
宋素衫	21-30	Female	-			1	0.11	0.11	1	0.63	0.63	1	1.57	1.57	1	0.43	0.43	-					
覃荻夫	21-30	Male	1	5.05	5.05	1	0.25	0.28	1	0.68	0.68	1	3.83	3.83	1	3.15	3.15	1	8.54	8.54	1	2.95	2.95
王栋	21-30	Male	1	0.77	0.77	1	0	0	1	1.09	1.09	1	5.6	5.6	1	16.3	16.3	1	5.29	5.29	-		
王蕙搏	21-30	Male	1	0.45	0.45	1	0	0	-			1	4.68	4.68	1	2.25	2.25	1	1.58	1.58	1	1.83	1.83
吴佳林	21-30		-																				
吴双	21-30	Female	1	0.33	0.33	1	0.13	0.13	1	0.53	0.53	-											
徐峥	21-30	Female	1	1	1	1	0	0	1	0.45	0.45	1	10.39	10.39	1	14.1	14.1	1	10.24	10.24	1	9.94	9.94
张丽	21-30	Female	-			1	0.31	0.31	1	0	0	1	0.59	0.59	1	2.12	2.12	1	1.79	1.79	1	1.21	1.21
张明华	21-30	Male	1	0.99	0.99	1	0	0	1	0.54	0.54	1	6.22	6.22	1	1.65	1.65	1	8.8	8.8	1	5.93	5.93
朱典	21-30	Female	1	6.04	6.04	1	0	0	1	0.72	0.72	1	1.82	1.82	1	7.45	7.45	1	3.74	3.74	1	204	2.04
朱佳鑫	21-30	Female	1	1.33	1.33	1	0.22	0.22	1	0	0	1	2.35	2.35	1	2.73	2.73	1	4.56	4.56	1	9.73	9.73
All Recordings	-	-	22	2.77	60.89	24	0.41	9.88	22	1.08	23.78	21	4.76	99.99	20	4.69	93.71	21	6.35	133.25	17	5.31	90.33

第七组：

			Rectangle 1			Rectangle 2			Rectangle 3			Rectangle 4			Rectangle 5			Rectangle 6			Rectangle 7			Rectangle 8		
Recordings	Age	Gender	N(Count)	Mean(Second)	Sum(Second)	N(Count)	Mean(Second)	Sum(Second)	N(Count)	Mean(Second)	Sum(Second)	N(Count)	Mean(Second)	Sum(Second)	N(Count)	Mean(Second)	Sum(Second)	N(Count)	Mean(Second)	Sum(Second)	N(Count)	Mean(Second)	Sum(Second)	N(Count)	Mean(Second)	Sum(Second)
huangbohan	21-30	Male	-																								
liaiwei	21-30	Male				1	2.45	2.45				1	1.01	1.01	-			1									
Peter	41-50	Male	1	7.68	7.68	1	1.9	1.9	1	0.55	0.58	1	0	0	1	8.59	8.59				1	5.38	5.38	1	3.75	1.75
syt	<20	Male	1	0.42	0.42				1	0.66	0.66				11	2.8		1	1.09	1.09	1	2.44	2.44			
wangcais	<20	Female	1	4.49	4.49	1	0.48	0.48	1	1.91	1.91	1	1.15	1.15	1	13.95		1	9.57	9.57						
YiHangSiow	<20	Male				1	0	0	1	0.54	0.54							1	0.94	0.94						
曾天生	21-30	Male	-																								
陈曦	214-30	Female	1	1.16	1.16	1	0.23	0.23	1	1.73	1.73	1	2.16	2.16				1	3.81	3.81	1	4.81	4.81	1	5.49	5.49
陈圆佳	21-30	Female							1	1.76	1.76															
陈子橘	21-30	Female	1	4.21	4.21	1	0.26	0.26	1	0.09	0.09	1	2.41	2.41				1	1.26	3.26	1	6.5	6.85	1	6.97	6.97
方颖	21-30	Female				1	0.28	0.28	1	2.25	5228	1	0.54	0.54							1			1	3.92	3.92
何山昂	21-30	Male				1	0.25	0.25	1	0.65	0.66															
贺靖然	21-30	Male	1	3.63	3.63	1	5.66	5.66	1	223	1223	1	1.85	1.55	1	9.54	9.54	1	4.21	4.21	1	4.5	4.5	1	4.6	4.6
李仕祺	21-30	Female	1	2.8	2.8	1	2.32	2.32	1	1.42	2142	1	1.88	1.58	1	5.06	5.06	1	1.45	3.45	1	5.56	8.86	1	3.97	3.97
刘婷	21-30	Female	1	0.76	80.76	n1	0.35	0.35	1	0.95	0.96	1	1.18	1.18							1	0.06	0.06			
罗铃淩	<20	Female							11	1.31	131	1	1.1	3.1												
沈劲阳	21-30	Male	-			1	0.91	0.91	1	124	124							1	1.05	1.05						
宋素衫	21-30	Female				1	0.22	0.22	1	0	0							1	1.72							
覃荻夫	21-30	Male				1	0.24	0.24	1	0.36	0.36							1	1.24	1.24	1	1.06	1.06			
王栋	21-30	Male				1	0.33	0.33	1	1.28	125	1	3.38	3.35				1	1.12	1.12						
王蕙搏	21-30	Male				1	0.37	0.37	1	0	0	1	1.91	1.91							1	14	1.54			
吴佳林	21-30	Female				1															1	1.34	1.34			
吴双	21-30	Female	1	7.67	7.67	1	0.51	0.51	1	0.11	0.11				0	0		1	2.93	2.93	1	9.02	9.02			
徐峥	21-30	Female				1	0.44	0.44	1	2.71	2.71	1			1	1.07	1.07				1	3.07	3.07	1	3.47	1.47
张丽	21-30	Male				1	0.36	0.36	1	3.26	3.26	1						1	0.66	0.66						
张明华	21-30	Male				1	0.24	0.24	1			1	0.97		1	4.65	4.65							137	1.37
朱佳鑫	21-30	Female				1	0.88	0.58	1	1.12	1.12	1	1.47					1	243	2.43						
All Recordings			3.66	32.63	22	0.64	13.44	24		28.21		20.66	4	6.92	27.28	15	3.91	58.58	14	3.74	52.31	10	4.5	45			

第八组：

			Rectangle 1			Rectangle 2			Rectangle 3			Rectangle 4			Rectangle 5		
Recordings	Age	Gender	N(Count)	Mean(Second)	Sum(Second)	N(Count)	Mean(Second)	Sum(Second)	N(Count)	Mean(Second)	Sum(Second)	N(Count)	Mean(Second)	Sum(Second)	N(Count)	Mean(Second)	Sum(Second)
huangbohan	21-30	Male	-	-	-	-	-	-	-	-	-	-	-	-	-	-	-
liaiwei	21-30	Male	-	-	-	-	-	-	-	-	-	-	-	-	-	-	-
Peter	41-50	Male	1	0	0	-	-	-	1	4.08	4.08	-	-	-	-	-	-
syt	<20	Male	1	0.44	0.44	1	0.24	0.24	1	2.70	2.70	-	-	-	1	6.06	6.06
wangcais	<20	Female	1	0.40	0.40	-	-	-	1	1.20	1.20	-	-	-	-	-	-
YiHangSiow	<20	Male	1	0.00	0.00	-	-	-	1	0.23	0.23	-	-	-	-	-	-
曾天生	21-30	Male	-	-	-	-	-	-	-	-	-	-	-	-	-	-	-
陈曦	214-30	Female	1	0.10	0.1	1	1.91	1.91	1	4.26	4.26	1	6.04	6.04	1	5.49	5.49
陈圆佳	21-30	Female	1	0.26	0.26	-	-	-	-	-	-	-	-	-	-	-	-
陈子橘	21-30	Female	1	0.19	0.19	-	-	-	1	2.55	2.55	-	-	-	1	3.23	3.23
方颖	21-30	Female	1	0.05	0.05	1	0.60	0.60	1	0.83	0.83	-	-	-	-	-	-
何山昂	21-30	Male	1	0	0	-	-	-	1	0.49	0.49	-	-	-	-	-	-
贺靖然	21-30	Male	1	0	0	-	-	-	1	7.02	7.02	-	-	-	-	-	-
李佳祺	21-30	Female	1	0.00	0.00	1	0.24	0.24	1	3.04	3.04	1	2.69	2.69	1	3.94	3.94
刘婷	21-30	Female	1	0.14	0.14	-	-	-	1	0.75	0.75	-	-	-	-	-	-
罗铃淩	<20	Female	1	0.06	0.06	1	0.66	0.66	-	-	-	-	-	-	-	-	-
沈劲阳	21-30	Male	1	0.16	0.16	1	1.76	1.76	-	-	-	-	-	-	-	-	-
宋素衫	21-30	Female	1	0.38	0.38	1	3.69	3.69	1	0.81	0.81	1	1.99	1.99	1	2.18	2.18
覃荻夫	21-30	Male	1	0	0	1	1.45	1.45	1	0.26	0.26	1	11.16	11.16	-	-	-
王栋	21-30	Male	1	0.41	0.41	1	0.21	0.21	-	-	-	-	-	-	-	-	-
王蕙搏	21-30	Male	1	0	0	1	2.97	2.97	1	3.18	3.18	-	-	-	1	4.48	4.48
吴佳林	21-30	Female	-	-	-	-	-	-	-	-	-	-	-	-	-	-	-
吴双	21-30	Female	-	-	-	-	-	-	-	-	-	-	-	-	-	-	-
徐峥	21-30	Female	1	0.11	0.11	-	-	-	1	1.49	1.49	-	-	-	-	-	-
张丽	21-30	Female	1	0.39	0.39	1	0.56	0.56	1	1.77	1.77	1	4.72	4.72	1	2.22	2.22
张明华	21-30	Male	1	0.00	0.00	-	-	-	1	1.53	1.53	-	-	-	-	-	-
朱典	21-30	Female	-	-	-	-	-	-	1	1.20	1.20	-	-	-	-	-	-
朱佳鑫	21-30	Female	1	0.09	0.09	1	4.71	4.71	1	0.66	0.66	-	-	-	-	-	-
All Recordings	-	-	24	0.13	3.18	13	1.64	21.36	20	1.90	38.08	4	3.86	15.45	8	4.85	38.77

第九组：

Time to First Fixation — DSC_5321.jpg

Recordings	Age	Gender	Rectangle 1			Rectangle 2			Rectangle 3			Rectangle 4		
			N(Count)	Mean(Second)	Sum(Second)	N(Count)	Mean(Second)	Sum(Second)	N(Count)	Mean(Second)	Sum(Second)	N(Count)	Mean(Second)	Sum(Second)
huangbohan	21-30	Male	-	-	-	-	-	-	-	-	-	-	-	-
liaiwei	21-30	Male	-	-	-	-	-	-	-	-	-	-	-	-
Peter	41-50	Male		-	-	1	0.23	0.23	1	0.06	0.06	1	1.06	1.06
syt	<20	Male		-	-	1	0	0	-					
wangcais	<20	Female	-	-	-	1	0.3	0.3	-	-	-	1	0	0
YiHangSiow	<20	Female	1	1.52	1.52	1	0.24	0.24	1	1.84	1.84	1	0	0
曾天生	21-30	Male	-			-								
陈曦	214 30	Female	-			1	0	0	1	3.44	3.44	1	1.56	1.56
陈圆佳	21-30	Female				-			1	0.58	0.58	1	0.05	0.05
陈子薇	21-30	Female	1	3.19	3.19	1	0.39	0.39	1	1.14	1.14	1	0	0
方颖	21-30	Female	-			1	2.86	2.86	1	5.31	5.31	1	3.89	3.89
何山昂	21-30	Male	-	-	-	1	0	0	-			1	0.88	0.88
贺靖然	21-30	Male				1	1.46	1.46	1	3.64	3.64	1	0	0
李佳琪	21-30	Female	1	6.76	6.76	1	0.41	0.41	1	1.11	1.11	1	0.03	0.03
刘婷	21-30	Female	-	-		1	0	0	-	-	-	1	0.68	0.68
罗铃滢	<20	Female		-					-	-	-			
沈劲阳	21-30	Male		-	-	1	0.05	0.05	-	-	-	1	0.91	0.91
宋紫杉	21-30	Female			-	1	0.23	0.23	1	0	0	1	0.08	0.08
覃荻夫	21-30	Male			-	1	0	0	-	-	-	1	103	1.03
王栋	21-30	Male			-	1	0	0	1	0.65	0.65			
王萧博	21-30	Male			-	1	0.06	0.06	1	3.31	3.31	1	1.56	1.56
吴佳林	21-30	Male										1	0	0
吴双	21-30	Female				1	0.12	0.12	-		-	-		
徐绮	21-30	Female	-	-	-	1	0	0	1	1.18	1.18	1	0.72	0.72
张密	21-30	Female		-	-	1	0.31	0.31	1	1.53	1.53	1	0	0
张明华	21-30	Male			-	1	0	0	-			1	0.79	0.79
朱典	21-30	Female	-	-	-	1	0.22	0.22	.		-	1	0	0
朱佳意	21-30	Female	-	-	-	1	0	0	1	3.31	3.31	1	0.79	0.79
All Recordings	-	-	3	3.82	11.47	22	0.31	6.87	14	1.94	27.11	21	0.67	14.03

第十组：

Time to First Fixation — DSC_5436.jpg

Recordings	Age	Gender	Rectangle 1			Rectangle 2			Rectangle 3		
			N(Count)	Mean(Second)	Sum(Second)	N(Count)	Mean(Second)	Sum(Second)	N(Count)	Mean(Second)	Sum(Second)
huangbohan	21-30	Male									
liaiwei	21-30	Male									
Peter	41-50	Male	1	0	0	1	0.6	0.6	1	2.81	2.81
syt	<20	Male	1	0	0	1	0.98	0.98	1	1.45	1.45
wangcais	<20	Female	1	0.25	0.25	1	0.71	0.71	-	-	
YiHangSiow	<20	Male	1	0	0	1	0.44	0.44	1	1.55	1.55
曾天生	21-30	Male	1	1.56	1.56	1	0.98	0.98			
陈曦	214 30	Female	1	1.34	1.34	1	1.44	1.44	1	0.72	0.72
陈圆佳	21-30	Female	1	0	0	-			1	0.83	0.83
陈子薇	21-30	Female	1	0.13	0.13	1	0.81	0.81	1	0.53	0.53
方颖	21-30	Female	1	0	0	1	0.27	0.27	1	0.51	0.51
何山昂	21-30	Male	1	0.22	0.22	1	0	0			
贺靖然	21-30	Male	1	1.76	1.76	-		-	1	2.24	2.24
李佳琪	21-30	Female	1	3.06	3.06	1	3.63	3.63	1	0	0
刘婷	21-30	Female	1	0	0	1	0.65	0.65	1	1.2	1.2
罗铃滢	<20	Female	1	0	0	-					
沈劲阳	21-30	Male	1	0.26	0.26	1	0.03	0.03	1	1.45	1.45
宋紫杉	21-30	Female	1	0	0	1	1.24	1.24	1	0.39	0.39
覃荻夫	21-30	Male	1	0	0	-		-	1	0.78	0.78
王栋	21-30	Male	1	0	0	1	0.43	0.43			
王萧博	21-30	Male	1	0	0				1	1.53	1.53
吴佳林	21-30	Male	1	0	0						
吴双	21-30	Female	1	0.66	0.66	1	0	0	1	0.87	0.87
徐绮	21-30	Female	1	0.25	0.25	1	3	3			
张密	21-30	Female	1	0.28	0.28				1	0	0
张明华	21-30	Male	1	0	0	1	1.22	1.22	1	0.67	0.67
朱典	21-30	Female	1	0	0	1	0.84	0.84	1	1.83	1.83
朱佳意	21-30	Female	1	0.02	0.02	1	0.79	0.79			
All Recordings	-	-	26	0.38	9.79	19	0.95	18.09	18	1.08	19.38

第十一组：

			Time to First Fixation							
			DSC_ 5438 .jpg							
			Rectangle 1			Rectangle 2				
Recordings	Age	Gender	N(Count)	Mean(Second)	Sum(Second)	N(Count)	Mean(Second)	Sum(Second)		
huangbohan	21-30	Male								
liaiwei	21-30	Male	1	2.42	2.42					
Peter	41-50	Male	1	0.01	0.01	1	0.71	0.71		
syt	< 20	Male	1	0	0	1	1.44	1.44		
wangcais	< 20	Female	1	0	0	1	3.42	3.42		
YiHangSiow	< 20	Male	1	0	0	1	0.26	0.26		
曾天生	21-30	Male								
陈曦	214 30	Female	1	0	0	1	1.37	1.37		
陈圆佳	21-30	Female	1	0.07	0.07					
陈子薇	21-30	Female	1	0.2	0.2	1	1.1	1.1		
方颖	21-30	Female	1	0.14	0.14	1	0.39	0.39		
何山昂	21-30	Male	1	0	0					
贺靖然	21-30	Male	1	0	0	1	0.59	0.59		
李佳琪	21-30	Female	1	0	0	1	1.05	1.05		
刘婷	21-30	Female	1	0	0	1	0.75	0.75		
罗铃滢	< 20	Female	1	0	0	1	0.78	0.78		
沈劲阳	21-30	Male	1	0.1	0.1	1	0.73	0.73		
宋紫杉	21-30	Female	1	0	0	1	0.64	0.64		
覃荻夫	21-30	Male	1	0	0	1	2.06	2.06		
王栋	21-30	Male	1	1.1	1.1					
王萧博	21-30	Male	1	0.36	0.36	1	0.91	0.91		
吴佳林	21-30	Male	1	0	0					
吴双	21-30	Female	1	0	0					
徐绮	21-30	Female	1	0.51	0.51	1	1.99	1.99		
张密	21-30	Female	1	0	0	1	1.29	1.29		
张明华	21-30	Male	1	0	0	1	0.54	0.54		
朱典	21-30	Female	1	0.2	0.2	1	0	0		
朱佳意	21-30	Female	1	0	0					
All Recordings	-	-	26	0.2	5.1	19	1.05	20.02		

第十二组：

			Time to First Fixation							
			DSC_ 5471 .jpg							
			Rectangle 1			Rectangle 2				
Recordings	Age	Gender	N(Count)	Mean(Second)	Sum(Second)	N(Count)	Mean(Second)	Sum(Second)		
huangbohan	21-30	Male								
liaiwei	21-30	Male								
Peter	41-50	Male	1	0.35	0.35	1	0.78	0.78		
syt	< 20	Male			-	1	0.23	0.23		
wangcais	< 20	Female	1	1.21	1.21	1	0.26	0.26		
YiHangSiow	< 20	Male	1	1.01	1.01	1	0.44	0.44		
曾天生	21-30	Male								
陈曦	214 30	Female	1	0	0	1	0.75	0.75		
陈圆佳	21-30	Female			1	1	0.53	0.53		
陈子薇	21-30	Female	1	1.9	1.9	1	0.3	0.3		
方颖	21-30	Female	1	0.91	0.91	1	0.28	0.28		
何山昂	21-30	Male	1	1.24	1.24	1	0.48	0.48		
贺靖然	21-30	Male	1	0.72	0.72	1	0.24	0.24		
李佳琪	21-30	Female	1	1.43	1.43	1	0.32	0.32		
刘婷	21-30	Female	-		.	1	0.45	0.45		
罗铃滢	< 20	Female	1	0	0	1	0.76	0.76		
沈劲阳	21-30	Male				1	0.42	0.42		
宋紫杉	21-30	Female				1	0.4	0.4		
覃荻夫	21-30	Male		.		1	0.27	0.27		
王栋	21-30	Male	1	0.69	0.69	1	0.42	0.42		
王萧博	21-30	Male	1	0.5	0.5	1	0.25	0.25		
吴佳林	21-30	Male				1	0	0		
吴双	21-30	Female	1	0.01	0.01	1	0.43	0.43		
徐绮	21-30	Female	1	1.39	1.39	1	0.42	0.42		
张密	21-30	Female				1	0.23	0.23		
张明华	21-30	Male				1	0.26	0.26		
朱典	21-30	Female	1	0.96	0.96	1	0.4	0.4		
朱佳意	21-30	Female	1	1.29	129	1	0.36	0.36		
All Recordings	-	-	16	0.85	13.62	25	0.39	9.66		

附录 H

试验中眨眼间隔最大值相关数据（自绘）

序号	S	I_{max}	序号	S	I_{max}	序号	S	I_{max}
1	4	14.56	113	2	12.42	225	4	9.16
2	3	11.33	114	2	13.39	226	5	10.63
3	3	10.17	115	1	10.20	227	4	12.42
4	4	8.17	116	3	11.06	228	4	13.08
5	3	12.53	117	2	14.27	229	3	12.13
6	2	13.36	118	2	10.45	230	1	11.37
7	4	13.06	119	3	10.65	231	5	7.87
8	4	12.30	120	2	14.38	232	3	14.11
9	4	9.81	121	1	10.78	233	3	13.80
10	2	10.71	122	3	12.52	234	3	12.48
11	4	15.49	123	2	14.17	235	2	11.72
12	4	11.74	124	2	12.11	236	3	13.79
13	4	6.92	125	3	14.72	237	4	9.28
14	3	14.89	126	1	15.09	238	4	9.67
15	3	9.88	127	2	13.22	239	3	11.43
16	5	12.27	128	3	9.98	240	4	12.30
17	3	11.43	129	4	9.30	241	3	10.25
18	4	8.43	130	3	11.55	242	2	11.71
19	4	13.96	131	2	11.53	243	3	13.49
20	3	10.13	132	4	12.42	244	3	12.32
21	3	10.69	133	4	10.08	245	5	12.28
22	3	12.35	134	1	11.29	246	3	11.74
23	2	14.46	135	5	11.18	247	3	9.57
24	2	12.08	136	3	11.00	248	4	13.32
25	3	13.90	137	4	13.11	249	4	8.82
26	3	15.39	138	4	11.62	250	2	8.78

序号	S	I_{max}	序号	S	I_{max}	序号	S	I_{max}
27	3	13.01	139	3	12.12	251	4	11.81
28	1	10.20	140	5	7.90	252	5	10.71
29	2	12.01	141	3	14.64	253	2	9.34
30	3	8.75	142	3	9.80	254	2	10.94
31	3	13.83	143	2	10.02	255	2	12.81
32	1	10.23	144	3	10.39	256	2	12.90
33	4	8.95	145	2	15.38	257	3	8.14
34	3	11.30	146	1	10.38	258	2	9.65
35	5	9.28	147	4	13.17	259	4	10.84
36	3	8.81	148	4	12.87	260	3	10.47
37	3	12.49	149	4	11.16	261	4	12.79
38	3	10.31	150	3	11.64	262	3	11.41
39	3	10.64	151	3	8.98	263	3	9.78
40	1	12.31	152	3	10.11	264	2	14.92
41	3	12.91	153	2	14.79	265	2	8.93
42	3	10.02	154	2	11.46	266	4	13.05
43	2	10.03	155	3	8.03	267	3	9.32
44	4	9.74	156	2	15.10	268	3	11.66
45	3	14.15	157	4	9.76	269	2	9.13
46	3	10.37	158	3	12.83	270	2	14.47
47	2	12.72	159	2	11.43	271	2	14.81
48	4	11.56	160	3	13.59	272	3	9.62
49	3	8.94	161	2	9.01	273	4	6.82
50	4	8.86	162	4	11.81	274	5	10.30
51	3	14.60	163	4	12.16	275	4	10.90
52	4	11.49	164	2	13.74	276	1	13.19
53	3	12.33	165	3	14.14	277	3	9.61
54	4	8.48	166	3	9.13	278	3	13.26
55	3	13.21	167	4	11.41	279	3	10.41
56	4	12.12	168	3	15.20	280	3	12.48
57	3	10.01	169	3	12.76	281	3	12.04
58	4	12.76	170	2	11.21	282	2	10.22

序号	S	I_{max}	序号	S	I_{max}	序号	S	I_{max}
59	2	13.75	171	2	14.66	283	2	12.89
60	2	11.44	172	4	13.46	284	4	8.46
61	1	11.83	173	3	7.38	285	4	7.97
62	3	13.88	174	1	9.63	286	2	11.32
63	5	6.03	175	4	12.07	287	4	10.27
64	4	8.56	176	5	9.95	288	4	9.16
65	1	15.66	177	4	11.76	289	3	10.34
66	2	9.70	178	4	14.78	290	3	9.15
67	4	8.41	179	4	12.43	291	3	13.27
68	1	10.06	180	3	12.22	292	3	8.61
69	2	14.27	181	2	11.53	293	3	8.34
70	4	13.27	182	5	15.46	294	5	12.86
71	2	11.88	183	3	12.75	295	1	14.78
72	3	14.45	184	2	13.53	296	2	15.78
73	2	13.57	185	3	12.70	297	3	9.26
74	4	13.38	186	4	10.70	298	3	11.05
75	2	11.67	187	4	9.50	299	3	13.94
76	5	11.48	188	3	10.59	300	4	13.96
77	2	9.47	189	4	9.29	301	4	10.16
78	3	12.10	190	5	9.73	302	4	10.68
79	3	9.44	191	5	9.70	303	4	9.82
80	2	12.23	192	3	12.44	304	2	13.89
81	4	10.08	193	4	7.82	305	3	13.89
82	4	11.46	194	3	11.68	306	3	13.18
83	2	9.65	195	3	10.86	307	4	11.83
84	3	10.73	196	3	11.92	308	2	9.70
85	2	14.44	197	4	15.56	309	3	12.01
86	2	11.69	198	4	12.02	310	3	8.53
87	2	10.17	199	1	13.34	311	4	12.35
88	3	8.96	200	3	12.21	312	4	7.65
89	2	11.73	201	2	12.60	313	4	9.41
90	3	11.91	202	1	12.37	314	3	12.77

序号	S	I_{max}	序号	S	I_{max}	序号	S	I_{max}
91	2	10.58	203	5	7.71	315	3	11.67
92	3	13.83	204	3	14.13	316	4	8.61
93	2	14.55	205	3	10.63	317	2	13.73
94	3	9.56	206	3	10.94	318	3	13.80
95	2	9.37	207	4	8.01	319	3	10.72
96	3	12.55	208	3	13.75	320	2	11.00
97	2	11.13	209	4	7.74	321	3	12.83
98	2	11.35	210	5	11.38	322	3	12.93
99	2	13.62	211	3	9.98	323	1	12.89
100	2	12.26	212	2	12.90	324	2	11.64
101	2	15.53	213	4	7.41	325	2	13.72
102	3	15.50	214	3	15.28	326	2	10.28
103	3	10.99	215	4	6.96	327	3	11.24
104	5	9.90	216	5	9.48	328	4	9.43
105	4	12.39	217	5	11.14	329	2	13.14
106	1	14.24	218	4	9.09	330	3	14.20
107	4	9.76	219	3	10.57	331	3	10.55
108	5	6.48	220	4	11.52	332	2	14.22
109	2	13.09	221	4	6.46	333	2	10.20
110	2	13.08	222	3	10.20	334	2	13.78
111	2	9.56	223	4	7.78	335	3	15.40
112	5	11.21	224	5	6.46	336	2	14.40

附录 I

试验中眨眼间隔最小值相关数据（自绘）

序号	S	I_{min}	序号	S	I_{min}	序号	S	I_{min}
1	4	0.23	113	2	0.07	225	4	0.18
2	3	0.02	114	2	0.34	226	5	0.32
3	3	0.66	115	1	0.61	227	4	0.38
4	4	0.67	116	3	0.33	228	4	1.01
5	3	0.06	117	2	0.74	229	3	0.53
6	2	0.18	118	2	0.16	230	1	0.55
7	4	0.23	119	3	0.12	231	5	0.72
8	4	0.28	120	2	0.46	232	3	0.37
9	4	0.60	121	1	0.03	233	3	0.32
10	2	0.17	122	3	0.10	234	3	0.46
11	4	0.58	123	2	0.70	235	2	0.67
12	4	0.39	124	2	0.61	236	3	0.10
13	4	1.06	125	3	0.43	237	4	0.20
14	3	0.19	126	1	0.11	238	4	0.08
15	3	0.06	127	2	0.54	239	3	0.47
16	5	1.46	128	3	0.38	240	4	0.19
17	3	0.33	129	4	0.43	241	3	0.44
18	4	0.75	130	3	0.71	242	2	0.12
19	4	0.46	131	2	0.31	243	3	0.31
20	3	0.45	132	4	0.59	244	3	0.22
21	3	0.15	133	4	0.00	245	5	0.51
22	3	0.06	134	1	0.24	246	3	0.26
23	2	0.31	135	5	0.32	247	3	0.73
24	2	0.34	136	3	0.24	248	4	0.20
25	3	0.73	137	4	0.31	249	4	0.18
26	3	0.16	138	4	0.12	250	2	0.53

序号	S	I_{min}	序号	S	I_{min}	序号	S	I_{min}
27	3	0.25	139	3	0.63	251	4	0.38
28	1	0.07	140	5	0.42	252	5	0.35
29	2	0.19	141	3	0.55	253	2	0.19
30	3	0.57	142	3	0.13	254	2	0.75
31	3	0.65	143	2	0.18	255	2	0.27
32	1	0.56	144	3	0.33	256	2	0.14
33	4	0.13	145	2	0.54	257	3	0.29
34	3	0.08	146	1	0.18	258	2	0.07
35	5	0.64	147	4	0.08	259	4	0.08
36	3	0.03	148	4	0.16	260	3	0.06
37	3	0.03	149	4	0.20	261	4	0.29
38	3	0.45	150	3	0.54	262	3	0.61
39	3	0.08	151	3	0.06	263	3	0.32
40	1	0.13	152	3	0.54	264	2	0.08
41	3	0.09	153	2	0.39	265	2	0.02
42	3	0.31	154	2	0.47	266	4	0.60
43	2	0.35	155	3	0.26	267	3	0.31
44	4	0.24	156	2	0.13	268	3	0.08
45	3	0.36	157	4	0.84	269	2	0.02
46	3	0.59	158	3	0.40	270	2	0.23
47	2	0.48	159	2	0.13	271	2	0.15
48	4	0.60	160	3	0.23	272	3	0.27
49	3	0.49	161	2	0.02	273	4	0.72
50	4	0.29	162	4	1.09	274	5	1.00
51	3	0.18	163	4	0.01	275	4	0.04
52	4	0.03	164	2	0.04	276	1	0.03
53	3	0.36	165	3	0.52	277	3	0.29
54	4	0.48	166	3	0.03	278	3	0.22
55	3	0.15	167	4	0.52	279	3	0.26
56	4	0.14	168	3	0.20	280	3	0.28
57	3	0.60	169	3	0.13	281	3	0.35
58	4	0.59	170	2	0.31	282	2	0.12

序号	S	I_{min}	序号	S	I_{min}	序号	S	I_{min}
59	2	0.46	171	2	0.02	283	2	0.09
60	2	0.13	172	4	0.36	284	4	0.12
61	1	0.47	173	3	0.22	285	4	0.08
62	3	0.10	174	1	0.14	286	2	0.51
63	5	0.34	175	4	0.26	287	4	0.43
64	4	0.38	176	5	1.35	288	4	0.00
65	1	0.56	177	4	0.03	289	3	0.17
66	2	0.01	178	4	0.14	290	3	0.06
67	4	0.27	179	4	0.67	291	3	0.20
68	1	0.44	180	3	0.21	292	3	0.05
69	2	0.11	181	2	0.13	293	3	0.43
70	4	0.06	182	5	0.36	294	5	0.98
71	2	0.37	183	3	0.06	295	1	0.01
72	3	0.37	184	2	0.34	296	2	0.32
73	2	0.01	185	3	0.23	297	3	0.20
74	4	0.29	186	4	0.17	298	3	0.32
75	2	0.45	187	4	0.21	299	3	0.00
76	5	0.34	188	3	0.18	300	4	0.49
77	2	0.15	189	4	0.01	301	4	0.55
78	3	0.62	190	5	0.58	302	4	0.44
79	3	0.23	191	5	0.56	303	4	0.21
80	2	0.22	192	3	0.22	304	2	0.04
81	4	0.26	193	4	0.12	305	3	0.36
82	4	0.62	194	3	0.11	306	3	0.01
83	2	0.00	195	3	0.08	307	4	0.15
84	3	0.58	196	3	0.41	308	2	0.47
85	2	0.62	197	4	0.01	309	3	0.15
86	2	0.49	198	4	0.27	310	3	0.55
87	2	0.44	199	1	0.37	311	4	0.17
88	3	0.43	200	3	0.20	312	4	0.13
89	2	0.43	201	2	0.04	313	4	0.00
90	3	0.73	202	1	0.01	314	3	0.81

序号	S	I_{min}	序号	S	I_{min}	序号	S	I_{min}
91	2	0.14	203	5	0.13	315	3	0.61
92	3	0.27	204	3	0.56	316	4	0.79
93	2	0.02	205	3	0.17	317	2	0.51
94	3	0.57	206	3	0.25	318	3	0.75
95	2	0.06	207	4	0.76	319	3	0.52
96	3	0.68	208	3	0.83	320	2	0.10
97	2	0.27	209	4	0.34	321	3	0.35
98	2	0.01	210	5	1.39	322	3	0.06
99	2	0.29	211	3	0.40	323	1	0.05
100	2	0.23	212	2	0.25	324	2	0.10
101	2	0.10	213	4	0.38	325	2	0.23
102	3	0.02	214	3	0.10	326	2	0.30
103	3	0.57	215	4	0.47	327	3	0.76
104	5	0.39	216	5	0.66	328	4	0.60
105	4	0.40	217	5	0.11	329	2	0.12
106	1	0.24	218	4	0.25	330	3	0.17
107	4	0.21	219	3	0.41	331	3	0.22
108	5	0.40	220	4	0.88	332	2	0.07
109	2	0.31	221	4	0.20	333	2	0.45
110	2	0.15	222	3	0.59	334	2	0.03
111	2	0.49	223	4	1.00	335	3	0.74
112	5	0.51	224	5	0.63	336	2	0.03

附录 J

试验中眨眼间隔平均值相关数据（自绘）

序号	S	I_{ave}	序号	S	I_{ave}	序号	S	I_{ave}
1	4	3.96	113	2	5.60	225	4	4.02
2	3	3.25	114	2	5.34	226	5	2.45
3	3	4.18	115	1	5.43	227	4	3.61
4	4	2.77	116	3	4.19	228	4	4.29
5	3	4.19	117	2	5.18	229	3	3.97
6	2	4.21	118	2	4.77	230	1	5.91
7	4	3.05	119	3	3.70	231	5	2.02
8	4	2.88	120	2	4.48	232	3	3.58
9	4	3.38	121	1	5.79	233	3	3.56
10	2	5.47	122	3	4.88	234	3	3.44
11	4	3.12	123	2	4.82	235	2	4.12
12	4	3.06	124	2	5.38	236	3	4.37
13	4	3.97	125	3	4.27	237	4	3.33
14	3	4.37	126	1	5.70	238	4	3.02
15	3	4.20	127	2	4.07	239	3	4.23
16	5	2.60	128	3	4.79	240	4	4.07
17	3	4.09	129	4	4.32	241	3	3.52
18	4	3.84	130	3	3.25	242	2	3.92
19	4	2.70	131	2	4.47	243	3	3.90
20	3	3.72	132	4	2.77	244	3	3.37
21	3	4.97	133	4	4.34	245	5	2.62
22	3	4.55	134	1	5.10	246	3	3.53
23	2	4.20	135	5	2.99	247	3	3.70
24	2	5.56	136	3	4.34	248	4	3.91
25	3	4.52	137	4	2.65	249	4	3.82
26	3	4.96	138	4	4.52	250	2	4.18

序号	S	I_{ave}	序号	S	I_{ave}	序号	S	I_{ave}
27	3	4.06	139	3	4.19	251	4	3.29
28	1	4.71	140	5	2.84	252	5	2.71
29	2	4.07	141	3	4.95	253	2	5.73
30	3	4.98	142	3	4.08	254	2	5.32
31	3	3.65	143	2	5.74	255	2	4.28
32	1	5.89	144	3	3.64	256	2	4.86
33	4	2.71	145	2	3.81	257	3	4.46
34	3	4.40	146	1	5.27	258	2	4.45
35	5	3.46	147	4	4.15	259	4	3.69
36	3	4.47	148	4	3.47	260	3	3.45
37	3	4.67	149	4	4.40	261	4	3.19
38	3	4.36	150	3	3.77	262	3	4.76
39	3	4.41	151	3	4.03	263	3	5.18
40	1	5.79	152	3	4.72	264	2	4.14
41	3	4.90	153	2	4.13	265	2	5.56
42	3	4.12	154	2	4.56	266	4	3.41
43	2	4.39	155	3	4.71	267	3	5.07
44	4	3.69	156	2	4.81	268	3	4.89
45	3	4.65	157	4	3.81	269	2	5.14
46	3	4.89	158	3	4.44	270	2	5.48
47	2	5.32	159	2	4.85	271	2	4.52
48	4	3.58	160	3	5.05	272	3	3.75
49	3	3.81	161	2	4.14	273	4	3.83
50	4	4.53	162	4	3.58	274	5	2.77
51	3	4.10	163	4	3.26	275	4	3.11
52	4	3.56	164	2	4.94	276	1	5.00
53	3	3.70	165	3	4.72	277	3	4.32
54	4	2.71	166	3	3.35	278	3	4.08
55	3	4.28	167	4	4.24	279	3	3.70
56	4	4.41	168	3	3.88	280	3	4.87
57	3	3.89	169	3	3.45	281	3	4.59
58	4	3.41	170	2	4.87	282	2	3.87

序号	S	I_{ave}	序号	S	I_{ave}	序号	S	I_{ave}
59	2	5.14	171	2	3.98	283	2	5.07
60	2	4.53	172	4	4.59	284	4	3.06
61	1	5.91	173	3	3.30	285	4	4.37
62	3	4.54	174	1	4.49	286	2	5.52
63	5	2.82	175	4	4.16	287	4	3.06
64	4	3.62	176	5	3.34	288	4	4.06
65	1	4.68	177	4	3.79	289	3	4.98
66	2	4.05	178	4	4.29	290	3	3.24
67	4	3.55	179	4	3.47	291	3	4.07
68	1	5.51	180	3	4.62	292	3	3.33
69	2	5.13	181	2	4.05	293	3	5.03
70	4	4.16	182	5	3.65	294	5	2.35
71	2	4.45	183	3	3.34	295	1	5.13
72	3	3.71	184	2	4.85	296	2	5.61
73	2	4.67	185	3	4.94	297	3	3.63
74	4	3.46	186	4	4.12	298	3	5.00
75	2	5.67	187	4	3.89	299	3	3.26
76	5	2.40	188	3	5.16	300	4	3.54
77	2	4.39	189	4	2.67	301	4	3.87
78	3	4.95	190	5	2.52	302	4	2.66
79	3	3.26	191	5	3.72	303	4	3.93
80	2	5.26	192	3	4.64	304	2	5.66
81	4	4.58	193	4	2.76	305	3	4.99
82	4	4.59	194	3	3.30	306	3	3.45
83	2	4.87	195	3	5.09	307	4	3.57
84	3	4.83	196	3	4.95	308	2	5.03
85	2	5.80	197	4	2.84	309	3	4.27
86	2	4.86	198	4	3.84	310	3	4.01
87	2	5.02	199	1	5.13	311	4	3.62
88	3	4.60	200	3	4.87	312	4	3.98
89	2	5.78	201	2	4.79	313	4	2.61
90	3	5.09	202	1	4.84	314	3	3.61

序号	S	I_{ave}	序号	S	I_{ave}	序号	S	I_{ave}
91	2	4.44	203	5	3.24	315	3	3.61
92	3	4.16	204	3	4.37	316	4	3.92
93	2	4.87	205	3	4.97	317	2	4.13
94	3	4.67	206	3	3.36	318	3	4.70
95	2	4.79	207	4	3.16	319	3	3.32
96	3	3.54	208	3	3.31	320	2	4.57
97	2	5.41	209	4	3.83	321	3	5.12
98	2	5.59	210	5	3.59	322	3	3.42
99	2	5.14	211	3	4.83	323	1	4.49
100	2	5.52	212	2	5.79	324	2	4.65
101	2	4.35	213	4	3.93	325	2	5.48
102	3	3.33	214	3	4.57	326	2	4.97
103	3	4.56	215	4	4.07	327	3	3.96
104	5	3.64	216	5	2.60	328	4	4.09
105	4	3.79	217	5	3.17	329	2	4.95
106	1	5.39	218	4	3.35	330	3	3.32
107	4	3.85	219	3	4.97	331	3	4.42
108	5	2.46	220	4	4.58	332	2	5.47
109	2	4.70	221	4	4.38	333	2	4.01
110	2	4.37	222	3	4.85	334	2	4.73
111	2	4.65	223	4	4.14	335	3	4.09
112	5	3.03	224	5	2.51	336	2	5.63

附录 K

不同情绪状态下的大脑能量分布图（自绘）

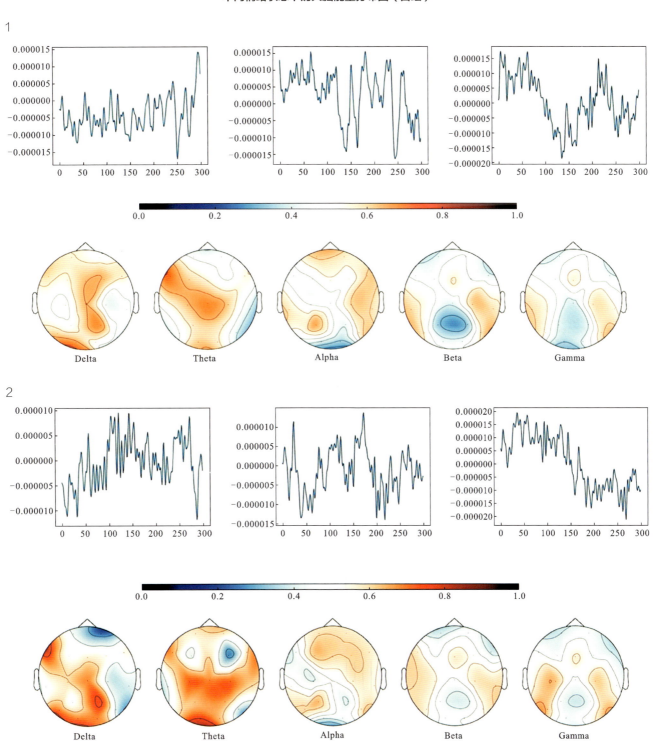

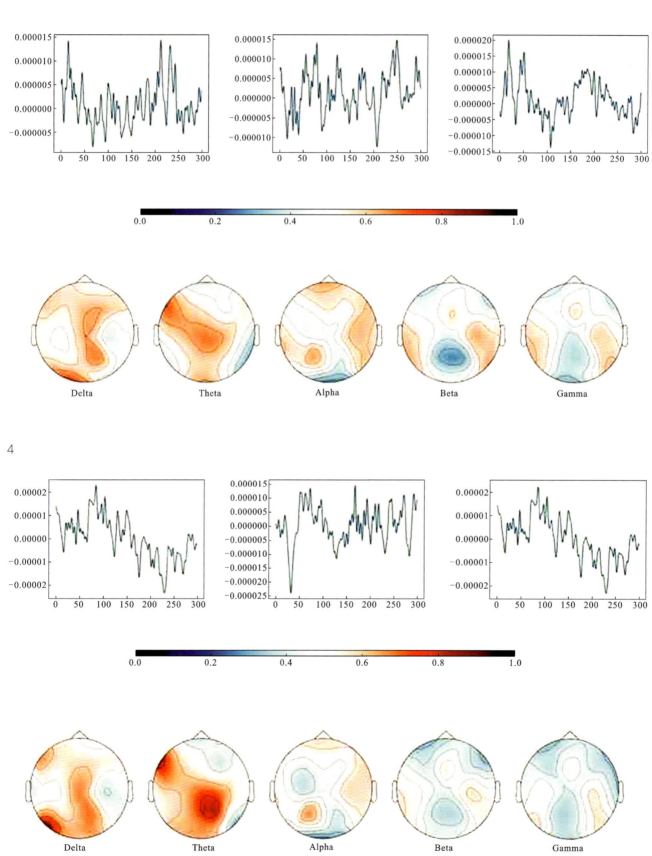

5

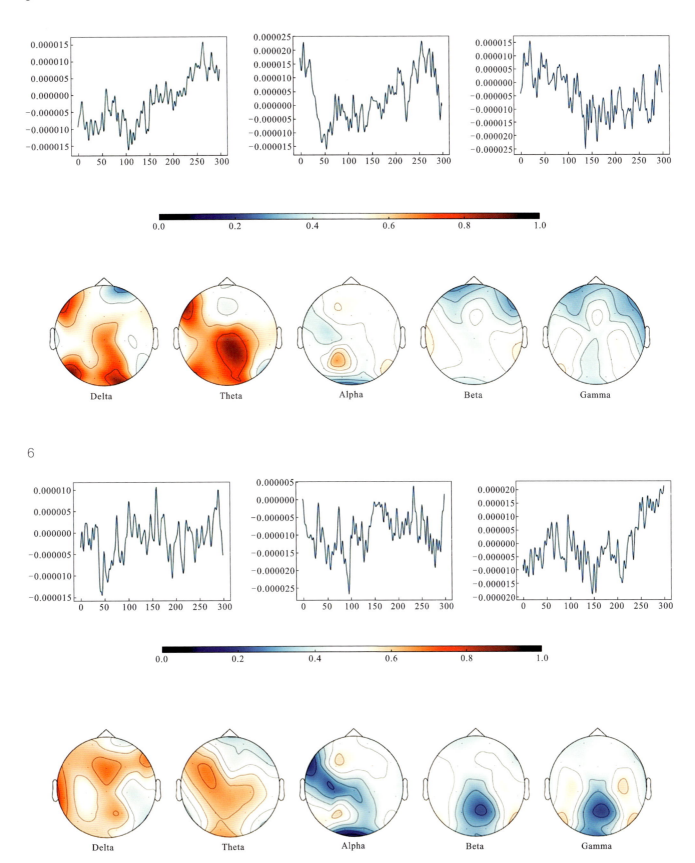

Delta   Theta   Alpha   Beta   Gamma

6

Delta   Theta   Alpha   Beta   Gamma

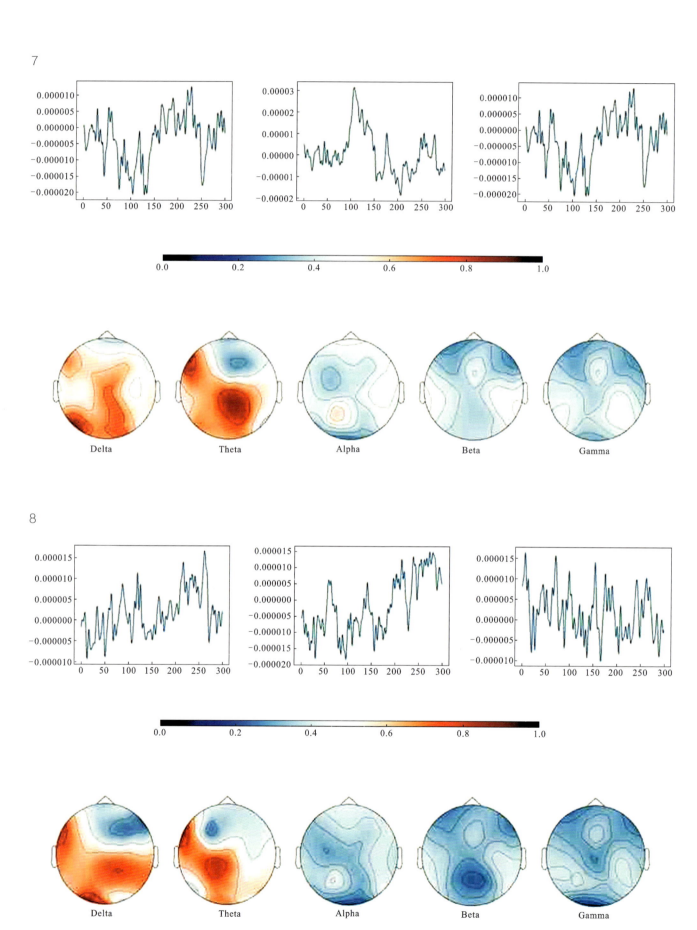

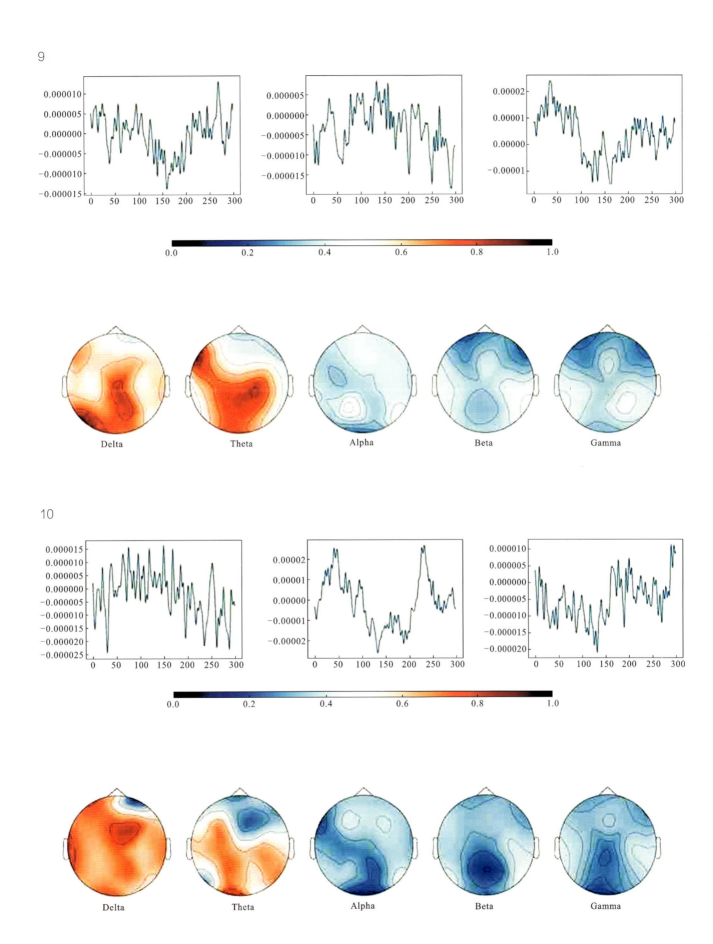

9

Delta　Theta　Alpha　Beta　Gamma

10

Delta　Theta　Alpha　Beta　Gamma

11

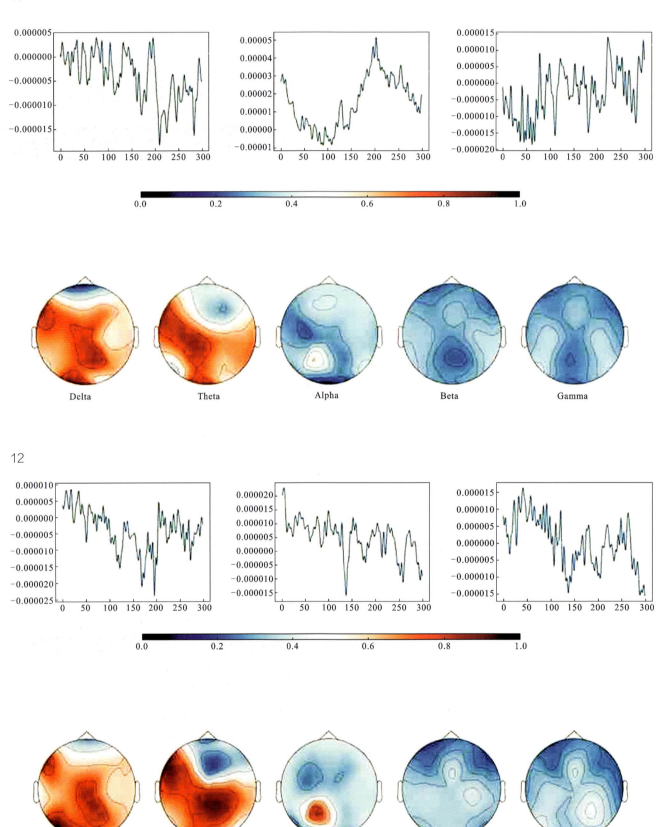

Delta   Theta   Alpha   Beta   Gamma

12

Delta   Theta   Alpha   Beta   Gamma